养老机构管理与运营实务

第二版

主　编　贾素平
副主编　刘媛媛　王丽云
编　者　（按姓氏笔画排序）
　　　　王丽云　刘媛媛　杨　林
　　　　邵文娟　贾素平

南开大学出版社
天　津

图书在版编目(CIP)数据

养老机构管理与运营实务 / 贾素平主编. —2版. —天津:南开大学出版社,2014.10(2024.3重印)
ISBN 978-7-310-04675-1

Ⅰ.①养… Ⅱ.①贾… Ⅲ.①养老院-运营管理-中国 Ⅳ.①D669.6

中国版本图书馆 CIP 数据核字(2014)第 228634 号

版权所有　侵权必究

养老机构管理与运营实务
YANGLAO JIGOU GUANLI YU YUNYING SHIWU

南开大学出版社出版发行
出版人:刘文华
地址:天津市南开区卫津路 94 号　邮政编码:300071
营销部电话:(022)23508339　营销部传真:(022)23508542
https://nkup.nankai.edu.cn

天津创先河普业印刷有限公司印刷　全国各地新华书店经销
2014 年 10 月第 2 版　2024 年 3 月第 11 次印刷
230×170 毫米　16 开本　20.75 印张　381 千字
定价:59.00 元

如遇图书印装质量问题,请与本社营销部联系调换,电话:(022)23508339

序

我国自 1999 年就已步入老龄化社会。

我国已成为世界上老年人口最多的国家。

21 世纪初叶，将是我国老龄化迅速发展的时期。

老龄化是全人类面临的一项重大挑战，我国人口老龄化基数之大、速度之快、高龄人口之多更属世界前茅，它带来的一系列重大社会问题，必将对社会经济的发展产生深远的影响。面对银发浪潮，解决老年社会保障和服务的问题已刻不容缓。

大力发展养老福利事业和养老产业，这不仅仅是经济社会发展、改善民生的题中之义，也同样能够提高养老服务业对经济社会发展的贡献率，它是夕阳工程，但又是朝阳产业。近年来，在政府的主导下，全社会积极行动，促进了养老福利事业和养老产业的高速成长，以居家为基础，社区为依托，机构为支撑的养老服务体系正在形成。其中，各类养老机构发展迅速，在养老服务体系中的地位举足轻重。机构养老之所以重要，是因为它能够为老年人，尤其是生活自理受限的老人提供更为专业的服务，还可以对养老功能逐渐弱化的家庭提供支持，也能辐射到社区的养老服务，在养老服务供给中发挥着不可替代的作用。所以，《社会养老服务体系建设"十二五"规划》进一步明确，要按照统筹规划、合理布局的原则，加大财政投入和社会筹资力度，推进供养型、养护型、医护型养老机构建设，要在"十二五"期间新增各类养老床位 342 万张。

但是，我国的养老机构仍然处于发展的初级阶段，在养老资源的供给短缺的同时，设施建设水平、服务水平、管理水平都有待于进一步提高，实现人性化、规范化、标准化的服务与管理还任重道远，而这将直接影响老年人的尊严与生活质量，也关系到老年福利事业和产业的健康发展。

养老机构的建设和管理同样是一门科学，同样需要有识之士来研究，需要列入专业教育的体系。由贾素平教授主编的《养老机构管理与运营实务》一书，较好地应对了老年服务产业的发展和养老机构运营与管理的需要，形象生动地介绍了养老机构的建筑设计、运营、管理、服务以及养老机构的发展对策，其中借鉴了国内外养老机构的先进经验与做法，使得本教材具有科学性和可操作性，既有理论性，更具务实性。不仅适合老年服务与管理专业学生学习之用，而且还适合广大养老机构的投资者、经营者、管理者和养老护理人员参考使用，是一本养老机构管理领域不可多得的工具书。

孔子曰，"故人不独亲其亲，不独子其子，使老有所终，壮有所用，幼有所长，鳏寡孤独废疾者皆有所养。"孟子曰，"老吾老以及人之老，幼吾幼以及人之幼。"中华民族历来奉行尊老敬老养老的美德，这种优良传统已经与华夏文化融为一体。

本教材作者深怀对中国养老问题的忧虑，心系千千万万老人的福祉，将自己对父母长辈的感情倾注在字里行间，期望本书能够为提升我国养老事业贡献一份力量。

董兴华

2014 年 7 月 30 日

前　言

伴随着我国人口老龄化形势日益严峻，养老问题日益凸显。我国的养老机构的软硬件建设远远落后于发达国家，难以应对日益膨胀的老年需求。作为具有 13 亿人口的大国，养老问题得不到解决，必将影响我国的经济发展步伐，势必难以实现社会的和谐发展。

发达国家养老机构床位数约占老年人口的 5%～7%，而我国有各类养老机构约 38060 个，拥有床位 266 万张，收养各类人员 210 万人。养老机构床位数约占老年人口的 1.6%，远不能满足社会化养老需求。

快速发展的老年社会福利事业自然需要专业的管理与运营人才及机制，而我国养老机构管理与运营方面的人才缺乏，严重制约了我国老年社会福利事业的健康发展。

纵观我国现有的养老机构经营现状，主要问题是经营理念落后、养老机构设施陈旧、管理人员专业化能力欠缺、经营管理知识经验不足、现场服务工作人员不稳定。这些因素对老年机构经营持续性发展的影响毋庸置疑。

养老机构的管理与运营的自始至终，每一个环节都具有关联性。它涵括了养老机构的选址、项目的定位、开办申请审批、专业设计、人员的配置、管理制度的建设、管理运营等一系列过程。

《养老机构管理与运营实务》一书参考了大量的中外教材及日本养老机构的运营与管理经验，打破以往的经营理念、管理理念、服务理念，注重现场管理，较好地应对了我国老年社会福利事业发展和培养老年服务与管理专业人才的需求，也是我院教师多年研究和教学实践的结晶。

教材的最大特点是，根据我国国情和养老机构的现状，参考日本养老机构的管理和运营经验，提出了适合我国养老机构发展的运营模式和发展方向。

教材共分七章。第一章"老龄化社会与养老机构"介绍了我国老龄化趋势和现状，概述了养老机构的服务对象与特点、性质与种类、功能与床位等，使读者初步了解我国的老龄化及养老机构现状。第二章"养老机构的建筑设计"在标准规范性设计基础上，参考日本的设计理念，特别强调设计的功能性和效率性。

第三章"养老机构的运营"在介绍兴办养老机构的申请及审批等过程的基础上，通过具体案例，阐述了如何对养老机构进行经营效益及经营风险评估，如何规避经营风险。第四章"养老机构的管理"主要阐述养老机构的内部管理与外部管理，此外，参考日本养老机构的管理经验，还对养老机构的信息化管理、现场护理风险规避以及信赖关系的建立做了详细的阐述。第五章"养老机构的服务"主要介绍了饮食服务、护理服务、健康管理服务、娱乐服务。在参考日本护理现场的经验的基础上，强调经营理念、管理理念、服务理念更新的现实意义。第六章"养老机构服务的延伸与辐射"在介绍社区养老服务的现状基础上，参考日本社区养老服务的发展过程，提出了我国社区养老的最佳模式。此外，还阐述了我国老年福祉用具的开发与利用现状。

第七章"我国养老机构发展与探索"主要对我国国办和民营养老机构的经营现状加以客观分析，参考日本养老机构的运营经验，提出了我国养老机构的经营模型，并根据我国养老服务的基础与现状，提出了适合我国养老服务的模型。在对我国养老服务未来展望的同时，提出了养老机构、社区服务、居家养老三位一体的养老模式，通过养老资源整合，实现养老服务产出的最大化。

本教材的最大优势在于"养老"与"管理"的兼容性。教材本着实用性的原则，借鉴日本各类型养老机构的管理运营经验，同时结合了国内大量真实案例进行分析佐证，使本教材更具有科学性、实用性和可操作性。本书不仅适合大学开设的社会工作专业、劳动与社会保障专业、社会福祉专业的学生使用，而且还适合广大老年服务工作者以及老年社会福利事业投资者与管理者使用，是一本非常实用的专业性教材。

本教材主编贾素平教授 1985 年毕业于辽宁师范大学，毕业后赴日留学。获经济学硕士学位。所学专业为地域经济·社会政策，专业方向为老年政策与老年福祉。硕士毕业论文题目为"中国家庭养老问题研究"，毕业后在日本供职多年。现主要从事老年产业管理、老年社会工作、老龄政策与法规等方面的研究工作。

作为养老产业专家，不仅拥有长期的学术研究沉淀，还具备丰富的实战经验。现任中国社会工作福利协会老年项目评审专家，大连市老年福利协会专家，养老机构星级评定评审委员，大连市国际老年福祉研究中心所长。并担任多家养老机构经营咨询顾问。常年为全国和大连市的养老机构院长做养老机构的管理与运营实务、日本护理理念与服务管理、养老机构业务的标准化管理、养老机构责任事故对策与风险规避、护理现场管理者的管理能力提升、日本养老机构现场 5S 管理、老年地产开发运营与风险管理等讲座与培训。并多次在大连电视台生活频道《霜叶集》栏目里做"品味·床位·投资"和"走入养老机构，你做好准备了吗？"等老年专题讲座。此外，还多次受邀请赴日本著名大学及老年福祉协会讲学及讲座。介绍我国老年福祉的发展历程及存在的问题。阐述中日老年产业间的互补性及合作的发展前景。

希望本教材能为我国养老机构的管理和运营提供一定的理论参考依据和现场管理依据，为我国积极应对人口老龄化及老龄事业发展作出贡献。相信这本教材的出版必将受到广大读者的欢迎。

另外，本教材在编写过程中得到了大连养老福利协会董兴华会长的大力支持，在此深表感谢。也感谢南开大学出版社张彤老师给与的大力支持。

本书引用了许多作者的文献，由于篇幅有限，仅列出了主要参考文献，我真诚地向各位作者表示感谢，并请各位谅解。

由于时间仓促，且限于编者的能力和水平，难免出现疏漏之处，恳请谅解，并给与指正。

贾素平
2014 年 8 月 1 日

目 录

第一章 老龄化社会与养老机构 ·················1
第一节 人口老龄化及养老需求 ···············2
第二节 养老模式及养老服务供给 ············11
第三节 养老机构概述 ······················26

第二章 养老机构的建筑设计 ··················33
第一节 养老机构的设计原则和空间构成 ·····33
第二节 养老机构的规范性设计 ··············39

第三章 养老机构的运营 ······················59
第一节 养老机构开设申报与行政审批 ·······59
第二节 岗位设置与人员配置 ················61
第三节 养老机构的策划与宣传 ··············70
第四节 经济效益评估 ······················84
第五节 经营风险规避 ······················90

第四章 养老机构的管理 ······················97
第一节 养老机构管理概述 ··················97
第二节 养老机构规章制度管理 ·············102
第三节 养老机构人员管理 ·················109
第四节 养老机构安全与事故管理 ···········121
第五节 养老机构质量管理 ·················134
第六节 养老机构信息化管理 ···············145
第七节 养老机构财务管理 ·················154

第五章 养老机构的服务 ·····················161
第一节 膳食服务 ·························163
第二节 护理服务 ·························172
第三节 健康管理服务 ·····················188
第四节 娱乐服务 ·························197

  第五节 日常生活服务管理 …………………………………… 201
第六章 养老机构服务的延伸与辐射 …………………………… 207
  第一节 社区养老服务 ……………………………………… 207
  第二节 居家养老服务 ……………………………………… 222
  第三节 老年福祉用品的租赁与利用开发 ………………… 234
第七章 我国养老机构发展与探索 ………………………………… 247
  第一节 养老机构的现状与发展 ………………………… 247
  第二节 养老机构的转型与变革 ………………………… 251
  第三节 我国养老机构的发展与探索 …………………… 262
附录：相关政策法规 ……………………………………………… 281
  中华人民共和国老年人权益保障法 ……………………… 281
  养老机构设立许可办法 …………………………………… 286
  养老机构管理办法 ………………………………………… 290
  老年人建筑设计规范 ……………………………………… 294
  老年人社会福利机构基本规范 …………………………… 300
  财政部 国家税务总局关于对老年服务机构有关税收政策问题
    的通知 ……………………………………………… 307
  养老护理员国家职业标准 ………………………………… 308
参考文献 …………………………………………………………… 317

第一章　老龄化社会与养老机构

学习目标

1. 了解：中国人口老龄化的现状、发展趋势和特征；老年人的划分标准；老年福利政策法规；养老服务业发展政策。
2. 熟悉：老年人的养老需求；养老服务的含义、养老服务的层次和体系；各种养老模式的涵义和特点。
3. 掌握：养老机构的类型、涵义、服务对象、特点和性质。

　　人口老龄化是世界人口发展的普遍趋势，是科学与经济不断发展进步的标志。人口老龄化对人口、社会、经济、政治等方面的影响不仅是持续的，同时也是全方位的，其中既包括人口老龄化对国家社会经济发展所带来的持续压力和挑战，也在一定程度上蕴含着对经济发展、制度变革等方面带来的良好历史机遇。

　　我国人口老龄化所带来的各种老龄问题也是重大的社会民生问题之一，是涉及国家国计民生和长治久安的重大战略性社会问题。因此，正确处理好人口老龄化与经济、社会发展间的关系，趋利避害，实现我国人口老龄化与社会各方面的可持续协调发展具有重要意义。

第一节　人口老龄化及养老需求

一、人口老龄化的现状及其发展趋势

（一）人口老龄化现状及发展趋势

人口老龄化又称为人口老化。人口老化是指老年人口占总人口的比例随时间推移而不断上升的一种动态过程。早在1999年，我国就已进入老龄化社会。

我国目前是世界上老年人口最多的国家，占全球老年人口总量的五分之一。根据第六次人口普查公布的数据，2010年我国60岁及以上人口有1.78亿，占总人口数的13.26%，比2000年人口普查上升2.93个百分点，其中65岁及以上人口占8.87%，比2000年人口普查上升1.91个百分点。到2020年，我国60岁及以上老年人口比重将超过17%，人口总量将达到2.48亿，其中80岁以上高龄老人超过3000万。到2050年，老年人口总量将超过4亿，2051~2100年，老年人口的比重将维持在30%以上，总量将达到3亿~4亿（见表1-1）。

表1-1　2015~2050年中国老年人口发展趋势

年份	60岁以上（%）	65岁以上（%）	80岁以上（%）	80+/60+（%）
2015	14.54	9.14	1.51	10.40
2020	16.43	11.31	1.69	10.26
2025	19.28	12.92	1.87	9.68
2030	23.05	15.43	2.40	10.42
2035	25.94	18.69	3.35	12.93
2040	26.99	21.09	3.78	13.99
2045	27.91	21.75	4.78	17.12
2050	29.73	22.42	6.18	20.80

人口老龄化指数是指老年人口与少儿人口数的相对比值，即与每100名0~14岁人口相对应的65岁及65岁以上的老年人口数。第六次人口普查数据显示，0~14岁人口占16.60%；60岁及以上人口占13.26%，其中65岁及以上人口占8.87%。20世纪80年代以来，我国少儿人口比重不断下降，老年人口比重不断上升。1982年第三次全国人口普查数据显示，0~14岁人口占33.59%，65岁及以上人口占4.91%；2000年第五次人口普查数据显示，0~14岁人口占22.89%，65岁及以上人口占6.96%。同2000年第五次普查数据相比，第六次

人口普查中 0~14 岁人口比重下降了 6.29 个百分点，65 岁及以上人口比重上升了 1.91 个百分点（见表 1-2）。

表 1-2　我国历次人口普查数据

年份	总人口数（万人）	0~14岁（%）	15~64岁（%）	65岁以上（%）	家庭户规模（人/户）
1953	59435	36.28	59.31	4.41	4.33
1964	69458	40.69	55.75	3.56	4.43
1982	100818	33.59	61.50	4.91	4.41
1990	113368	27.69	66.74	5.57	3.96
2000	126583	22.89	70.15	6.96	3.44
2010	133972	16.60	74.53	8.87	3.10

（二）我国人口老龄化的特征

造成人口老龄化的原因是多方面的，但老年人口数量的增多无疑是直接因素。老年人口数量的增多不仅包括老年人口的绝对数量上升，而且包括老年人口数量与其他年龄人口数量的相对比值增高。据此，老龄化又可分为绝对老化和相对老化。人口学中把人口老龄化因少年人口增长减慢所造成的称之为底部老龄化，把因老年人口增长加速所导致的称之为顶部老龄化。发达国家经历了由底部老龄化到顶部老龄化的漫长演变过程。而我国，由于计划生育政策和人口预期寿命的延长，人口老龄化的速度受底部老龄化与顶部老龄化同时"夹击"，虽起步较晚，但发展很快，形势越发严峻。

1. 老年人口基数大，发展速度快

第六次人口普查数据显示，2010 年中国 60 岁及以上人口有 1.78 亿。根据联合国最新人口数据预测，2011 年以后的 30 年里，中国人口老龄化将呈现加速发展态势，60 岁以上人口占比将年均增长 16.55%。2040 年 60 岁及以上人口占比将达 28%左右，到 2050 年，60 岁以上老人比重将超过 30%，进入深度老龄化阶段。根据经济合作与发展组织（OECD）的人口发展预测，到 2030 年，中国 65 岁以上人口占比将超过日本，成为全球人口老龄化程度最高的国家。

我国老年人口比例从成年型进入老年型，仅用了 25 年的时间，法国完成这一过程用了 115 年，瑞士用了 85 年，美国用了 70 年，英国用了 45 年，最短的日本也用了 24 年（见表 1-3）。

表 1-3　世界各国老龄化速度比较

	65 岁及以上人口比例		所需年数（年）
	7%	14%	
日本	1970 年	1994 年	24
中国	2000 年	2025 年	25
英国	1930 年	1975 年	45
德国	1910 年	1975 年	65
美国	1945 年	2015 年	70
瑞典	1890 年	1975 年	85
法国	1865 年	1980 年	115

2. 人口老龄化存在地区差异和城乡差异

目前中国老龄化呈现经济欠发达地区老龄化比重高于经济发达地区、农村人口老龄化现象高于城市。2010 年第六次人口普查数据显示，65 岁以上人口占比前五位的省（自治区、直辖市）分别是重庆、四川、江苏、辽宁、安徽，其中，比例最高的重庆为 11.56%。除了江苏属于经济发达省份外，其他都是欠发达省份。而广东、北京、天津、福建等发达省（市），一跃从老龄化严重地区，变为低于全国老龄化平均水平的地区，尤其是广东省，其老龄化水平仅为 6.41%，低于全国平均水平 39%。

到 2050 年时，情况变化会更为突出。65 岁及以上老人占总人口比例高于全国平均水平的省、市、自治区中，大多数为欠发达地区。

在地区差异上，造成这种改变的根本原因是人口的流动。2010 年人口普查，全国流动人口数量超过了 2.2 亿人（不含市辖区内人户分离），其中大部分流动人口是来自中西部欠发达地区的青壮年劳动力。由于大量青壮年劳动力涌入东部经济发达地区，一方面促进了流入地的经济发展，另一方面也延缓了流入地的人口老龄化进程。与之相反，中西部欠发达地区大量青壮年劳动力的流出，则加剧了流出地的人口老龄化程度。重庆、四川、安徽都是人口的流出大省（市），而上海、浙江、北京、天津都是人口流入大省（市）。其中流动人口延缓人口老龄化的效应在上海表现得最明显，由于流入了近 900 万流动人口，上海市 2010 年 65 岁及以上人口比重甚至比 2000 年下降了 1.41 个百分点。如果扣除流动人口的影响，从各地区户籍人口中 65 岁及以上人口占总人口的比重来看，人口老龄化程度排在前五位的依然是上海（15.88%）、北京（12.88%）、江苏（11.56%）、天津（11.29%）、浙江（10.95%）。

在城乡差异上，一方面由于城市计划生育政策得到较好的落实及医疗卫生技术、生活水平提高使人的寿命延长而表现为大城市人口超前老龄化，另一方面又表现为近年农村地区青壮年劳动人口大量外流而使农村人口老龄化程度迅速提高。到本世纪中叶，我国农村、城镇 65 岁及以上老人比例将分别为 26% 与 22%，农村约等于城镇的 1.2 倍。农村、城镇的老年抚养比分别为 0.46 与 0.35，农村高于城镇 31.4%。农村人口老龄化水平的提高，已经使农村老人的赡养问题凸现了出来。

3. 人口老龄化呈现高龄化趋势

我国 80 岁及以上高龄老年人口已从 1990 年的 800 万增长到 2000 年的 1100 万。据中国人口老龄化发展趋势预测研究报告指出，2001 年到 2020 年，高龄老年人口将达到 3067 万人，占老年人口的 12.37%；2021 年到 2050 年，高龄人口将达到 9448 万，占老年人口的 21.78%；2051 年到 2100 年，高龄人口将保持在 8000 万～9000 万，占老年人口的比重将保持在 20%～30%。老年及高龄老年人增加所带来的养老、医疗和照料的负担，会使我们真正感到老龄问题的压力。

4. 未富先老和未备先老

与发达国家不同，我国的人口老龄化属于未富先老。发达国家经济发展与老龄化同步，进入老龄社会时人均 GDP 一般在 5000 到 10000 美元以上，而中国是在尚未实现现代化、经济还不发达的情况下提前进入老龄社会，即"未富先老"。发达国家老龄化速度最快的日本在老龄化比例达到 7%、10% 和 14% 时的人均 GDP 分别为 1967 美元、11335 美元和 38555 美元。而中国在 2000 年时 65 岁以上老年人口比例已经达到 7%，但是人均 GDP 只有 850 美元；预计中国 65 岁及以上老年人口比例会在 2020 年左右超过 10%，届时中国的人均 GDP 也只能达到 6000 美元左右。因此，我国是在经济相对不发达的情况下而不得不提前面对人口老龄化的局面。

面对人口老龄化的严峻形势，我国在人力、物力、财力、认识和制度等方面准备不足，养老保障制度缺位严重，养老服务体系发展滞后，养老服务市场供给缺口巨大。

截至目前，城乡养老机构已发展到 39904 个，养老床位 314.9 万张，每千名老年人拥有养老床位达到 19.7 张。但值得注意的是，这一比例不仅低于发达国家 50‰ 至 70‰ 的平均水平，也低于发展中国家 20‰ 至 30‰ 的水平。同时，服务项目偏少，养老服务设施功能不完善、利用率不高，与百姓需求相比还有很大差距。

此外，由于缺乏科学的规划布局，养老机构一床难求和床位闲置现象并存，结构性矛盾突出。养老护理员短缺和专业化程度不高也困扰着养老机构。据专家分析,我国失能、半失能老人约有3300万,如果按照3∶1的比例配备养老护理员计算,我国需要1000多万名养老护理员。而现状是全国从业人员不足百万,每年取得养老护理员国家职业资格证书的只有2万人,且大部分缺乏基本的护理知识、经验和技能,专业化程度较低。养老机构中的医生、护士、营养师、康复师、心理咨询师、社会工作师等专业人才更是非常缺乏。

5. 失能老人人口数量增多

失能老人是指那些生活不能自理,必须依靠他人照顾的老年人。据民政部统计,截至2010年末,我国城乡失能、半失能老人总数达到3300万,占老年人口总数的19%。完全失能老人达到1080万人,其中约80%的失能老人住在农村。预测到2015年,我国部分失能和完全失能老年人将达4000万人。中国老龄科学研究中心2011年3月发布的《全国城乡失能老年人状况研究》报告指出,随着我国老龄化的加剧,到"十二五"期末,我国失能老年人占总人口的比重将进一步提高,其中完全失能老人将达到1240万人左右,占老年总人口的6.05%。城市完全失能老年人中,有照料需求的占77.1%;农村有照料需求的占61.8%。同时,农村完全失能老年人照料需求增长速度远高于城市。面对城乡日益庞大的失能老年群体和愈发迫切的照料需求,对此的社会服务明显不足。

目前我国平均每个家庭只有3.1人,家庭小型化加上人口流动性增强,使城乡"空巢"家庭大幅增加,空巢家庭及两代老人共同居住的类空巢家庭,约占老年家庭总数的50%左右,达9000万人,且空巢化趋势日益凸显,呈现出基数大、增速快、高龄化的特点。自1999年进入老龄化社会以来,空巢老人数量持续增加。目前,我国城市空巢老人比例达到49.7%,农村达到38.3%(见图1-1)。

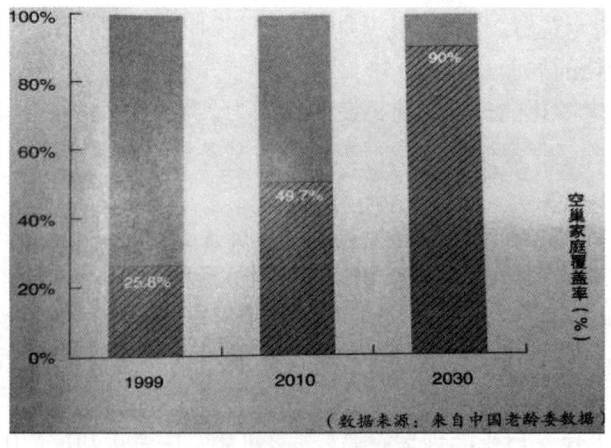

图1-1 空巢家庭覆盖率

孤独终老成为我国老龄化的重要特征，老龄化与少子化、空巢化、残疾化和无偶化结合在一起，最后导致了一些老年人的老无所依、老难所养，特别是其中孩子夭折、配偶离世的孤寡"计划生育老人"，他们是最需要关怀关注关心的弱势群体，可能产生面积广大的人道主义危机。

二、老年人需求分析

（一）老年人的划分

老年人是一个组织器官功能逐渐衰退、体弱多病的群体。一般来说，75周岁以前，绝大多数老年人尚能自理；75周岁以后，其自理能力明显下降；80周岁以后，绝大部分需要他人照料与护理。为了更好、更合理地安排老年人的晚年生活，进行有针对性的生活照料与护理，对老年人进行适当的分类是非常必要的。

1. 按日历年龄划分

划分老年人的标准通常是以日历年龄作为参照标准，国际上老年的起始年龄一般有两个通行标准，即60周岁和65周岁。根据1956年联合国在研究西方发达国家人口老龄化问题的基础上出版的《人口老龄化及其社会经济后果》的划分，老年人口的起始年龄被规定为65周岁。而在之后的1982年维也纳"老龄问题世界大会"上，鉴于全球老龄化问题的日益加剧，并且考虑广大发展中国家的具体情况，老年人口的划分标准被修订为60周岁及以上的老年人口。其中，将老年人口分为60~69周岁、70~79周岁、80周岁及以上三个组别。通常把60~69周岁的叫做低龄老人；70~79周岁的叫做中龄老人；80周岁以上的称为高龄老人。

中华医学会老年医学分会根据我国的情况研究，将45~59周岁划分为老年前期，60~89周岁划分为老年期，90周岁及以上则为长寿期。处在这三个时期的人分别称为"中老年人"、"老年人"和"长寿老人"。

世界卫生组织（WHO）将45~59周岁的人划分为"中年人"，60~74周岁划分为"年轻老人"，75~89周岁划分为"老年人"，90周岁及以上为"长寿老人"。相对而言，世界卫生组织的这一划分标准能较准确地反映老年人的健康状况，因此被世界各国广泛采用。

2. 按健康状况划分

（1）健康老人

健康老人系指身体基本无病、心理健康、社会交往基本正常的老人。中华医学会老年医学分会提出的健康老人的标准是：

①躯体无明显畸形，无明显驼背等不良体型，骨关节活动基本正常；

②神经系统无病变，如偏瘫、老年痴呆及其他神经系统疾病，系统检查基本正常；

③心脏基本正常，无高血压、冠心病（心绞痛、冠状动脉供血不足、陈旧性心肌梗死等）及其他器质性心脏病；

④无明显肺部疾病，无明显肺功能不全；

⑤无肝、肾疾病，无内分泌代谢疾病、恶性肿瘤及影响生活功能的严重器质性疾病；

⑥有一定的视听功能；

⑦无精神障碍、性格健全、情绪稳定；

⑧能恰当地对待家庭和社会人际关系；

⑨能适应环境，具有一定的社会交际能力；

⑩具有一定的学习、记忆能力。

（2）非健康老人

非健康老人主要指患有急慢性疾病的老人。这类老人通常患有一种或多种急慢性身心疾病，且这些疾病将随着增龄衰老而不断恶化，影响老人的生活形态。

3. 按生活自理能力划分

日常生活自理能力是对老年人独立生活能力的测定，是反映老年人健康状态的重要方面。日常生活自理能力的评估通常包括吃饭、穿衣、上下床、上厕所、洗澡和在室内走动这六项最基本的日常生活活动。日常生活能力反映了个体的最基本自我照顾能力。如果一个人在完成这些日常活动上存在障碍，则意味着对他人照料的依赖性比较大，需要长期密集的日常生活照顾。随着增龄衰老和疾病的影响，老年人生活自理能力将逐渐衰退。因此，从生活照料的角度，又可将老年人划分为自理老人、介助老人和介护老人。

（1）自理老人

这类老人通常是指通过直接观察或者生活自理能力评估，属于"生活自理能力正常"、日常生活无需他人照顾的老人。

（2）介助老人（部分自理老人）

介助老人相当于部分自理的老人，这类老人通过观察或生活自理能力评估，属于"生活自理能力轻度和/或中度依赖"、日常活动需要他人部分具体帮助或指导的老人。这类老人常借助扶手、拐杖、轮椅和升降设施等生活。

（3）介护老人（完全不能自理老人、失能老人）

介护老人相当于完全不能自理的老人，这类老人通过观察或生活自理能力评估，属于"生活自理能力重度依赖"、全部日常生活需要他人代为操持的老人。

(二)老年人的养老需求

我国在经济尚不发达情况下老龄化的速度、规模都大于一般国家,并呈现出"高速、高龄;基数大、差异大;社会养老水平低、自我养老和社会意识低"的"两高两大两低"特征。同时,人口老龄化也正呈现出老龄化水平城乡倒置显著、家庭规模缩小、传统家庭养老功能弱化和养老服务难以适应需求等特点。我国人口老龄化速度之快、基数之大、高龄人口之多是前所未有的,养老需求也正趋于个性化与多元化。

不同年龄、不同学历、不同身份的老年人的养老需求具有较大的差异性。这种差异性主要表现在养老需求的层次上,基本满足马斯洛的需要层次论。老年人的养老需求同样表现为较低层次的生理需要和安全需要、较高层次的感情归属和受尊重的需要,以及最高层次的实现自我价值的需要。养老需求层次同样表现为由低级向高级逐级而上的梯次:首先是老有所养,获得适合他们的食物、住所和生活扶助,满足老年人的生理需要和安全需要;其次是老有所乐,满足老年人的感情归属和受尊重的需要;最高层次的需要是老有所为,即老年人的理想、抱负有机会获得实现。

在我国,"老有所养"主要体现在经济扶持和生活扶助两个方面。如部分无退休金和社保,也无其他经济来源的老年人希望获得更多的经济扶持,身体较差或者年龄较大的老年人最希望得到更好的照顾。目前离退休老人主要由社保提供经济扶持,无社保的老人大部分靠子女或者国家的救济金生活。相对于经济扶持,老年人对生活扶助更加重视。高龄老年人、残疾老年人和不能自理的老年人对生活照料和护理资源需求甚为迫切。在完全失能老人中根据完全失能程度又细分为重度、中度和轻度失能。其中我们把完全失能中的中度和轻度失能老年人定义为具有部分长期护理服务需求,而完全失能中的重度失能定义为具有完全长期护理服务需求。目前能够为老年人提供生活扶助的主要有养老院、社区和家庭。

人的低层次需要得到满足后,就会自然地向高层次需要提出要求。"老有所乐"体现了老年人的感情归属的需要、受尊重的需要和获得人生快乐的需要,是一种较高层次的精神需求。一般情况下,当生活无忧、身体健康时,老年人的养老需要会更偏向于精神需要的满足。收入高、生活自理能力强的老年人则更多地表现在对医疗保健、教育、休闲娱乐等方面的需求,应该避免的问题是情绪上的孤单和寂寞。比如希望经常有机会与他人交流情感,使自己能在团体或者组织中受到尊重,获得归属感,还希望在各种活动中获得人生的快乐。"老有所乐"属于生活质量指标,最终反映在老年人的主观感受上。这个指标不能简单地通过物质条件的改善来解决。

养老需求可以概括理解为解决老年人生存和发展这两个方面的问题，具体可以归纳为经济需求、医疗需求、生活照料需求、情感需求和其他需求五个方面。

1. 经济需求。我国城市老年人经济来源包括退休金、养老保险金和老年人口的低保金，其余便是需要个人储蓄、投资型保险、金融投资以及家庭子女资助。养老资金的来源已经十分丰富，但从社会政策的角度来看，还存在不少的局限性：第一，退休金普遍低于在岗时期的工资，导致老年人口的退休工资收入下降；第二，养老保险金存在很大缺口，由于社会化的养老金征收起步较晚且覆盖人数有限，导致缺口很大。这些客观情况导致目前城镇老年人口，特别是不富裕的老年人口的养老资金压力很大。靠养老金生活的老年人占一半，其他一半主要靠社会救助。

2. 医疗需求。人进入老年阶段后，患病的概率增加，医疗保健对老年人来说非常重要。老年人是慢性病的高发人群，2006年中国老龄科研中心开展的中国城乡老年人口状况追踪调查数据显示，我国城市老年人自报慢性病患病率为80.5%，城市老年人中，24.2%的人有一种慢性病，21.4%的人有两种慢性病，34.9%的人有三种及以上的慢性病。年龄越大，患有慢性病的比例越高，同时患有两种及以上慢性病的情况也更普遍。女性患慢性病的比例比男性高，而且同时患有两种及以上慢性病的情况也更为普遍。农村老年人中，25.4%的人有一种慢性病，20.5%的人有两种慢性病，18.9%的人有三种及以上的慢性病。同城市一样，农村老年人的问题也在日益凸显。由于医疗费用普遍高涨，医疗保障水平有限，加上老年人口的医疗需求大大上升，造成个人医疗账户缺口较大。

3. 生活照料需求。随着老龄化的加剧，患病或瘫痪而生活无法自理的老年人增加，需要家庭和社会提供生活照料。我国居民慢性病患病率（按病例数计算）约为20.0%，其中城市地区为28.3%，农村地区为17.1%；60周岁以上老年人群长期失能率（活动受限）为31.1%，城市地区为26.0%，农村地区为33.8%。由于老年人活动能力的衰退和健康水平的下降，他们需要的日常照料和帮助日益增多。在65周岁以上的年龄段中，老年痴呆的发病率约为5%；超过85周岁发病率增加到25%；95周岁以上的人群当中高达60%。针对老年人长期护理需求的调查结果显示，65周岁以上老年人慢性病患病率为77.4%，年龄越大社会独立生活能力越差；60周岁以上老年人需要护理的比例为9.9%。由于现代社会家庭照顾的功能相对减弱，社会照顾的作用显得很重要。

4. 情感需求。中国是一个有着尊老敬老传统的国家。在漫长的尊老敬老文化的流传中，老年人精神愉快、心理满足构成了老年人生活质量的最高标准。老年人最快乐的事情就是从子女、孙辈那里获得关怀和敬重。家庭规模逐渐趋向小型化、核心化，同时社会的发展带给家庭中年轻一代更大的竞争压力和生活压力，由家庭担负的养老功能正在逐渐弱化。《礼记·祭义》说，养是可能的，但敬就不容易了；敬是可能的，但让老人安逸满足就不容易了（曾子曰："孝有三：大孝尊亲，其次弗辱，其下能养。""养可能也，敬为难。敬可能也，安为难"）。

5. 其他需求。老年人退休后退出生产领域，但他们仍需要有社会参与来增进自己的尊严和实现自我价值。老年人社会参与包括老人再就业、老人志愿活动等。

第二节 养老模式及养老服务供给

一、养老服务及政策法规

老年人因其生理机能的下降，需要更加方便的城市公共生活设施、生态环境、社会照顾与支持系统。但是由于我国各级政府还无法适应人口老龄化的快速变迁，城市治理与公共服务系统还无法完全应对老龄化社会所需的各种老年公共政策与公共服务产品。因此，当前阶段，城市老年人的处境相当严峻。老年人在日常生活中经常面临许多问题，如收入偏低、健康恶化、医疗不便、交通困难、情绪低落、居住不便、对死亡的忧虑和社会交往缺乏等。这些带来一系列的生命质量与生活质量的下降，从而带来大量日益显著的老年问题，如老年生活困境、老年虐待、老年焦虑自杀、老年孤独、老年安全和老年歧视等。老年问题是一种处于人类生命周期的衰老阶段，由于身体、心理和社会的原因造成了老年群体的各种社会适应性障碍、心理困境、角色困境与健康和安全威胁等一系列问题。正是因为这是一种基于生理的自然现象，才必须要通过社会化的矫治性力量缓解老年问题，从而给老龄化社会的和谐与安定提供动力。

（一）养老服务概述

1. 养老服务的涵义

广义的养老服务，是指"一切为满足老年人特殊需要而提供产品和服务的总称，其外延至少包括家政服务、医疗护理、保险、老年理财、老年休闲娱乐、老年用品、老年旅游、老年教育、老年文化体育、老年心理咨询等"。狭义的养老服务，则是指为老年人提供家政服务、疾病护理、精神慰藉等生活照顾性质的服务。

2. 养老服务的层次

为了保证整个养老保障体系的顺利贯彻，把实惠真正落实到老年人身上，养老服务可以划分为基本养老服务和非基本养老服务两个层次。基本养老服务是为老年人提供生活资料、护理和社会化服务。非基本养老服务是为老年人提供在基本养老服务范围以外的生活、医护、保健、教育、就业和再就业、文化、娱乐等领域的高层次服务。养老服务的内容应该以解决广大老年人最关心、最直接、最现实的问题为主，满足不同群体老年人多层次需求为辅，以基本养老服务为主，以非基本养老服务为辅。

3. 养老服务体系

我国养老服务体系建设的目标，应以居家养老服务为基础，社区养老服务为依托，机构养老服务为支撑，着眼于老年人养老服务的实际需求，应该优先保障孤老优抚对象、"三无"、"五保"及低收入的高龄、独居、失能等养老困难老年人的服务需求。养老服务建设应以社区日间照料中心和专业化养老机构为重点，在机构养老层面，重点建设社会福利院、养老院、敬老院、荣军院、老年公寓等养老机构。

在政府、社会和家庭中应该由谁来提供服务这一问题上，专家指出，应当坚持政府为主导，建设机构为中心，发展社区为依托，支持家庭为基础，引导社会各界的广泛参与。目前养老照顾体系分为几个层次。第一级：立足于家庭，主要由亲属，如配偶、子女、兄弟姐妹提供照料服务。第二级：朋友、邻居，有些地方探索所谓"结对子"活动，充分利用社区的社会力量进行照料互助。第三级、第四级、第五级就是社会养老照顾系统，服务提供者的角色不一样，有社区准正式服务组织，有社区正式服务组织以及各个养老照护机构，还有提供专业照料服务比较完善的机构提供正规的在院或辐射社区的长期照料服务。

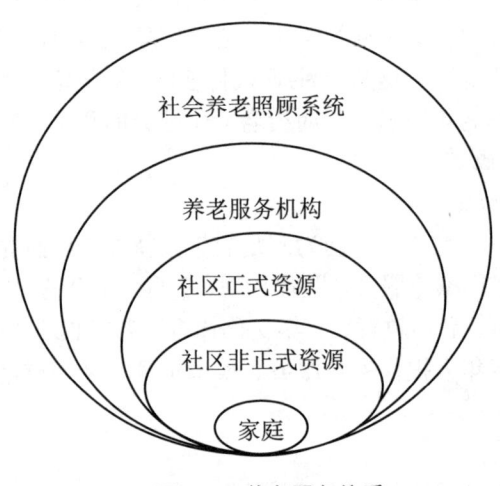

图 1-2　养老服务体系

（二）养老相关政策法规

1. 老年人权益保障法

老年福利制度体系既包括养老保障、医疗保障、社会救助等基本生活方面的保障制度，也包括老年福利、老年津贴等相关福利制度，还应该包括各种各样的养老服务等老年服务制度。1996年颁布实施的《中华人民共和国老年人权益保障法》中有明确规定：老年人有从国家和社会获得物质帮助的权利，有享受社会服务和社会优待的权利，有参与社会发展和共享发展成果的权利。禁止歧视、侮辱、虐待或者遗弃老年人。国家和社会应当采取措施，健全保障老年人权益的各项制度，逐步改善保障老年人生活、健康、安全以及参与社会发展的条件，实现老有所养、老有所医、老有所为、老有所学、老有所乐。全社会应当广泛开展敬老、养老、助老宣传教育活动，树立尊重、关心、帮助老年人的社会风尚。各级人民政府应当将老龄事业纳入国民经济和社会发展规划，将老龄事业经费列入财政预算，建立稳定的经费保障机制，并鼓励社会各方面投入，使老龄事业与经济、社会协调发展。国务院制定国家老龄事业发展规划。县级以上地方人民政府根据国家老龄事业发展规划，制定本行政区域的老龄事业发展规划和年度计划。基层群众性自治组织和依法设立的老年人组织应当反映老年人的要求，维护老年人合法权益，为老年人服务。国家逐步建立长期护理保障制度。鼓励、引导商业保险公司开展长期护理保险业务。对生活长期不能自理、经济困难的老年人，地方各级人民政府应当根据其失能程度等情况给予护理补贴。国家鼓励慈善组织以及其他组织和个人对老年人提供物质帮助和服务。

（1）在家庭赡养与抚养方面：老年人养老以居家为基础，家庭成员应当关心和照料老年人。禁止对老年人实施家庭暴力。赡养人应当履行对老年人经济上供养、生活上照料和精神上慰藉的义务，照顾老年人的特殊需要。赡养人应当使患病的老年人及时得到治疗和护理；对经济困难的老年人，应当提供医疗费用。对生活不能自理的老年人，赡养人应当承担照料责任；不能亲自照料的，可以按照老年人的意愿，委托他人或者养老机构照料。赡养人应当妥善安排老年人的住房，不得强迫老年人居住或者迁居条件低劣的房屋。家庭成员应当关心老年人的精神需求，不得忽视、冷落老年人。与老年人分开居住的赡养人，应当经常看望或者问候老年人。老年人的婚姻自由受法律保护。子女或者其他亲属不得干涉老年人离婚、再婚及婚后的生活。

（2）在社会保障方面：国家建立健全家庭养老支持政策，鼓励家庭成员与老年人共同生活或者就近居住，为老年人随配偶或者赡养人迁徙提供条件，为家庭成员照料老年人提供帮助。国家建立多层次的社会保障体系，逐步提高老年人保障水平。国家建立基本医疗保险制度，保障老年人的基本医疗需要。享受最低生活保障的老年人和符合条件的低收入家庭中的老年人参加基本医疗保险所需个人缴费部分，由政府给予补贴。各级人民政府对经济困难的老年人给予生活、医疗、居住或者其他救助。对无劳动能力、无生活来源、无赡养人和扶养人，或者其赡养人和扶养人确无赡养能力或者扶养能力的老年人，依照有关规定予以供养或者其他救助。对流浪乞讨、遭受遗弃等生活无着的老年人，由地方各级人民政府依照有关规定予以救助。各级人民政府在实施廉租房、公租房等住房保障制度或者进行危旧房屋改造时，应当优先照顾符合条件的老年人。国家建立和完善老年人福利制度，根据经济社会发展水平和老年人的实际需要，增加老年人的社会福利。国家鼓励地方建立80周岁以上低收入老年人高龄津贴制度。老年人依法享有的养老金、医疗待遇和其他待遇应当得到保障。有关机构必须按时足额支付养老金，不得克扣、拖欠或者挪用。

（3）在社会优待方面：国家根据经济发展以及职工平均工资增长、物价上涨等情况，适时提高养老保障水平。县级以上人民政府及其有关部门根据经济社会发展情况和老年人的特殊需要，制定优待老年人的办法，逐步提高优待水平。医疗机构应当为老年人就医提供方便，对老年人就医予以优先。有条件的地方，可以为老年人设立家庭病床，开展巡回医疗、护理和康复、免费体检等服务。提倡与老年人日常生活密切相关的服务行业为老年人提供优先、优惠服务。博物馆、美术馆、科技馆、纪念馆、公共图书馆、文化馆、影剧院、体育场馆、公园、旅游景点等场所，应当对老年人免费或者优惠开放。

（4）在社会服务方面：地方各级人民政府和有关部门应当采取措施，鼓励、支持专业服务机构及其他组织和个人，为居住在家中的老年人提供生活照料、紧急救援、医疗护理、精神慰藉、心理咨询等多种形式的服务。地方各级人民政府和有关部门、基层群众性自治组织，应当发展社区服务，将养老服务设施纳入社区配套建设规划，逐步建立适应老年人需要的生活服务、文化体育活动、疾病护理与康复等服务设施和网点。各级人民政府应当根据经济发展水平和老年人服务需求，逐步增加对养老服务的投入。各级人民政府和有关部门在财政、税费、土地、融资等方面采取措施，鼓励、扶持企业事业单位、社会组织或者个人以新建、改建、租赁等方式兴办养老服务设施。地方各级人民政府和有关部门应当按照老年人口比例及分布情况，将养老服务设施建设纳入城乡规划，统筹安排养老服务设施建设用地及所需物资。政府投资兴办的养老机构，应当优先保障孤寡老年人以及低收入的失能、高龄等困难老年人的服务需求。国务院有关部门制定养老服务设施建设、养老服务质量和养老服务职业等标准，建立健全养老机构分类管理和养老服务评估制度。为老年人提供住宿照料服务的养老机构，应当符合一定条件。国家建立健全养老服务人才培养、使用、评价和激励制度，依法规范用工，促进从业人员劳动报酬合理增长，发展专职、兼职和志愿者相结合的养老服务队伍。

（5）在宜居环境方面：国家采取措施，推进宜居环境建设，为老年人日常生活和参与社会活动提供安全、便利和舒适的环境。各级人民政府在制定城乡规划时，应当根据人口老龄化发展趋势、老年人口分布和老年人的特点，统筹考虑适合老年人的公共基础设施、生活服务设施、医疗卫生设施和文化体育设施建设。国家制定无障碍设施建设标准，新建、改建和扩建道路、建筑物、交通设施、居住区等，应当符合国家无障碍设施建设标准。国家推动老年友好型城市和老年宜居社区建设。

（6）在参与社会发展方面：国家和社会应当重视、珍惜老年人的知识、技能和经验，传承老年人的优良品德，发挥老年人的专长和作用，保障老年人参与经济、政治、文化和社会生活。国家为老年人参与社会发展创造条件。老年人有继续受教育的权利。国家和社会采取措施，开展适合老年人的群众性文化、体育、娱乐活动，丰富老年人的精神文化生活。

2. 养老服务相关政策法规

在人口老龄化不断发展、家庭养老功能逐渐弱化的形势下，政府出台了一系列政策促进社会福利社会化，鼓励社会力量兴办养老服务机构，为老年人提供社会化养老服务。

首先应明确和理清养老事业与养老产业的概念。

养老事业是指老年人基本生活服务的部分，它是由政府主办的、以老年人为对象的公共服务事业，是以法律形式保证其公平和公正性的，是为老年人提供服务的非营利性事业。

养老产业是以老年人为对象，以满足其高层次生活、文化需求为目标，向老人提供商品和服务的民间营利活动的总称，亦称老人福利产业、老龄产业、银色产业等。

养老事业和养老产业是两个界限分明的概念，前者属于政府提供公共物品、公共服务的范畴，体现了保障老年人基本生活的政府责任，是普遍性的福利概念。后者是为了满足老年人多样化、更高层次生活需求的市场模式。养老产业具有产业链长、涉及领域广、良好的环境、健康可持续等特点，涉及看护护理、医疗康复、老年产业投资、老年旅游、老年用品、老年文化等20多个行业。

2000年，国务院下发《关于加强老龄工作的决定》（中发[2000]13号），明确指出老年服务业要走社会化、产业化的道路，鼓励和引导社会各方面力量参与发展老年服务业、兴办老年福利机构，并为养老福利机构提供土地使用、税收等方面的优惠政策。同年，国务院办公厅转发了民政部联合财政部等11

个部门出台的《关于加快实现社会福利社会化的意见》（国办发[2000]19号），提出了社会福利社会化的总体要求，明确了采取民办公助的办法，鼓励、支持和资助社会力量兴办老年福利机构。要求各级政府给予优惠政策，鼓励集体、社会团体和个人捐助或兴办老年福利机构，企事业单位可以根据自身条件捐助或利用闲置资源投资兴办自主经营、自负盈亏的老年服务福利机构，并且将服务对象公众化，在保障国家供养的特殊群体的需求的同时，扩大服务范围和覆盖面，面向全社会老年人提供服务。2005年11月，民政部出台《关于支持社会力量兴办社会福利机构的意见》（民发[2005]170号），进一步明确了支持社会办福利机构的基本原则，包括坚持非营利、统筹兼顾、因地制宜以及政策支持和资金支持相结合，并要求民政部门充分发挥职能作用，做好指导、协调、扶持和管理工作，对社会福利机构进行定期检查。2006年2月，国务院办公厅转发全国老龄委与发改委、民政部等10个部门联合出台的《关于加快发展养老服务业意见的通知》（国办发[2006]6号），通知指出要大力支持发展各类社会养老服务机构，引导和支持社会力量兴建适宜老年人集中居住、生活的老年公寓、养老院、敬老院，开展老年护理服务。

《社会养老服务体系建设"十二五"规划》（征求意见稿）明确提出到2015年，基本建设形成制度完善、组织健全、规模适度、运营良好、服务优良、监管到位、可持续发展的社会养老服务体系。在老龄服务方面，具体是：

（1）重点发展居家养老服务。建立健全县（市、区）、乡镇（街道）和社区（村）三级服务网络，城市街道和社区基本实现居家养老服务网络全覆盖；80%以上的乡镇和50%以上的农村社区建立包括老龄服务在内的社区综合服务设施和站点。加快居家养老服务信息系统建设，做好居家养老服务信息平台试点工作，并逐步扩大试点范围。培育发展居家养老服务中介组织，引导和支持社会力量开展居家养老服务。鼓励社会服务企业发挥自身优势，开发居家养老服务项目，创新服务模式。大力发展家庭服务业，并将养老服务特别是居家老年护理服务作为重点发展任务。积极拓展居家养老服务领域，实现从基本生活照料向医疗健康、辅具配置、精神慰藉、法律服务、紧急救援等方面延伸。

（2）大力发展社区照料服务。把日间照料中心、托老所、星光老年之家、互助式社区养老服务中心等社区养老设施，纳入小区配套建设规划。本着就近、就便和实用的原则，开展全托、日托、临托等多种形式的老年社区照料服务。

（3）统筹发展机构养老服务。按照统筹规划、合理布局的原则，加大财政投入和社会筹资力度，推进供养型、养护型、医护型养老机构建设。积极推进养老机构运营机制改革与完善，探索多元化、社会化的投资建设和管理模式。进一步完善和落实优惠政策，鼓励社会力量参与公办养老机构建设和运行管理。

"十二五"期间，新增各类养老床位342万张。

（4）优先发展护理康复服务。在规划、完善医疗卫生服务体系和社会养老服务体系中，加强老年护理院和康复医疗机构建设。政府重点投资兴建和鼓励社会资本兴办具有长期医疗护理、康复促进、临终关怀等功能的养老机构。根据《护理院基本标准》加强规范管理，地（市）级以上城市至少要有一所专业性养老护理机构。研究探索老年人长期护理制度，鼓励、引导商业保险公司开展长期护理保险业务。

（5）切实加强养老服务行业监管。进一步完善养老机构行政管理的法律法规，建立养老机构准入、退出与监管制度，做好养老机构登记注册和日常检查、监督管理工作。寄宿制养老机构等关系老年人安全和健康的重要场所，要列入消防安全和卫生许可制度重点管理范围。

【扩展阅读】

按照《大连市人民政府关于印发大连市2010年为市民办15件实事的通知》（大政发[2010]6号）精神，今年全市养老服务工作主要任务为：启动城乡社区养老服务中心建设三年规划，建成城乡社区养老服务中心80所；提高新增养老床位资助标准，新增高龄、失能贫困老年人保障型养老床位2000张；建设市养老服务信息化管理系统。为全面落实2010年市政府养老服务实事项目内容，近日，大连市民政局、大连市财政局出台了《关于完善我市养老机构和居家养老资金补贴政策的通知》。

1. 提高新增养老床位资助标准。自2010年起，由社会力量投资兴办的各类非营利性养老福利机构，市财政对其新增养老床位的资助标准调整为：中山区、西岗区、沙河口区、甘井子区和大连高新园区新建养老床位每张资助5000元，改扩建养老床位每张资助4000元；其他区市县新建养老床位每张资助4000元，改扩建养老床位每张资助3000元。受资助的养老福利机构床位数量必须在30张以上。床位数量依据养老福利机构总建筑面积，按照平均每张床位占用面积不低于25平方米核定。每年评审验收一次。资助金拨付方式为三年两次支付，即：通过评审验收的养老福利机构正式运营满一年后，入住率达到30%以上，支付首次50%资助金；运营满三年后，入住率达到50%以上，支付另外50%资助金。到期未达规定要求的，延至达到要求时予以支付。

2. 对社区养老服务中心建设予以补助。自2010年起，利用3年时间，按照每所社区养老服务中心至少辐射2000名老年人标准，在全市城乡社区建设255所社区养老服务中心，平均每年完成85所。对规划内已建成并达到建设标准的社区养老服务中心，市政府通过"以奖代补"的形式予以补助，给予每所社区养老服务中心30万元的补助资金。社区养老服务中心日常运营补助由区

（市县）负责，补助标准自行确定。

3. 对非营利性养老福利机构给予运营补贴。自 2011 年 1 月至 2015 年 12 月，对各级民政部门批准设立、社会力量投资兴办的非营利性养老福利机构，按照收住本市户籍老年人人数，由市财政给予日常运营补贴。补贴标准为：中山区、西岗区、沙河口区、甘井子区和大连高新园区每人每月补贴 100 元，其他区市县每人每月补贴 80 元。

4. 提高城市特困老年人居家养老服务补贴标准。自 2011 年 1 月起，提高城市特困老年人居家养老服务补贴标准。其中，生活能自理的维持每人每月 100 元、80 元标准不变，生活半自理的每人每月增加 200 元，生活完全不能自理的每人每月增加 400 元。

5. 对入住养老福利机构的城市特困老年人给予补助。自 2011 年 1 月起，对选择入住养老福利机构的城市失能特困老年人，给予入住养老福利机构费用补助。补助标准为：生活半自理的每人每月补助 400 元，生活完全不能自理的每人每月补助 600 元。特困老年人入住养老福利机构补助和居家养老服务补贴不能兼得。

二、养老模式概述

在中国构建社会主义和谐社会的形势下，养老问题不仅是老年人口的福利问题，更是一个关系到国家长治久安的大问题。随着中国老龄化社会到来，养老问题日益突出，养老模式正在向着新的方向发展。通过对家庭养老、居家养老、机构养老、社区照顾、异地养老、以房养老、老年公寓、老年社区、互助养老、旅游养老等一系列新型养老模式的分析，揭示了现阶段中国养老模式的多维变化以及未来养老方式的多元发展趋势。

综合来看，养老模式可按两种标准进行划分。第一种标准是以养老资源由谁提供为标准，划分为家庭养老和社会养老；第二种标准是以养老的空间地点为标准，划分为居家养老和机构养老。在对诸多新型养老模式进行深入探讨之前，我们有必要对这几个易混淆的概念进行区分。

（一）家庭养老和社会养老

1. 家庭养老

家庭养老，即养老的资源均由子女、亲属或非亲属、配偶或自己提供。在农业经济社会，拥有丰富经验、技能的老年人充当着"社会文化知识独一无二的源泉"之角色，年轻一代唯有从老年人那里才能学到"与艰难环境周旋所必须的生存能力"。同时，老年人处于家庭财产关系的核心，后辈唯有依赖老年财产的转移，才可能获得生存所必须的物质财富。因此，老年人在农业社会里自然受到尊重和孝敬。中华民族历来奉行尊老养老的美德，这种优良传统已经与华夏文化融为一体，成为文化传统的组成部分。1982年联合国大会批准《维也纳养老国际行动计划》时，秘书长瓦尔德海姆就提出"以中国为代表的家庭养老的亚洲方式是全世界解决养老问题的榜样"。

目前，家庭养老模式主要是由子女养老和雇佣保姆养老两种子类型构成。家庭养老的优势在于：

（1）利用家庭既有的各种资源进行养老，经济成本较低；

（2）家庭养老方式中，老年人可以贡献他们充足的时间以及丰富的人生阅历，子女则可以奉献他们的经济能力、充沛的精力和体力，从而使两代人受益；

（3）老年人在家庭中养老可以获得充分的家庭温暖和社会支持，有利于老年人的心理和精神健康。老年人特别是高龄老人或认知能力受损的老人对陌生环境的适应能力降低，更换生活环境易导致意外事故发生率的上升，而家庭养老可以较好地避免这一情况发生。

家庭养老的缺点在于越来越多的年轻人不愿意与老人生活在一起，这样容易造成家庭内部代际关系紧张。而雇佣保姆看似简单易行，但成本也不低，而且还存在着巨大的道德风险挑战。在生活节奏加快、工作竞争更加激烈的今天，年轻人可以用来照顾老人的时间越来越少了。同时在传统观念更新的冲突下，年轻人照顾老人的意识也逐渐淡化，传统的家庭养老模式正在经受着严峻的考验。

【案例1.1】

生于20世纪60年代的人，如今已陆续到了"知天命"的年纪。对于其中很多人来说，他们一边要照顾年迈的父母，一边也开始考虑着自己养老的问题。

今年48岁的刘某在吉林省长春市一家汽车公司上班，作为公司生产部门的主要负责人之一，他每月薪水不低，是很多人眼中的成功人士。然而，一谈起养老问题，他就大倒苦水。他的父亲已去世，70多岁的母亲患有脑血栓，行动不方便，只能请家庭保姆照顾。他一周去看望母亲一次。

"我估计我老了以后，还不如我妈呢！"刘某说。前几年，他唯一的儿子去了澳大利亚读书，眼看着快要毕业了，孩子却希望留在国外工作。尽管十分不情愿，刘某最后还是尊重儿子的选择，"希望儿子将来有个更好的发展"。说到以后，他表示压力很大。一来母亲年龄不断增高；二来自己的养老也摆上日程，到时谁来照顾自己，这让刘某十分无奈和苦恼。

【案例1.2】

渐已成为社会各行业中坚力量的"70后"，工作压力大，日常应酬多，有空照顾老人变成一件十分奢侈的事情。

家住山东省济南市的李某在政府机关工作，36岁的他已经当上科长，虽然官职不大，但属于着重培养的后备干部。李某说，每天的工作就是一个字——忙，"白加黑、五加二"是常事。

李某的父母也在济南，已经退休在家。尽管两家住的地方相距不远，但李某很少有机会回家。除了白天忙不完的工作，晚上一般都有应酬。妻子除了上班，还得照顾11岁的儿子，也很难挤出自己的时间。"前不久我妈生病住院，打了一个星期的点滴，都是我爸在医院照顾，我就抽时间去过两次，"李某说。看到父母日渐苍老，平常在家也没事可干，他也想回家多陪陪他们，但总是被工作打断，"过几年父母身体不好了，需要人照顾时，日子肯定更累。"

【案例1.3】

刚刚步入社会开始打拼的"80后"，面对高高在上的房价和竞争激烈的工作，同样有许多苦恼。对于父母的养老问题，"囊中羞涩"的他们甚至发出了"十年后，我的父母谁来养"的感慨。

今年28岁的刘某已经在海南省海口市的一家企业工作了四年，现在每月工资在4500元左右，年终还有1万元的奖金。应该说，这在当地算是一个不错的工作。去年，准备结婚的刘某贷款买了一套80平方米左右的房子。"日子一下子就过得紧巴了，"刘某说。为了这套房子，父母把这些年的积蓄基本都给他用作首付，而刘某也把这几年的积攒用了大半。今年6月房子交钥匙后，刘某又开始忙起装修，等搬进去，他的银行卡上还剩几千块钱。

说起父母以后的养老问题，被房贷压得喘不过气的刘某显得有些沮丧，"父母养老的钱都给我买房了，我的钱刚刚够用，以后结婚有了孩子，更是一笔巨大的开支。想想以后，真觉得对不起父母。"

2. 社会养老

社会养老即养老的资源由国家、企事业单位、集体等提供。社会养老虽然有着养老专业化程度高、避免家庭养老所带来的一系列问题等优点，但其缺点也是显而易见的，即社会养老运营所需的区位条件和资金、人员条件比较苛刻，条件好的养老机构收取的养老费用较高，致使大多数接受服务的老人难以承担，加之政府的财政补贴能力也是非常有限的。而条件差的养老机构又不能满足老年人的服务需求，所以社会养老的推广有一定的难度。

（二）居家养老和机构养老

1. 居家养老

居家养老与传统的家庭养老不同，它是以家庭为核心，以社区养老服务网络为支持，以养老保险制度为保障，通过调动社会各方面的力量共同构建一个符合老年人意愿的养老体系。居家养老是相对于机构养老（如养老机构、托老所、老年公寓、敬老院等）而言的，是指老年人在家居住，由社区和社会帮助家庭为居家老年人提供生活照料、医疗护理和精神慰藉等方面服务的一种社会化养老模式，侧重点在于养老的居住方式上。而家庭养老的侧重点在于子女是否提供养老资源的问题。

2. 机构养老

机构养老是指老年人集中居住在福利院、敬老院、托老所、疗养院等机构中养老，而不是分散居住在各个家庭里面养老。机构养老的养老费用可以是来自子女亲属，也可以是由老年人从社会领取（退休金或者其他津贴）。

从经济供给、生活照料和精神慰藉三个维度，我们可以将这几个概念做一些简单的区分，如表1-4所示。

表1-4 相关概念的区分

	经济支持		生活照料		精神慰藉	
	家庭	社会	家庭	社会	家庭	社会
家庭养老	√		√		√	
社会养老		√	√	√	√	√
居家养老		√	√	√	√	√
机构养老		√		√		√

根据国内一些地区的调查，老人及其家属在照料上最需要社会帮助的阶段，是当老人长期卧床不起或精神严重衰退，需要提供全天候的基本生活照料的时候。中高龄老年人，特别是高龄老年人的生活自理能力普遍较差，大多患有一种或多种慢性病，因而需要不同程度的全天照顾，同时照顾的内容也是多方面的，包括生活护理、健康护理以及娱乐性活动等。这种综合性的全天照顾对很多家庭来说，很难有足够的人力来胜任，因此入住养老院的老年人中，中高龄老年人所占的比例相当高。在家庭、社会结构以及人们的思想观念都发生巨大变化的时代背景下，"多子多福"、"养儿防老"的内涵更多地是体现在子女对父母的经济支持和精神慰藉上，而生活照顾的内容则越来越多地借助于非家庭的外部力量。随着独生子女的父辈逐渐进入老龄阶段，他们对机构养老服务的需求呈现上升趋势。很多老人之所以选择在养老机构养老，一是为了提高自己的生活质量，二是为了减轻子女们的负担，使得全家人的生活都各得其所。

【案例1.4】

龚奶奶曾经在2001年和2005年两次摔伤，每次都导致长达两年左右的时间不能下楼活动。她的老伴陶爷爷下楼也比较困难。龚奶奶特别提到老年人有一个很大的苦恼，就是因为不能走远路而买不了菜、做不了饭，生活上是个很大的问题。

【案例 1.5】

曹奶奶 69 岁，她患有骨质增生，在家的时候活动很不方便，包括上下楼、买菜做饭之类的，尤其是她原来住在四楼，但是又没有电梯，因此平时都很少下楼活动。

无论是城市地区还是农村地区，大多数老年人期望提供日常生活照料和医疗服务；半数左右的老年人期望提供健康查体和文体娱乐健身服务；城市地区老年人对健康教育的需求高于农村地区，城市地区中 40%左右的老年人期望得到健康教育服务，而这一比例在农村地区仅为 25%；约有 25%~30%的老年人对康复训练和心理咨询、精神慰藉服务有需求。

【案例 1.6】

住在北京某养老机构的向奶奶讲述了这样一个故事：有一天她的血压突然升高，一直呕吐，院里马上打电话给医务室丁主任，当时丁主任马上从家里赶了过来，给她吃了两种药，一直等到她血压降下来才走。她吐脏的地方护理员也帮她收拾得很干净。她说如果昨天的事情发生在家里就会很危险，即使女儿在家，女儿也要先下楼到车库开车，家里只有她一个人，也没个帮手，而这里却有那么多人照顾她，所以她觉得这儿比家里好。另一位老人也告诉我们，因为担心自己的身体状况，在家的时候老是觉得不踏实，到这里以后，因为有专门的医护人员照顾，心里觉得踏实多了。

因病而导致生活完全或部分不能自理是老年人进入养老院的一个重要原因。仅在遇到生病这种紧急情况的时候，养老机构确实会比家庭提供更为及时与充分的照顾。这也是养老机构养老与家庭养老最大的不同点。

一方面是生病导致了活动能力和自理能力的下降，出现了护理和照料的需求；另一方面则是养老机构能够提供比较好的专业护理以及随时随地的医疗资源，从而能够满足老人的这种需求。"医养合一"是养老机构吸引老年人入住的重要特色，特别适合那些患有慢性病并且经常需要急救服务的老年人。

（三）社区居家养老服务

社区居家养老服务是一种以居家养老为基础，以街道社区服务中心为依托，以社工服务和便民利民网点为服务资源，以上门服务和日托护理为主要形式，使居家老人获得服务的社会化养老模式。这种养老方式可以让老年人在家或社区内就近接受养老服务。2005 年底，上海市在 19 个区县都成立了居家养老服务中心；济南市 2008 年在 7 个街道办事处开展居家养老服务试点，服务的主要形式是上门服务和日托，服务内容主要包括生活照料、家政服务、精神慰藉三大类。与此同时，为老年人提供日托服务的托老所得到了快速发展，老年人白天到托老所，晚上回家仍可享受天伦之乐，更容易被老人接受。以社区为依托的居家养老模式，具有成本低、覆盖面广、服务方式灵活多样等特点。

目前，我国社区居家养老服务提供者并不具备专业知识和能力。很多老年人需要的是长期有人在身边陪伴，当他们突发疾病，例如心脏病发作时，根本没有能力和社区工作人员联系寻求帮助，所提供的服务事实上无法很好地满足老年人的照料需求。对于老年人来说，年龄越大，居家养老的生活质量就越低，因为老年人越来越需要人照顾，但家庭和社区中又无人照顾。现在居家养老最多就是一个钟点工，难以保证24小时的服务。目前的照顾服务还远远不能满足需求，还有许多亟待解决的问题，例如社区建设的无障碍化、持续服务问题、空巢老人的服务问题等。

对于那些生活不能自理的老年人来说，当前最主要的需求集中在护理方面。家庭以及社区对于需求的满足不尽如人意。从家庭方面来说，配偶本身作为老人再提供护理服务已经存在很大的困难了，而子女由于工作、不在一起居住等原因，也无法提供24小时的照料服务。但针对老年人的社区服务和社区照顾目前还处于起步阶段，覆盖面不广，提供的送餐、家务料理等服务还处于初步阶段，专业的护理服务还比较缺乏，无法为老年人提供足够、有效的服务。

（四）社区照顾

广义的社区照顾涵盖社区内所有需要照顾的群体，如老人、残疾人、儿童和精神病患者的照顾。而狭义的社区照顾专指社区对老年人的照顾，这是社区照顾的核心，并在此基础上形成了社区照顾养老模式。

社区照顾把亲属、朋友、邻里以及各种志愿性组织等非正式关系视为提供养老照顾的重要方式，使得老人不离开社区，在老年人熟悉的环境中可以得到专业化的照料。社区照顾的主要特色或者核心是强调社区中的非正式网络对老年人的照顾，帮助有需要的老人能够独立地、有尊严地在社区中继续生活。

社区照顾是以社区为平台，整合社会各个方面资源，从而对老人予以养老照顾的一个完整体系。它借助于社区内部力量，但并不排斥政府正式部门、社区专业养老机构对社区照顾的支持。一个完善全面的社区照顾养老体系应包括三个层面：其一是社区照顾内容的丰富性，不仅要满足老人们基本的生活照料需要，而且还要为他们提供必要的物质设施支援、心理支持与基本的医疗服务；其二，社区照顾养老模式的行动主体不仅仅是社区内部的初级群体，而且也包括正式的政府公共服务部门及以公益性的非营利性组织为主体的社会第三部门；其三，完善的社区照顾是由"在社区照顾"与"由社区照顾"两个层面共同构成。前者属于正规照顾的范畴，强调运用法定资源使得老人在社区中心或者家庭接受照顾和服务，主要以政府公共部门或者非政府组织等在社区内设立的小型、专业化的服务机构为主要照顾场域，由社区中的这些机构进行集中照顾或者由专业人士提供上门护理。后者属于非正规照顾范畴，强调动员、组织社区内各种非正式资源为有需要的老人提供服务。

（五）养老住宅

养老住宅包括两个部分：一是指为城市中那些身体健康、有独立经济来源或经济条件比较好的低龄老人独立居住而建立的老年住宅，多以单元式住宅的形式并且地域上便于老年人独立生活；二是指为那些需要他人帮助或者护理的老人集中居住而建设的具备综合服务体系的老年公寓。老年公寓是指专供老年人集中居住，符合老年人体能心态特征的公寓式住宅，具备餐饮、清洁卫生、文化娱乐、医疗保健服务体系，是综合管理的住宅类型。由于老年公寓的服务对象多是一些需要护理和照料的老人，所以在区域选择上要有一定的考虑。老年公寓由于各方面条件都比较完善，所以收费较高，对于经济条件不太好的老年人来说无力承担。

从 19 世纪末起，经过一个多世纪的发展，西方发达国家的老年公寓已基本成熟定型，其模式大致可分为四种：独立型老年公寓、服务型老年公寓、护理型老年公寓以及大型综合体老年公寓，适用于不同年龄段和健康状况的老年人（表1-5）。

表1-5　国外老年公寓主要模式

老年公寓	主要特点
独立型老年公寓	在社区中专门划出一幢或几幢楼供老年人相对集中居住，采用无障碍住宅的形式，注重老年人生活自理，社区提供社会化服务。
服务型老年公寓	老年人集中居住，但一般采取宿舍的形式。
护理型老年公寓	基本等同于医院或养老院养老，主要为老年人生命中的特定阶段和生活难以自理的老人提供服务。
大型综合体老年公寓	老年人集中居住，规模较大，老年设施与老年服务齐全。

（六）异地养老

近年来，随着人们生活水平的提高和思想观念的不断改变，大城市老人的养老模式已经从过去的居家养老、机构养老等逐步向多元化养老方式发展。其中，"异地养老"逐渐被越来越多的老年人接受，成为一种方兴未艾的新趋势。

所谓"异地养老"，就是指老年人离开现有的住宅，到外地去居住的一种养老模式，包括旅游养老、候鸟式养老、回原籍养老等许多方式。从自然环境看，"异地养老"可以使老人摆脱喧嚣嘈杂的城市生活，享受清新的空气、纯净的水质、新鲜的食物、开阔的活动空间，在这样的环境中安享晚年生活，是有益于老年人的身心健康的。

【案例 1.7】

目前，在老年人中也兴起了旅游的热潮，很多老年人通过参加旅游团或者自己组团等方式，到全国甚至全世界各地旅游，丰富了自己的晚年生活。在北京某养老院里住着一对来自山东的夫妻，分别60多岁和50多岁，他们已经玩了37个国家了。他们到北京玩一个月，而住在这里则是按月收费，这比住外面的旅馆便宜多了，非常实惠。与此相关的是团体旅游的兴起，而这种旅游休闲是通过养老院——养老院之间的组织来实现。与市场上通过旅游公司不同，这种方式一方面对于老年人来说更为实惠，因为无论是吃和住都在养老院中，比旅社便宜，也更适合老年人的需求；另一方面也更为安全，因为合作的双方都是专业的养老机构，对老人的考虑和照料都更为周到。在今年夏秋之交，这家养老院就迎来这么一批特殊的客人：他们是来自陕西一个民营养老院的老人们，到北京来旅游。两家养老院通力合作，比较顺利地为这些陕西的老人们安排了一次北京旅行。

（七）老年社区

作为一种城市现象，自然形成退休社区兴起于20世纪80年代中期。自然形成退休社区当初并不是专门为老年人规划设计的。但是，随着时间的推移，现在主要由老年人在里面居住。人老后容易产生心理障碍，渴望参与社会活动、结交新朋友，搬进老年社区一起居住是比较可行的方式。这种社区在美国一般建于阳光地带，如佛罗里达、得克萨斯、加利福尼亚等南部各州，这些地方阳光充足，气候温暖，风景迷人，吸引各地老人在退休后迁徙定居；或者社区兴建于大城市中离儿女近的地方，老人们可以在社区里购房定居，也可以租房居住，房屋有高中低档之别，分为无陪护型、陪护型、特护型等不同类型，能满足不同年龄、财力层次和健康状况的老人的需求。

（八）以房养老

以房养老是指老年人在60岁以前购买住宅并获得全部产权，60岁退休养老时，把自有产权的房子抵押给银行或保险公司等机构，机构对老年人（房主）的年龄、期望寿命、房产现值等进行综合评估后，每月给房主一笔固定的钱，房主继续获得居住权，一直延续到房主去世之后金融机构将房产出售，所得款项用来偿还贷款本息。这种养老方式起源于荷兰，如今在美国以及欧洲的一些发达国家发展较为成熟，成为老年人有效的养老保障。这种养老方式牵涉到房屋产权、对房价的合理评估及未来价值的合理预测等问题，由于我国的金融和房地产市场还不十分成熟，这种养老方式在我国仍处于讨论、试点阶段，如上海市在2007年推出了"以房自助养老"试点，北京寿山福海国际养老服务中心推出了"养老房屋银行"项目等，但仅有少部分老年人愿意接受这种养老方式。

以房养老主要有三种模式：第一种是老年人把自己的房产交给有政府背景的公益机构或者银行，然后老年人的养老费用就相应地由公益机构或者银行来支付，老年人病故后，剩余的部分交给其继承人。第二种是"以房换养"，如有些老年人把房屋交给福利机构，然后享受福利机构的服务，待其过世后房产交由该福利机构进行处置。第三种方式叫"以房自助养老"，是指老年人把自己的房子提前变卖给某一个公益机构，待一次性接受公益机构的现金支付后再从公益机构把房子租回来居住，形成自己付租金租住在自己家里，同时享受养老金的一种自助现象。

（九）互助式养老

互助式养老模式是为了解决在一定社会共同体内部因日益严重的人口"老龄化"和"空巢化"问题而提出的一种全方位的集老年人生活、工作和养老为一体的制度性措施。以社区养老为平台，以居家养老为基本方式，依靠老年人之间在日常生活中的互帮互助提供老年人所需要的服务。也就是在同一个社区或者机构中，年纪较轻的老人照顾年纪较大的老人，或者身体健康、行动自如的老人照顾生病的老人。青岛市四方区从2006年开始，选取两个社区开始互助养老试点工作，建立了两个家庭式互助养老点，并为老年人配备娱乐工具、提供娱乐场地。这种方式具有互惠交换的性质，不需要额外花费，老年人也可以在这种彼此付出和奉献的过程中获得社会认同感和成就感，有益于老年人的精神心理健康。

第三节 养老机构概述

在我国，在机构和家庭养老之间，缺乏社区养老或居家养老服务作为缓冲。社区服务没有及时跟进，市场服务难以令人满意，这个时候机构作为专业照料者的优势就凸显出来。老人入住机构的路线图或者过程图一般如图1-3所示。

机构养老是顺应人口老龄化背景下老年人的养老需求而逐渐发展起来的社会化养老方式，在组织结构、服务形式和内容等方面与其他养老方式有巨大的差异。与传统的家庭养老相比，机构养老可以通过提供社会化养老服务分担家庭的养老功能；与社区养老相比，机构养老服务能够为老年人尤其是生活自理受限的老人提供更为专业的服务。机构养老作为家庭养老和社区养老的有力补充形式，已经成为养老服务体系中的重要组成部分，在养老服务供给中发挥着不可替代的作用。

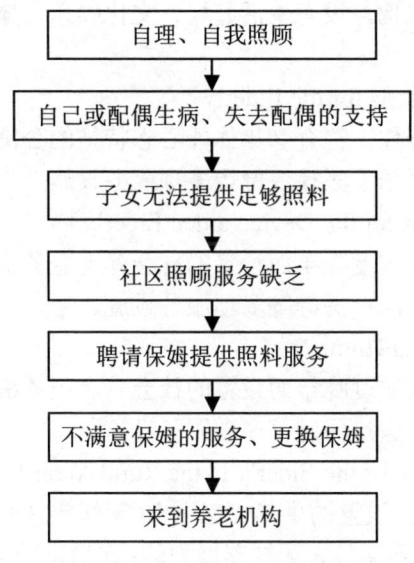

图 1-3 入住养老机构路线图

截至 2010 年底,全国各类老年福利机构有 39904 个,比上年增加 233 个,床位 314.9 万张,比上年增长 9.0%,年末收养老年人 242.6 万人,比上年增长 6.6%。从单位类型上来看,城市养老服务机构 5413 个,床位 56.7 万张,年末收养老年人 36.3 万人;农村养老服务机构 31472 个,床位 224.9 万张,年末收养老年人 182.5 万人;社会福利院 1572 个,床位 24.5 万张,年末收养人数 17.9 万人;光荣院 1371 个,床位 7.3 万张,年末收养老年人 5.0 万人。

一、养老机构的服务对象、性质与特点

(一)养老机构的概念与服务对象

养老机构是指为老年人提供饮食起居、清洁卫生、生活护理、健康管理和文体娱乐活动等综合性服务的机构。其服务对象主要是老年人,但是某些养老机构也接收辖区内的孤残儿童或残疾人。根据民政部 2001 年颁布的《老年人社会福利机构基本规范》,我国一般将养老机构划分为以下几种类型。

1. 老年社会福利院(Social Welfare Institution for the Aged)

由国家出资举办、管理的综合接待"三无"老人、自理老人、介助老人、介护老人安度晚年而设置的社会养老服务机构,设有生活起居、文化娱乐、康复训练、医疗保健等多项服务设施。

2. 养老院或老人院(Homes for the Aged)

专为接待自理老人或综合接待自理老人、介助老人、介护老人安度晚年而

设置的社会养老服务机构，设有生活起居、文化娱乐、康复训练、医疗保健等多项服务设施。

3. 老年公寓（Hostels for the Elderly）

专供老年人集中居住，符合老年体能心态特征的公寓式老年住宅，具备餐饮、清洁卫生、文化娱乐、医疗保健等多项服务设施。

4. 护老院（Homes for the Device-aided Elderly）

专为接待介助老人安度晚年而设置的社会养老服务机构，设有生活起居、文化娱乐、康复训练、医疗保健等多项服务设施。

5. 护养院（Nursing Homes）

专为接待介护老人安度晚年而设置的社会养老服务机构，设有起居生活、文化娱乐、康复训练、医疗保健等多项服务设施。

6. 敬老院（Homes for the Elderly in the Rural Areas）

在农村乡（镇）、村设置的供养"三无"（无法定扶养义务人，或者虽有法定抚养义务人，但是抚养义务人无扶养能力的；无劳动能力的；无生活来源的）、"五保"（吃、穿、住、医、葬）老人和接待社会上的老年人安度晚年的社会养老服务机构，设有生活起居、文化娱乐、康复训练、医疗保健等多项服务设施。

7. 托老所（Nursery for the Elderly）

为短期接待老年人托管服务的社区养老服务场所，设有生活起居、文化娱乐、康复训练、医疗保健等多项服务设施，分为日托、全托、临时托等。

8. 老年人服务中心（Center of Service for the Elderly）

为老年人提供各种综合性服务的社区服务场所，设有文化娱乐、康复训练、医疗保健等多项或单项服务设施和上门服务项目。

（二）养老机构的性质

目前我国养老机构的投资主体包括国家、集体（城市街道、农村乡镇）和民间（包括个体、民营和外资企业），大致可划分为福利性、非营利性和营利性三种类型。国办、福利性指的是社会福利院；集体办、福利性指的是农村养老院或者"五保"供养服务机构，属于社会福利事业单位，应当在当地事业单位登记部门进行事业单位法人登记；相对于社会力量出资创办的民办机构，国办、集体办的，又称为公办。

由民间自办投资兴建的养老机构，按照其是否以营利为主要目的，又可分为营利性和非营利性两大类。营利性养老机构应当在当地工商、税务部门进行登记，一般不享受国家有关优惠政策，在完成税收征缴后，其利润可以分红，属于老龄产业；而非营利性养老机构则在当地民政部门以民办非企业单位注册登记，持有《社会福利机构执业证书》，民政部门对这些养老服务机构按照民办非企业单位进行管理，具有非营利性组织的特征，以谋求社会福利为宗旨，不以追求利润为目的，享受国家优惠政策，并且不需要上缴税收，但盈利部分不能分红，只能用于养老机构滚动式发展，属于老年社会福利事业。目前，我国绝大部分的养老机构都属于福利性和非营利性养老机构。这些养老服务机构在运营方式上又具有一定的市场化特征，自主经营，自负盈亏，由市场供求关系决定价格水平。养老服务机构一方面定位于非营利性，不以追求利润为目的，另一方面又需要通过追求利润获得机构生存和发展的资本，在政府投入缺位、社会慈善和志愿组织机制不健全的情况下，这就容易产生矛盾性。理论上讲，不论是营利性还是非营利性养老机构都具有社会福利性质，都是提高老年人晚年生活品质，为老人谋福利。

目前我国正在探索转变政府职能，推行民办公助、公办民营、公建民营的社会福利事业建设与发展模式。民办公助的投资主体是民间力量，政府只是相应地资助，出的是小钱，发挥的却是大作用，可以调动民间力量投入养老服务机构建设，完成政府想做却限于财力一直做不了的大事情。政府资助未能改变其多种经济成分的所有制性质，因此其管理体制和运行机制可以更多地和物质利益原则挂钩，与市场经济接轨，带有更大的灵活性和实效性。政府的资助在一定程度上可以把政府的意图、老年人的需要以及机构发展需要坚持的正确方向贯彻进去。政府能够随时施加一定的干预和影响，使民办养老服务机构能够更好地为老年人服务。只有随着经济社会发展和政府财力增强，在福利和公益服务领域的民办公助才可以逐步让位给公建民营，这样社区养老服务设施和养老护理机构的福利性、公益性和非营利性的本质属性和特征就能够真正凸现出来。

公办民营指的是各级政府和公有制单位已经办成的公有制性质的养老机构，需要按照市场经济发展的客观要求进行改制、改组和创新，更快地与行政部门脱钩，交由民间组织或者社会力量去管理和运作，实现多种经济成分并存、多种管理和运营模式并存、充满生机和活力的发展局面。公建民营则是指在新建养老服务机构时，各级政府要摒弃过去那种包办包管、高耗低效的管理体制和运营机制，按照办管分离的发展思路，由政府出资，招标社会组织或服务团体去经办和管理运作，政府则按照法律法规和标准规范负起行政管理和监督的责任。由此可见，公办民营与公建民营是既有联系也有区别的。

公建民营属于国家建设福利型或者非营利型的社区养老服务设施或者护理型养老服务机构所采取的一种做法。公建民营的要求是很严格的。

1. 这种福利型或者非营利型的养老服务设施或者养老护理机构，要解决的是老年人群中高龄、失能失智老人对专业养老护理服务的需求，并优先保障"三无"、"五保"、军烈属和经济困难的低收入老人的护理服务需求。而那些享乐型、休闲、度假、健康养生型的高档养老机构则由市场去自发调节，不在政府出资建设之列。

2. 必须建立和实施基本的公共财政政策，明确由政府承担基本养老服务职能的责任，才能使各级政府真正成为这类社区居家养老服务机构和养老护理服务机构建设的投资主体。

3. 必须建立健全一系列完善配套的法律法规和标准、规范以及一套完备的检查监督机制，才能使这种做法依法依规，公平有序地进行。

4. 这种做法与经济发展水平和财政承受能力紧密相关。在经济还不是很发达、地区发展不平衡的情况下，这种做法还只能先从东部沿海发达地区和有财政承受能力的地区做起，再逐步推展到全国。

（三）养老机构的服务特点

养老机构是现代服务业的重要组成部分，也是国家社会福利的具体表现。服务对象的特殊性，决定了养老机构服务具有以下特点。

1. 以人为本

养老机构以人为本，特别是以老人为本，是一种全人、全员、全程服务。所谓"全人"服务是指养老机构不仅要满足老人的衣、食、住、行等基本生活照料需求，还要满足老人医疗保健、疾病预防、护理与康复以及精神文化、心理与社会等需求；要满足入住老人上述需求，需要养老机构全体工作人员共同努力，这就是所谓的"全员"服务；绝大多数入住老人是把养老机构作为其人生最后的归宿，从老人入住那天开始，养老机构工作人员就要做好陪伴老人走完人生最后里程的准备，这就是"全程"服务。

2. 公益性

养老机构的服务宗旨是安排、照料、护理好老人，让老人满意，让亲属放心，为政府和社会分忧。从养老机构的各种目标、服务对象、服务过程来看，这一机构是典型的非营利组织。非营利组织是支持或处理个人关心或者公众关注的议题或事件，不以营利为目的，从事公益性、互益性、服务性的非政府、非企业的社会组织，追求公共利益的最大化。一是我国绝大多数养老机构是以帮扶和救助城市"三无"老人、日常生活疏于照料的老人，以及农村"五保"老人为主，且多不以营利为主要目的。二是解放老人家庭成员，为全社会成员提供安全的养老预期，为社会承担养老服务，旨在解决社会养老问题。如一些"三无"、"五保"孤寡老年人，对他们的养老服务应该视为纯公共物品，应该由政府提供。

3. 高风险

（1）护理风险：入住养老机构的老人平均年龄多在 75 岁以上。增龄衰老，自然使老人成为意外事件、伤害、疾病突发死亡的高危人群。

(2) 投资风险：养老服务业又是一个投资大、回报周期长、市场竞争激烈的高风险行业。如果没有市场意识、经营意识，没有严格的管理和风险防范机制，必然增加养老机构投资与经营风险。

二、养老机构的类型与功能

养老机构的功能分类是根据养老机构收养的老人所需要帮助和照料的程度，对其照料功能所进行的科学分类。

在美国，根据养老机构的不同功能将其分为三类：第一类为技术护理照顾型养老机构，主要收养需要24小时精心医疗照顾但不需要医院所提供的经常性医疗服务的老人；第二类为中级护理照顾型养老机构，主要收养没有严重疾病，需要24小时监护和护理但又不需要技术护理照顾的老人；第三类为一般照顾型养老机构，主要收养需要提供膳食和个人帮助但不需要医疗服务及24小时生活护理服务的老人。在具体形式上又分为独立生活、辅助生活、独立和辅助生活、辅助医疗生活四种。其中，独立生活形式有老年公寓、老年聚居住宅；辅助生活形式有居民照料、寄养之家、辅助照料、个人关照、老年之家；独立和辅助生活形式有连续照料退休社区；辅助医疗生活形式有护理院，又分为中级护理照顾型和专业护理照顾型两种。

在中国香港，1994年制定的《安老院规例》根据养老机构的不同功能也将其分成三类：第一类为"高度照顾安老院"，主要收养"体弱而且身体机能消失或减退，以至在日常起居方面需要专人照顾料理，但不需要高度专业的医疗或护理"的老人；第二类为"中度照顾安老院"，主要收养"有能力保持个人卫生，但在处理有关清洁、烹饪、洗衣、购物的家居工作及其他事务方面，有一定程度困难"的老人；第三类为"低度照顾安老院"，主要收养"有能力保持个人卫生，也有能力处理有关清洁、烹饪、洗衣、购物的家居工作及其他事务"的老人。至于那些"需要高度的专业医疗"或"护理"的老人，则属于附设在医院内的"疗养院"的收养对象。当然，并不是所有的养老院都只从事一类服务，这种提供多种类型服务的养老院在中国香港称为"混合式安老院"。

从我国养老机构来看，除了属于卫生部门主管的老年护理医院与民政部门主管的老年公寓在收养的老人需要照料程度上有明显差别外，一般的福利院、敬老院均未进行功能定位，其收养的老人涵盖从基本生活自理的一直到长期卧床不起，甚至需要临终关怀的，是一种混合型管理模式。这些养老机构只是在机构内部按照收养老人需要照料的程度不同，分为专门护理、一级护理、二级护理、三级护理等几类，实行分部或者分区管理，尚无专门护理和一级护理的养老机构。目前我国的大部分养老机构在功能和服务对象上存在交叉现象，难以十分清楚地按照老年公寓、护理院或者康复、临终关怀机构进行分类。多数养老机构中的入住老人中既有生活能够完全自理的老人，也有患有老年痴呆和中风瘫痪等慢性病、生活完全不能自理的老人；在提供的服务方面也是多元化的，既包括生活照料，也包括医疗护理、康复训练、文化娱乐、临终关怀等内容。

【扩展阅读】

坐落在美国佛罗里达西海岸的"太阳城中心"现有来自全美及世界各地的住户1.6万户，且一直处于持续增长态势。这个根据老年人的需求特点建成的社区非常人性化，实施严格的人车分流，实现无障碍设计：无障碍步行道、防滑坡道、低按键、高插座设置，住宅以低层建筑为主，共同享用邮局、超市、医疗机构、银行和教堂，还有游泳池、网球场等健身和娱乐中心，还有各种各样的俱乐部，开设各种课程，组织各种活动。老人们无论选择哪种住宅，都会享受到积极活跃的生活方式。据说，老年社区中老年人比美国平均人口寿命高10岁。在养老产业发达的佛罗里达州，85%以上的财政收入来自养老业。

【本章小结】

21世纪被称为人口老龄化的世纪，人口老龄化将带来一系列重要的社会问题，是全人类面临的一项重大挑战。我国人口老龄化表现出未富先老、未备先老，高速、高龄，基数大、差异大，社会养老水平低的特征。老年人的需求可以归纳为经济需求、医疗需求、生活照料需求、情感需求和其他需求五个方面，养老需求正趋向个性化与多元化。为应对日益突出的养老需求，在传统的家庭养老、居家养老、机构养老的基础上，出现一系列新型养老模式，养老模式正向多元化发展。

我国养老服务体系建设的目标，是以居家养老服务为基础，社区养老服务为依托，机构养老服务为支撑，但是实际运行中存在很多问题。与传统的家庭养老相比，机构养老可以通过提供社会化养老服务分担家庭的养老功能；与社区养老相比，机构养老服务能够为老年人，尤其是生活自理受限的老人提供更为专业的服务。机构养老作为家庭养老和社区养老的有力补充形式，已经成为养老服务体系中的重要组成部分，在养老服务供给中发挥着不可替代的作用。

【复习思考题】

1. 简述中国人口老龄化的特征。
2. 如何按生活自理能力划分老年人的护理等级？
3. 简述家庭养老、居家养老、机构养老、社会养老概念之间的区别。
4. 简述养老机构的类型和服务对象。

第二章 养老机构的建筑设计

学习目标
1. 了解：以护理单元为核心的养老机构的空间构成。
2. 熟悉：养老机构的建筑设计原则。
3. 掌握：养老机构的规范性设计。

第一节 养老机构的设计原则和空间构成

1982年维也纳老龄问题世界大会报告指出：老年人精神状态好坏与住宅和环境直接相关。《2002年马德里老龄问题行动计划》则进一步指出：老年人住宅和环境关系着他们生活方便与安全以及心理和生理健康。关注老年人住宅及养老机构的建筑设计主要是为了能够最大限度地保证老年人自理、自立、有尊严地生活，以提高老年人的生活质量。本节将对养老机构建筑设计基本原则、空间构成进行介绍。

一、设计原则

1. 以人为本的原则

由于生理机能的老化和心理状态的转变，老年人对住宅形式、居住方式和居住心理环境的要求异于普通人。养老机构设计应当充分考虑到老年人体能心态的变化，自理老人、介助老人和介护老人的需求，本着一切为了老人、一切方便老人的以人为本原则，实行人性化设计，从根本上减少或消除安全隐患，方便老人生活，为老人营造一个安全、舒适、方便的居住环境。

2. 无障碍设计原则

随着增龄衰老，入住老人都会出现不同程度的功能障碍，甚至残疾，为防止老人因设计的缺陷而导致跌倒摔伤等意外，保持、促进老年人身体健康，养老机构必须考虑无障碍设计。无障碍设计主要应对老年人移动、听觉和视觉障碍考虑，对应到建筑中，即应考虑到建筑物的入口、地面、电梯、扶手、卫生间等部位设置相应设施方便老年人出入，如将建筑入口面积加大、有高差部位建成坡道、楼梯踏步沿口做成圆角、适当放宽各种指标等，保证老年人的身体安全和行动便捷。另外，从建筑环境心理学的角度来看，老年人一般都比较敏感，容易产生孤独感和被抛弃的消极心理。因此，老年公寓的设计中，应注意保持室内宽敞明亮、富有生活气息，结合室外环境的塑造，使老年人可居、可游、心情愉悦，达到"心理无障碍"的目标。

3. 弥补性原则

弥补性设计是指针对老年人、残疾人、儿童等特殊人群的生理和心理的特殊需求进行的人性化设计。老年人身体功能下降，要通过各种弥补性环境帮助老人弥补其能力与生理的缺陷，主要体现在对其视觉、听觉、触觉弥补。视觉方面：老年人视力有所下降，可以通过强烈的色彩变化刺激视觉神经，提高老年人对环境的感知能力。应该在原来照度设计标准的基础上，适度地提高。同时，要加强照度的均匀性，因为老年人对明暗转换的适应能力和年轻人相比相对较差，过强的明度反差将会造成行动的不便。听觉方面：可以利用一些发声装置，帮助老人确立自己所处位置及周边环境。总之，弥补性设计使老年人更容易控制和了解周围环境。居住区的空间、场地、标识性设施要有鲜明的个性。各细部处理上，利用合理的空间序列，借助实体物质的造型、颜色等方便老年人识别。

4. 安全性原则

安全性对每个人来说都是最重要的。"安全性"居住环境应具备五个特征：
（1）易于识别：视觉、听觉等标志应具有明确显示性；
（2）易于控制和选择：考虑高龄者伸展、操作等使用的方便性；
（3）易于到达：考虑建筑物、设施、活动场所等的可及性；
（4）易于交往：无干扰、无噪音，设置一些有利于交往的场所；
（5）无障碍性：防止碰撞、跌倒、翻落等其他意外事故发生。

住宅饰面材料和地面材料的选择应有利于老年人活动的安全。老年人发生骨折绝大部分发生在室内，且大都在卫生间、厨房、浴室、楼梯，如果把居住环境中的障碍物去除，特别是对四处重点加以改造，老年人的生活自理能力和社会活动能力都会大大提高。因此，在消除地面高差的同时，避免房间内出现尖锐角、突出物，墙面选用防止老年人擦伤、磕碰的材料，同时采用防滑材料铺地，及时消除地面上的油污和油渍，选用止滑度高的材料，对材料表面做特殊处理，能够有效减少事故的发生。也可考虑使用除臭性能的材料。

5. 舒适性原则

绿化设计上，老年人到户外，要充分享受自然，要有充足的绿化，植物配置充分考虑四季季相变化，常绿与色叶树种的搭配，有充足的阳光，老年人可以充分享受阳光之美。晒太阳补钙，有利于老年人的身体健康。环境设施上，园内环境设施主要体现在细节上，如有台阶的地方应设置扶手，扶手的材质应为木质或其他环保材料，增加老人的舒适程度。在道路两旁、景观环境的周围以及休息园区内，应多设置一些座椅，解决老年人因体能下降而产生的不能长久站立等问题。座椅应尽量减少石材座椅，增加木质座椅。为了更好地消除老年人的孤单感和压力，应多创造一些便于交往的空间和坐憩空间，当大家相聚、聊天、娱乐和健身时，满足他们因生理和心理上的变化而产生的对空间环境的特殊要求。

6. 护理单元设计原则

护理单元的设计原则，是在同住宅相近的居住及生活环境当中为老人提供护理，即采用生活单元与护理单元相一致的设计原则。要给护理人员或家人留有护理空间，特别是浴室和卫生间，保证老人活动需要的尺寸和协助老人时所需的空间。

其次是为了使入住者相互之间构筑社会关系、营造自立的日常生活而提供空间层面的支持，即为入住者按照个人能力、自身生活方式与习惯营造日常生活提供支持，使每位入住者能够发挥各自作用，营造自身熟悉的生活环境。

7. 可选择性原则

创造多样性的居住场所，为老年人提供多种可选择性。由于入住者可以是各种各样的人，所以应该提供各种生活空间以满足各种不同的生活方式。因为人们有各自不同的爱好和生活方式，所以在居住条件上不宜强制统一。要保证私密性，增加社会交往空间。老年人需要一个属于自己、不被干扰的空间。尊重个人的生活，就必须确保个人的隐私权，实现居住空间的个性化。只有确保了安定的个人空间，生活才能丰富多彩，使入住者可以在空间的设置上体现自己的个性，同时也确保了自立的生活行为的顺利进行。还应遵循心理学和社会学的基本原则，尽可能多地为老年人设计相互交往的空间，提供交流的机会，减少老年人的孤独感，益于老年人的心理健康。在设计中可考虑结合门厅、过厅、电梯厅等设置各种公共交往空间，如"谈话角"、"休憩角"等，适当安排桌椅，为老人们提供休息和增加互相交流的公共交往空间。

二、空间构成

我们应该参照老年人居住建筑规范和老年人的居住意愿设计多种套型，包括单人间、双人间、一室一厅、两室一厅甚至三室两厅等，并深入考虑套型中卧室、客厅、厨房、卫生间等功能的构成方式，将老年公寓与"宿舍"区别对待，既方便老年人的生活，又能营造一种家庭氛围，让老年人住得温馨、舒适。另外，在一些面积较大的户型中，考虑设专门的护理用房，最大限度地保证老年人的身体健康。

养老机构的空间布局，要使老年人在机构中能够像在自己家里那样保持日常生活的连续性，创造家的感觉与氛围。将机构中的护理单元小型化，缩小到几个人的规模，这样既有利于老年人之间的相互认知，构筑和谐的社会关系，护理人员也更加容易地观察到每一个居住者的生活情况，以便有针对性地对其进行护理。通过护理单元的组合，做到确保个人空间的私密性而又不隔断与他人的接触，使每个人能够自由随意地选择独处或是交流。设计师可以使公共空间具有魅力的同时，通过分段分级式的空间设计和对边界设计的处理，使公共空间和个人空间之间形成舒缓的过渡，使公共空间形成多种层次，为老年人提供优质的养老环境。

（一）护理单元的空间构成

养老机构中需要部分或完全介护的护理单元所包含的功能空间见表2-1。

（二）护理单元的空间层次

以护理单元为核心的养老机构的空间层次大体可分为公共空间与个人空间（即护理单元）。其中，公共空间进一步可以分为以区域交流为目的的公共空间（public space），其下一层次为入住护理单元者相互交流目的的半公共空间（semi-public space），而个人空间又可分为共用空间（semi-private space）和个人室（private space）。以上四种空间构成了养老机构的空间层次。

特别养护老人之家的空间组合见图2-1和图2-2。空间组合的特点是以上述护理单元为核心，保证个人空间的使用习惯，并为老年人提供多种形式及内容的公共空间，加强老年人之间的交流，以达到构筑社会关系、营造自律的日常生活的目的。

表 2-1　护理单元包含的功能空间

各功能空间	说　明
个人疗养室	包括基本的洗漱设备以及阳台等
卫生间	分为个人卫生间或 2~3 个房间共用的公共卫生间
共同生活室	包括设有电视机、沙发或会客桌的客厅以及走廊、谈话角、餐厅等
厨房	备有各种炊事用具、规模大小不等的厨房空间
介护设备室	包括集中式护理空间及各类护理设施用房
浴室	分为个人用浴室及公共浴室

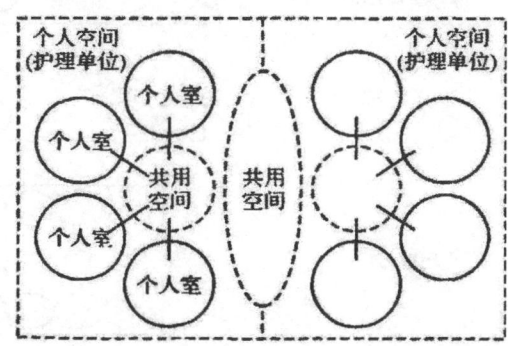

图 2-1　空间组合概念图

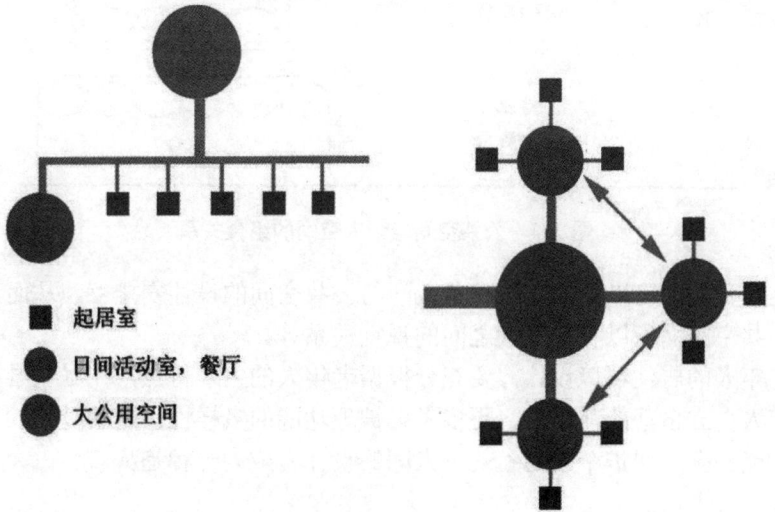

图 2-2　居住空间构成简图

(三) 公共空间与单人间的组合关系

养老机构的单人间与公共空间（共同生活室，即 LD）的关系，可以通过 LD 空间及过渡空间（如走廊、过厅）与单人间的独立方式归纳为以下几种类型（见图 2-3）。

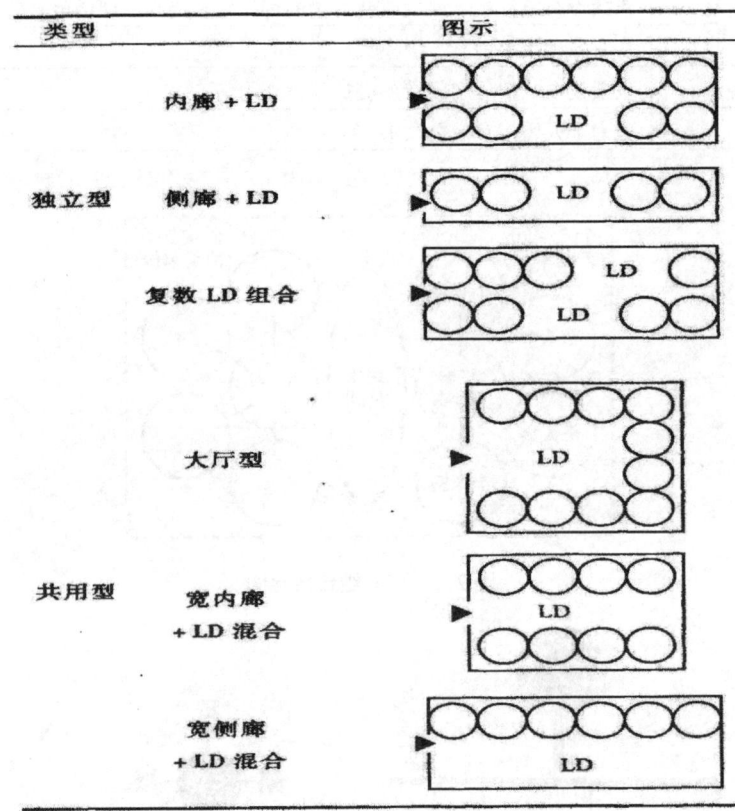

图 2-3　公共空间与个人空间的组合关系

这几种类型可以灵活运用在单人间与公共空间的设计安排上，从而营造适当的公共空间面积以及使用者之间的视觉关系等。

老年人的居住环境设计，要充分根据老年人的生理特点，在尽量维持和延长老年人自立自理的前提下，更多考虑护理功能的多样性。随着时代的发展，护理功能齐全、保护个人隐私的单人间的设计将成为一种趋势。

第二节 养老机构的规范性设计

由于养老机构建筑的特殊性,其建筑设计除应符合一般建筑设计规范外,还应当符合《老年人社会福利机构基本规范》、《老年人建筑设计规范》和《老年人居住建筑设计标准》等标准、规范要求,以实现全面设计。

一、规模

新建老年人住宅和老年人公寓的规模应以中型为主,特大型老年人住宅和老年人公寓宜与普通住宅、其他老年人设施及社区医疗中心、社区服务中心配套建设,实行综合开发。

1. 老年人住宅和老年人公寓的规模可按表2-2划分。

表2-2 老年人住宅和老年人公寓的规模划分标准

规模	人数	人均用地指标
小型	50人以下	80~100 m²
中型	51~150人	90~100 m²
大型	151~200人	95~105 m²
特大型	201人以上	100~110 m²

2. 老年人居住建筑的面积标准不应低于表2-3的规定。

表2-3 老年人居住建筑的最低面积标准

类型	建筑面积(m²/人)	类型	建筑面积(m²/人)
老年人住宅	30	托老所	20
老年人公寓	40	护理院	25
养老院	25		

注:表中面积指居住部分建筑面积,不包括公共配套设施的建筑面积。

二、选址与规划

1. 中小型老年人居住建筑基地选址宜与居住区配套设置,位于交通方便、基础设施完善、临近医疗设施的地段。大型、特大型老年人居住建筑可独立建设并配套相应设施。

2. 基地应选在地质稳定、场地干燥、排水通畅、日照充足、远离噪声和污染源的地段,基地内不宜有过大、过于复杂的高差。

3. 基地内建筑密度，市区不宜大于 30%，郊区不宜大于 20%。

4. 大型、特大型老年人居住建筑基地用地规模应具有远期发展余地，基地容积率宜控制在 0.5 以下。

5. 大型、特大型老年人居住建筑规划结构应完整，功能分区明确，安全疏散出口不应少于 2 个。出入口、道路和各类室外场地的布置，应符合老年人活动特点。有条件时，宜临近儿童或青少年活动场所。老年人居住用房应布置在采光、通风好的地段，应保证主要居室有良好的朝向，冬至日满窗日照不宜小于 2 小时。

三、道路交通

1. 道路系统应简洁通畅，具有明确的方向感和可识别性，避免人车混行。道路应设明显的交通标志及夜间照明设施，在台阶处宜设置双向照明并设扶手。

2. 道路设计应保证救护车能就近停靠在住栋的出入口。

3. 老年人使用的步行道路应做成无障碍通道系统，道路的有效宽度不应小于 0.90m；坡度不宜大于 2.5%；当大于 2.5%时，变坡点应予以提示，并宜在坡度较大处设扶手。

4. 步行道路路面应选用平整、防滑、色彩鲜明的铺装材料。

四、场地设施

1. 应为老年人提供适当规模的绿地及休闲场地，并宜留有供老人种植劳作的场地。场地布局宜动静分区，供老年人散步和休憩的场地宜设置健身器材、花架、座椅、阅报栏等设施，并避免烈日暴晒和寒风侵袭。

2. 距活动场地半径 100m 内应有便于老年人使用的公共厕所。

3. 供老年人观赏的水面不宜太深，深度超过 0.60m 时应设防护措施。

五、停车场

1. 专供老年人使用的停车位应相对固定，并应靠近建筑物和活动场所入口处。

2. 与老年人活动相关的各建筑物附近应设供轮椅使用者专用的停车位，其宽度不应小于 3.50m，并应与人行通道衔接。

3. 轮椅使用者使用的停车位应设置在靠停车场出入口最近的位置上，并应设置国际通用标志。

六、室外台阶、踏步和坡道

1. 步行道路有高差处、入口与室外地面有高差处应设坡道。室外坡道的坡度不应大于 1/12，每上升 0.75m 或长度超过 9m 时应设平台，平台的深度不应小于 1.50m 并应设连续扶手。

2. 台阶的踏步宽度不宜小于 0.30m，踏步高度不宜大于 0.15m。台阶的有效宽度不应小于 0.90m，并宜在两侧设置连续的扶手；台阶宽度在 3m 以上时，应在中间加设扶手。在台阶转换处应设明显标志。

3. 独立设置的坡道的有效宽度不应小于 1.50m；坡道和台阶并用时，坡道的有效宽度不应小于 0.90m。坡道的起止点应有不小于 1.50m×1.50m 的轮椅回转面积。

4. 坡道两侧至建筑物主要出入口宜安装连续的扶手。坡道两侧应设护栏或护墙。

5. 扶手高度应为 0.90m，设置双层扶手时下层扶手高度宜为 0.65m。坡道起止点的扶手端部宜水平延伸 0.30m 以上。

6. 台阶、踏步和坡道应采用防滑、平整的铺装材料，不应出现积水。

7. 坡道设置排水沟时，水沟盖不应妨碍通行轮椅和使用拐杖。

七、室内设计

1. 用房配置和面积标准

（1）老年人居住套型或居室宜设在建筑物出入口层或电梯停靠层。

（2）老年人居室和主要活动房间应具有良好的自然采光、通风和景观。

（3）老年人套型设计标准不应低于表 2-5 和 2-6 的规定。

表 2-5 老年人住宅和老年人公寓最低使用面积标准

组合形式	老年人住宅	老年人公寓
一居室（起居、卧室合用）	25 m²	22 m²
一室一厅套	35 m²	33 m²
二室一厅套	45 m²	43 m²

表 2-6 老年人住宅和老年人公寓各功能空间最低使用面积标准

房间名称	老年人住宅	老年人公寓
起居室	12 m²	
卧室	12 m²（双人）	10 m²（单人）
厨房	4.5 m²	
卫生间	4 m²	
储藏室	1 m²	

（4）养老院居室设计标准不应低于表 2-7 的规定。

表 2-7　养老院居室设计标准

类型	最低使用面积标准		
	居室	卫生间	储藏
单人间	10 m²	4 m²	0.5 m²
双人间	16 m²	5 m²	0.6 m²
三人间	6 m²/人	5 m²	0.3 m²/人

（5）老年人居住建筑配套服务设施的配置标准不应低于表 2-8 的规定。

表 2-8　老年人居住建筑配套服务设施用房配置

用房		项目	配置标准
餐厅		餐位数	总床位的 60%～70%
		每座使用面积	2 m²/人
医疗保健用房		医务、药品室	20～30 m²
		观察、理疗室	总床位的 1%～2%
服务用房	公用	康复、保健室	40～60 m²
		公用厨房	6～8 m²
		公用卫生间（厕位）	总床位的 1%
		公用洗衣房	15～20 m²
		公用浴室（浴位）（有条件设置）	总床位的 10%
	公共	售货、饮食、理发	100 床以上设
		银行、邮电代理	200 床以上设
		客房	总床位的 4%～5%
		开水房、储藏间	10 m²/层
休闲用房		多功能厅	可与餐厅合并使用
		健身、娱乐、阅览、教室	1 m²/人

2. 建筑物出入口

（1）出入口有效宽度不应小于 1.10m。门扇开启端的墙垛净尺寸不应小于 0.50m。

（2）出入口内外应有不小于 1.50m×1.50m 的轮椅回转面积。

（3）建筑物出入口应设置雨篷，雨篷的挑出长度宜超过台阶首级踏步 0.50m 以上。

（4）出入口的门宜采用自动门或推拉门；设置平开门时，应设闭门器。不应采用旋转门。

（5）出入口宜设交往休息空间，并设置通往各功能空间及设施的标识指示牌。

（6）安全监控设备终端和呼叫按钮宜设在大门附近，呼叫按钮距地面高度为1.10m。

3. 走廊

（1）公用走廊的有效宽度不应小于1.50m。仅供一辆轮椅通过的走廊有效宽度不应小于1.20m，并应在走廊两端设有不小于1.50m×1.50m的轮椅回转面积。

（2）公用走廊应安装扶手。扶手单层设置时高度为0.80~0.85m，双层设置时高度分别为0.65m和0.90m。扶手宜保持连贯。

（3）墙面不应有突出物。灭火器和标识板等应设置在不妨碍使用轮椅或拐杖通行的位置上。

（4）门扇向走廊开启时宜设置宽度大于1.30m、深度大于0.90m的凹廊，门扇开启端的墙垛净尺寸不应小于0.40m。

（5）走廊转弯处的墙面阳角宜做成圆弧或切角。

（6）公用走廊地面有高差时，应设置坡道并应设明显标志。

（7）老年人居住建筑各层走廊宜增设交往空间，宜以4~8户老年人为单元设置。

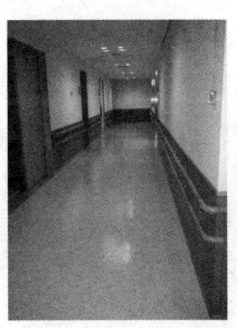

图2-3　走廊及增设的交往空间

4. 公用楼梯

（1）公用楼梯的有效宽度不应小于1.20m。楼梯休息平台的深度应大于梯段的有效宽度。

（2）楼梯应在内侧设置扶手。宽度在1.50m以上时应在两侧设置扶手。

（3）扶手安装高度为 0.80～0.85m，应连续设置。扶手应与走廊的扶手相连接。

（4）扶手端部宜水平延伸 0.30m 以上。

（5）不应采用螺旋楼梯，不宜采用直跑楼梯。每段楼梯高度不宜高于 1.50m。

（6）楼梯踏步宽度不应小于 0.30m，踏步高度不应大于 0.15m，不宜小于 0.13m。同一个楼梯梯段踏步的宽度和高度应一致。

（7）踏步应采用防滑材料。当设防滑条时，不宜突出踏面。

（8）应采用不同颜色或材料区别楼梯的踏步和走廊地面，踏步起终点应有局部照明。

 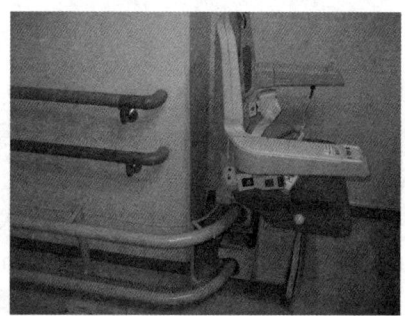

图 2-4　楼梯与楼梯专用升降座椅

5. 电梯

（1）老年人居住建筑宜设置电梯。三层及三层以上设老年人居住及活动空间的建筑应设置电梯，并应每层设站。

（2）电梯配置中，应符合下列条件：

① 轿厢尺寸应可容纳担架。

② 厅门和轿门宽度应不小于 0.80m；对额定载重量大的电梯，宜选宽度 0.90m 的厅门和轿门。

③ 候梯厅的深度不应小于 1.60m，呼梯按钮高度为 0.90～1.10m。

④ 操作按钮和报警装置应安装在轿厢侧壁易于识别和触及处，宜横向布置，距地高度 0.90～1.20m，距前壁、后壁不得小于 0.40m。有条件时，可在轿厢两侧壁上都安装。

（3）电梯额定速度宜选 0.63～1.0m/s；轿门开关时间应较长；应设置关门保护装置。

（4）轿厢内两侧壁应安装扶手，距地高度 0.80～0.85m；后壁上设镜子；轿门宜设窥视窗；地面材料应防滑。

（5）各种按钮和位置指示器数字应明显，宜配置轿厢报站钟。

（6）呼梯按钮的颜色应与周围墙壁颜色有明显区别；不应设防水地坎；基站候梯厅应设座椅，其他层站有条件时也可设置座椅。

（7）轿厢内宜配置对讲机或电话，有条件时可设置电视监控系统。

6. 户门、门厅

（1）户门的有效宽度不应小于1m。

（2）户门内应设更衣、换鞋空间，并宜设置座凳、扶手。

（3）户门内外不宜有高差。有门槛时，其高度不应大于20mm，并设坡面调节。

（4）户门宜采用推拉门形式且门轨不应影响出入。采用平开门时，门上宜设置探视窗，并采用杆式把手，安装高度距地面0.80～0.85m。

（5）供轮椅使用者出入的门，距地面0.15～0.35m处宜安装防撞板。

7. 户内过道

（1）过道的有效宽度不应小于1.20m。

（2）过道的主要地方应设置连续式扶手；暂不安装的，可设预埋件。

（3）单层扶手的安装高度为0.80～0.85m，双层扶手的安装高度分别为0.65m和0.90m。

（4）过道地面及其与各居室地面之间应无高差。过道地面应高于卫生间地面，标高变化不应大于20mm，门口应做小坡以不影响轮椅通行。

8. 卫生间

由于排泄行为是人类的私密行为，一旦变成需要在护理人员的帮助下才能完成的话，会使老年人的自尊心受到伤害，丧失生活的积极性。如何最大限度地保障老年人自立入厕是关系到个人尊严、提升生活自信的大事。因此，对于老年人来说，一个便利、安心、安全的卫生间是非常重要的。

老年人一般容易尿频，除了白天使用卫生间较多外，晚上经常也需要起床去卫生间，故卫生间应靠近卧室，门最好靠近床位。二者之间不要布置有高差的空间，以防夜间不够清醒时发生意外事故。卫生间最小面积要满足乘轮椅者进出和使用要求。卫生间入口的有效宽度不应小于0.80m。轮椅进入后既能接近卫生洁具，又能顺利倒退出卫生间。为了保证必要的护理空间，老年人卫生间至少是净宽1.35m以上的方形（图2-5）。为了干湿分开以及使用上的方便，老人居住建筑中，卫生间的厕位和洗漱位大多分开设置，卫生间内仅设座便器，洗手盆位于外部（图2-6）。洗浴过程也是老年人最容易发生意外的时刻，卫生间的设计必须特别注意安全措施，如地面的防滑、排水的畅通、扶手的正确安放、扶手表面的防滑处理、设置紧急呼叫设备等。卫生间的门最好是设置门内、门外均可开启的插销，以便在紧急情况时能从外面开启。门扇应为推拉门，并向外开启，避免出事故的人或轮椅将门堵住造成开启困难。为方便护理人员随时知晓老年人在卫生间的动向，必要时进入卫生间协助，在门扇应设置观察窗口等。

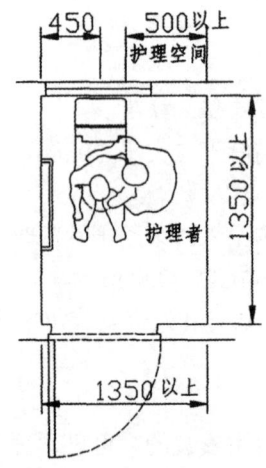

图 2-5　卫生间布局类型之一　　　图 2-6　厕位与洗漱位分开设置

老年人对卫生设备也有一些特殊要求。

（1）洗面器。老年人的洗脸池应为悬挑型，装在悬挑式的梳妆台上或吊挂于装载墙体内预埋的铁座架上。洗脸池的高度应为 0.85m 左右，池底距地面约 0.64m，这样安装易为坐轮椅的老人使用，也可避免健康老人使用时过度弯腰。一般老年人握力降低，圆形旋拧式开关不适合老年人使用，洗脸池上的水龙头应表面光洁并带杠杆型或掀压式的开关。冷热水开启方向要用色彩给以明显标识，即使水龙头开到最大，水流也应保持柔和，以防止流水溅出滑倒老人；龙头出水口应与洗漱盆的边缘保持一段距离，以保证使用时的舒适度。洗脸池旁也应设扶手，扶手可兼作毛巾挂杆。

（2）坐式便器。老年人腿部肌肉力量衰退，因此坐式便器的高度应相对高些，以减轻下蹲时腿部的负担。普通坐式便器高度约 0.30m，老年人应使用高约 0.43m 的坐式便器。若乘轮椅，则为 0.50m 左右。升高便器座面的方法有以下几种：①便器下方设台子垫高便器；②采用加厚座面；③采用可以调节高度的坐便架；④采用电动升降便座。座便器座面升高之后，要注意老人坐下时双足足底可以完全接触地面，否则老人会缺乏安全感，不易保持座位平衡，影响顺利排泄。为了使轮椅尽可能地靠近座便器，方便老人移动、起坐，应采用基座收缩大的座便器（图 2-8）。另外，老年人使用的座便器的排水也尽量采用噪音小的抽水马桶，以免影响同住老人的睡眠。

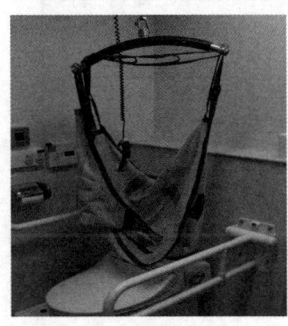

图 2-7 座便器与电动移动设备

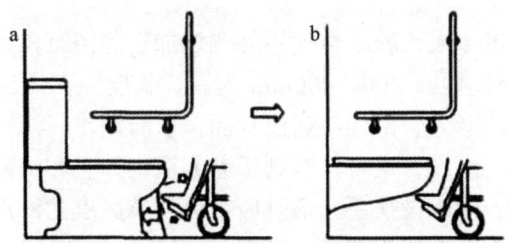

a 轮椅脚蹬碰到便器基座,阻碍轮椅靠近便器
b 便器基座向内收缩甚至没有,轮椅可充分靠近便器,易于老人从轮椅转移到便器上,而且也利于清洁卫生

图 2-8 适于轮椅的座便器

经济条件允许的话,卫生间安装温水净身风干坐式便器。随着年龄的增长,老年人的身体机能会逐渐衰退,入厕行为也会由自立变成需要护理,所以卫生间一定要留有足够的护理空间:①座便器一侧需要留有 0.5m 以上的护理空间,以便护理人员可以站在侧边进行护理。②有条件的话,座便器后侧可以留出 0.2m 以上的空间,使从后侧的护理变得更为方便(图 2-9)。偏瘫的老年人的动作带有方向性,入厕也不例外。虽然偏瘫老人可以用一侧抓握扶手,可是从轮椅向座便器移动时,偏瘫一侧的护理还是非常必要的。因此,座便器左右两侧都应该留出护理空间(图 2-10)。

 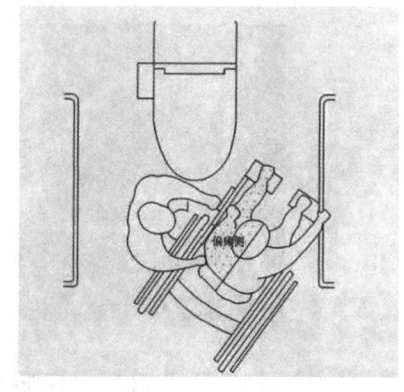

图 2-9　座便器后侧留出 0.2m　　图 2-10　偏瘫老人用卫生间及其护理空间

（3）洗浴器。老年人比较适合使用外侧边加宽的浴缸，建议深度不可大于 0.50m，浴缸边缘距离地面 300～400mm 为宜，长度应在 1.50m 以内，靠背应有一定缓坡，以保证老人脸部始终露出水面，以防溺水。浴缸应设计为半下沉式，方便跨进跨出，内设有坐台，有利于老人浴中休息和洗脚等类似动作。浴缸底部应平而滑，一侧应设扶手。浴缸应带可调节高度的淋浴喷头，墙上应设几个不同高度的固定淋浴喷头装置，距浴盆底约 0.13m 处设扶手，扶手直径为 25mm。

 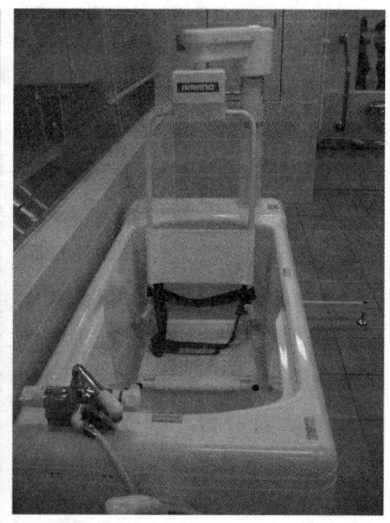

图 2-11　浴缸、洗浴器

（4）扶手。老年人在卫生间内的动作主要有：移动、脱衣、坐下、起立、排泄以及座位保持等。为了保证这些动作安全、顺利地进行，设置扶手是必要的。一般卫生间扶手多设置在座便器的侧墙上，主要有：竖向、横向以及它们组合而成的L型。表2-9和图2-12对这些扶手的位置、用途和注意事项进行了详细说明。此外，还有其他形式的扶手，分别具有不同的位置和用途，如：位于座便器一侧、方便起坐的落地扶手，可以灵活应用、固定在后侧墙壁的可动扶手，保持座位平衡与舒适、位于座便器后部及两侧的靠背与扶手等（图2-13）。

表2-9　卫生间扶手

序号	位置	主要用途	扶手形式	主要事项
扶手A	出入口外侧	老年人进入卫生间，伴随着开门、关门的动作，身体失去平衡时，可以利用该扶手。	纵向型	距地面1.2m，是老年人最容易把握的位置，以此为中心，在距离地面0.85～1.5m的范围内安装该扶手。
扶手B	出入口内侧	开门、关门、坐下、站起等一系列动作，需要利用该扶手保持平衡。	纵向型	考虑到老年人的身体尺度，扶手高度0.7～1.25m，距离便器前端0.1～0.4m。
扶手C	便器两侧	为站立、坐下提供必要支撑。	横向型	扶手高度距地面0.55～0.85m，距便器座面0.15～0.45m。一般情况下，墙壁和扶手间的距离是3～5cm，当胳膊肘搭上扶手时，支撑身体站起来。扶手和墙之间的距离是10～15cm。
扶手D	便器对面	帮助老年人完成移动、坐下、站立等动作。对于身体机能衰退的老年人来说，是不可以缺少的扶手。	横向型	扶手高度是0.8～0.95m。0.8m的情况：老人压住扶手把身体支撑起来，适用于力量不足的老人；0.95m的情况：老人拉住扶手把身体引上来。扶手和便器之间距离约0.55m。

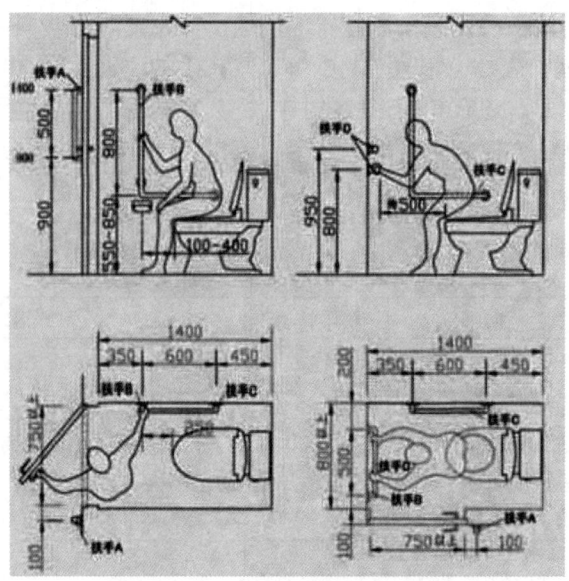

图 2-12 老年人用卫生间扶手

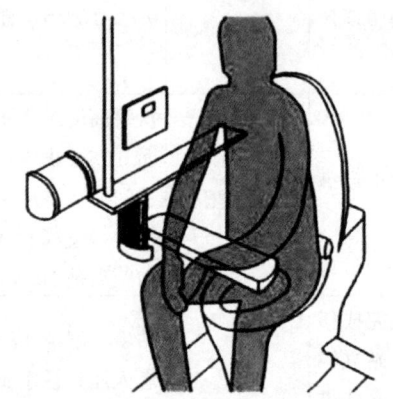

侧墙上L型板状扶手+横在前方的活动板状扶手保持座位平衡，支持上半身，减少足腰负担，减轻由于排泄时间长带来的疲劳感。

图 2-13 其他形式的扶手

对于使用轮椅或者需要护理的老人来说，固定扶手会妨碍其活动，造成不便。因此，可以根据实际情况设置一些可动扶手。

总之，扶手的形式和位置并不是机械地按照有关规范进行选定和安装，应该对卫生间的空间布局、居住老人的身体情况、行为特征、使用便利等方面进行细致入微的考虑，结合实际情况灵活应对。

(5) 紧急呼叫按钮

为了方便、快速呼救，卫生间内至少要在两个位置安装紧急呼救按钮：①座便器附近的侧墙上；②座便器前方，距离地面 0.2m 的侧墙。

由于排泄行为的私密性，老年人更愿意自立入厕。这对于把握卫生间内的老年人状况会造成一定的困难。目前，日本比较先进的做法是，在天花板上安装温度感应报警系统，可以在一定程度上帮助家人或者护理人员把握老年人的入厕情况，尽早发现问题，进行救助。这种感应报警系统通过对人体温度的感知，掌握老年人在卫生间内停留的时间、静止不动的时间，如果超出设定时间段，就会自动报警。而且，当老年人出现紧急情况，无法按动紧急按钮时，温度感应报警也能及时探知，发出警报。

9. 厨房

老年人行动迟缓、不灵便，在厨房中极易被其间放置的用具碰伤、绊倒，甚至在烹调过程中出现如跌倒、烫伤、碰伤和划伤等意外，故首先要考虑充分、系统利用空间。如使烹调与用餐融汇一处，厨房与餐厅的开放式衔接的形式就是设计中需要考虑的。

（1）老年人使用的厨房面积不应小于 4.5m²。供轮椅使用者使用的厨房，面积不应小于 6m²，轮椅回转面积不小于 1.50m×1.50m。

（2）根据厨房内清洗处理、烹调加工、收纳贮藏三大块可布置成 I 型、L 型、U 型等形式。考虑到老年人的腿脚、手臂伸展的不灵便，操作台面的深度以 0.50～0.55m 为限，台面前半部分 0.25～0.30m 用以操作，后半部分 0.25m 可以用来摆放各种应用物品。台面高，建议值为 0.85m，对轮椅使用者可略降低，以 0.75～0.80m 为宜。吊柜柜底高度应小于或等于 1.20m，深度应小于或等于 0.25m。台面下要有容膝空间（图 2-14）。在主要操作台的地面设置可抽出的、在坐膝上面使用的隔板，供搅拌和切割操作。在主要操作台两侧设落地柜时，应采用有不同深度的抽屉或抽出式的竖向箱。洗涤池的设计尺度与工作台面相类似，其下部也要有容膝空间。水龙头的开关，应采用 1/4 转的开关或感应开关、电动开关。灶具高度一般与工作台面平齐，且考虑到炉具的安全隐患，要特别考虑到其火源、电源开关，其旋钮的体积要较大，有明显的标识以便于操作。甚至考虑老年人的弱视，在开关处装置指示灯。由于老年人的记忆欠佳，可安装自动断气、断电装置以及漏气预警装置等。

图 2-14 厨房操作台

10. 起居室

（1）起居室短边净尺寸不宜小于 3m。

（2）起居室与厨房、餐厅连接时，不应有高差。

（3）起居室应有直接采光、自然通风。

陈设品宜少而简洁，尽量采用平行、直线陈设方式。墙面、门洞及家具位置，应符合轮椅通行、停留及回转的使用要求，从而方便老年人起居、饮食活动。

11. 卧室

（1）老年人卧室短边净尺寸不宜小于 2.50m，轮椅使用者的卧室短边净尺寸不宜小于 3.20m。

（2）主卧室宜留有护理空间。

（3）卧室宜采用推拉门。若采用平开门时，应采用杆式门把手。宜选用内外均可开启的锁具。

（4）日常的生活家具，粗笨、见棱见角的家具越少越好。橱柜挂衣杆高度应小于或等于 1.40m；其深度应小于或等于 0.60m。过高的橱柜、低于膝盖的大抽屉不宜用。所有家具中，卧具对老年人至关重要，其高度要合适，既要便于上下床，又要便于穿鞋、铺床。

12. 阳台

（1）老年人住宅和老年人公寓应设阳台，养老院、护理院、托老所的居室宜设阳台。

（2）阳台栏杆的高度不应低于 1.10m。

(3) 老年人设施的阳台宜作为紧急避难通道。

(4) 宜设便于老年人使用的晾衣装置和花台。

八、建筑设备

1. 给水排水

(1) 老年人居住建筑应设给水排水系统，给水排水系统设备选型应符合老年人使用要求。宜采用集中热水供应系统，集中热水供应系统出水温度宜为 40~50℃。

(2) 老年人住宅、老年人公寓应分套设置冷水表和热水表。

(3) 应选用节水型低噪声的卫生洁具和给排水配件、管材。

(4) 公用卫生间中，宜采用触摸式或感应式等形式的水嘴和便器冲洗装置。

2. 采暖、空调

(1) 严寒地区和寒冷地区的老年人居住建筑应设集中采暖系统。夏热冬冷地区有条件时宜设集中采暖系统。

(2) 各种用房室内采暖计算温度不应低于表 2-10 的规定。

表 2-10　各种用房室内采暖温度表

用房	卧室起居室	卫生间	浴室	厨房	活动室	餐厅	医务用房	行政用房	门厅走廊	楼梯间
计算温度	20℃	20℃	25℃	16℃	20℃	20℃	20℃	18℃	18℃	16℃

(3) 散热器宜暗装。有条件时宜采用地板辐射采暖。

(4) 最热月平均室外气温高于和等于 25℃ 地区的老年人居住建筑宜设空调降温设备，冷风不宜直接吹向人体。

3. 电气

(1) 老年人住宅和老年人公寓电气系统应采用埋管暗敷，应每套设电度表和配电箱并设置短路保护和漏电保护装置。

(2) 老年人居住建筑中医疗用房和卫生间应做局部等电位联结。

(3) 老年人居住建筑中宜采用带指示灯的宽板开关，长过道宜安装多点控制的照明开关，卧室宜采用多点控制照明开关，浴室、厕所可采用延时开关。开关离地高度宜为 1.10m。

(4) 在卧室至卫生间的过道，宜设置脚灯。卫生间洗面台、厨房操作台、洗涤池宜设局部照明。

(5) 公共部位应设人工照明，除电梯厅和应急照明外，均应采用节能自熄开关。

（6）老年人住宅和老年人公寓的卧室、起居室内应设置不少于两组的二极、三极插座；厨房内对应吸油烟机、冰箱和燃气泄漏报警器位置设置插座；卫生间内应设置不少于一组的防溅型三极插座。其他老年人设施中宜每床位设置一个插座。公用卫生间、公用厨房应对应用电器具位置设置插座。

（7）起居室、卧室内的插座位置不应过低，设置高度宜为 0.60～0.80m。

（8）老年人住宅和老年人公寓应每套设置不少于一个电话终端出线口。其他老年人设施中宜每间卧室设一个电话终端出线口。

（9）卧室、起居室、活动室应设置有线电视终端插座。

4. 燃气

（1）使用燃气的老年人住宅和老年人公寓每套的燃气用量，至少按一台双眼灶具计算。每套设燃气表。

（2）厨房、公用厨房中燃气管应明装。

5. 安全报警

（1）以燃气为燃料的厨房、公用厨房，应设燃气泄漏报警装置。宜采用户外报警式，将蜂鸣器安装在户门外或管理室等易被他人听到的部位。

（2）居室、浴室、厕所应设紧急报警求助按钮，养老院、护理院等床头应设呼叫信号装置，呼叫信号直接送至管理室。有条件时，老年人住宅和老年人公寓中宜设生活节奏异常的感应装置。

【案例 2.1】硬件设计或设备安装隐患

如果养老机构没有按照政府和行业对建筑设施的要求建造，从而埋下安全隐患，造成老年人伤害事故，这类事故的责任要由养老机构承担赔偿责任。如果属于建设单位失误或失职的，养老机构有权在赔偿后，依法向原建设单位提出赔偿要求。

82 岁的王大伯思维有些障碍，一直和儿子同住，老伴儿三年前去世。去年，由于儿子工作忙照顾不了父亲，便将父亲送到养老机构并签订了全护合同。某一天，老人感觉身体不适有低热，想去厕所却不见护理员过来，床头呼叫器最近发生故障又不好用，于是王大伯一个人独自去厕所时摔倒在地，摔伤了头部及踝骨。

根据《老年人建筑设计规范》，作为养老机构在必要的场所安装配置呼叫器是应该的。这是维持老年人在机构里安心舒适生活的必要条件。虽安装了呼叫器，但未能在出现故障时及时修理，造成老人在需要护理时无法呼叫，护理员又不能及时到位而独自行走摔倒。所以，呼叫器故障是直接导致王大伯摔倒的主要原因。王大伯意识不清晰，对安全能力已缺乏判断，因此养老机构要负从该案例中可以看到养老机构安装呼叫器及其完好性的重要性，尤其是在目前有些养老机构护理人力不足的情况下，更要借助于这些设备确保老年人的日常安全。本案例中养老机构应及时对呼叫器进行维修，在呼叫系统没有修复前，应要求护理员加强对身体状况较差和有特殊变化与需求的老年人的观察，增加巡视力量，关照老人有事及时呼叫，以尽量消除呼叫器失灵带来的隐患。另外，养老机构要提高服务质量，要加强对患病老人的观察与护理，给以细心的关心和照顾，告知老人如有服务要求，什么情况下可以自行处理，什么情况下必须呼叫工作人员帮忙。如果设施到位，制度完善，服务到位，类似案例是可以避免的。

九、室内环境

1. 采光

（1）老年人居住建筑的主要用房应充分利用天然采光。

（2）主要用房的采光窗洞口面积与该房间地面面积之比，不宜小于表 2-11 的规定。

表 2-11　主要用房窗地比

房间名称	窗地比	房间名称	窗地比
活动室	1/4	厨房、公用厨房	1/7
卧室、起居室、医务用房	1/6	楼梯间、公用卫生间、公用浴室	1/10

（3）活动室必须光线充足，朝向和通风良好，并宜选择有两个采光方向的位置。

2. 通风

（1）卧室、起居室、活动室、医务诊室、办公室等一般用房和走廊、楼梯间等应采用自然通风。

（2）卫生间、公用浴室可采用机械通风；厨房和治疗室等应采用自然通风并设机械排风装置。

（3）老年人住宅和老年人公寓的厨房、浴室、卫生间的门下部应设有效开口面积大于 $0.02 m^2$ 的固定百叶或不小于 30mm 的缝隙。

3. 隔声

（1）老年人居住建筑居室内的噪声级昼间不应大于 50dB，夜间不应大于 40dB，撞击声不应大于 75dB。

（2）卧室、起居室内的分户墙、楼板的空气声的计权隔声量应大于或等于

45dB；楼板的计权标准撞击声压级应小于或等于 75dB。

（3）卧室、起居室不应与电梯、热水炉等设备间及公用浴室等紧邻布置。

（4）门窗、卫生洁具、换气装置等的选定与安装部位，应考虑减少噪声对卧室的影响。

4. 隔热、保温

（1）老年人居住建筑应保证室内基本的热环境质量，采取冬季保温和夏季隔热及节能措施。夏热冬冷地区老年人居住建筑应符合《夏热冬冷地区居住建筑节能设计标准》JGJ134－2001 的有关规定。严寒和寒冷地区老年人居住建筑应符合《民用建筑节能设计标准（采暖居住建筑部分）》JGJ26 的有关规定。

（2）老年人居住的卧室、起居室宜向阳布置，朝西外窗宜采取有效的遮阳措施。在必要时，屋顶和西向外墙应采取隔热措施。

5. 室内装修

（1）老年人居住建筑的室内装修宜采用一次到位的设计方式，避免住户二次装修。

（2）室内墙面应采用耐碰撞、易擦拭的装修材料，色调宜用暖色。室内通道墙面阳角宜做成圆角或切角，下部宜做 0.35m 高的防撞板。

（3）室内地面应选用平整、防滑、耐磨的装修材料。卧室、起居室、活动室宜采用木地板或有弹性的塑胶板；厨房、卫生间及走廊等公用部位宜采用清扫方便的防滑地砖。

（4）老年人居住建筑的门窗宜使用无色透明玻璃，落地玻璃门窗应装配安全玻璃，并在玻璃上设有醒目标示。

（5）老年人使用的卫生洁具宜选用白色。白色不仅感觉清洁，而且易于随时发现老年人的某些病变。

（6）养老院、护理院等应设老年人专用储藏室，人均面积 0.60 m^2 以上。卧室内应设每人分隔使用的壁柜，设置高度在 1.50m 以下。家具工作台面应采用 0.65m 的操作高度。橱柜高度应小于或等于 1.20m，其深度应小于或等于 0.40m。

（7）各类用房、楼梯间、台阶、坡道等处设置的各类标志和标注应强调功能作用，应醒目、易识别。

【本章小结】

老年人住宅和环境关系着他们生活方便与安全以及心理和生理健康。由于生理机能的老化和心理状态的转变，老年人对住宅形式、居住方式和居住心理环境的要求都异于普通人。养老机构设计应当充分考虑到老年人体能心态的变化、自理老人、介助老人和介护老人的需求，本着一切为了老人、一切方便老人的以人为本原则，实行人性化设计、无障碍设计，为老人营造一个安全、舒适、方便的居住环境。

由于养老机构建筑的特殊性，其建筑设计除应符合一般建筑设计规范外，还应当符合《老年人社会福利机构基本规范》《老年人建筑设计规范》和《老年人居住建筑设计标准》等标准、规范要求，以实现全面设计。

【复习思考题】

1. 养老机构建筑设计应遵循怎样的原则？为什么？
2. 简述养老机构建筑设计中的护理单元设计理念。
3. 养老机构中的卫生间应该如何设计？

第三章　养老机构的运营

学习目标

1. 了解：组织结构及其设计原则；养老机构的宣传媒介；经济效益评价指标。

2. 熟悉：养老机构开办的基本标准、履行的程序；养老机构内部岗位设置及职责；养老机构人员招聘程序、途径、注意事项；养老机构的策划原则；养老机构的宣传原则及方式；养老机构的常见风险；养老机构经济效益的评估。

3. 掌握：养老机构人员配置及要求；养老机构的策划流程；养老机构的宣传内容；养老机构的风险规避。

第一节　养老机构开设申报与行政审批

养老机构的开办不仅要符合一定的设置标准，而且要履行一系列的筹建申报、审批及注册登记等程序。

一、养老机构的筹建申报及审批

根据《社会福利机构管理暂行办法》（1999年12月30日民政部令第19号发布）第七条、第八条的相关规定，具备相应的条件且依法成立的组织或具有完全民事行为能力的个人（以下称申办人），可依照规定向社会福利机构所在地的县级以上人民政府民政部门提出举办社会福利机构的筹办申请，并提交以下材料：

1. 申请书、可行性研究报告；
2. 申办人的资格证明文件；

3. 拟办社会福利机构资金来源的证明文件；

4. 拟办社会福利机构固定场所的证明文件。

香港、澳门、台湾地区的组织和个人，华侨以及国外的申办人采取合资、合作的形式举办社会福利机构，应当向省级人民政府民政部门提出筹办申请，并报省级人民政府外经贸部门审核。

民政部门应当自受理申请之日起 30 日内，根据当地社会福利机构设置规划和社会福利机构设置的基本标准进行审查，作出同意筹办或者不予同意筹办的决定，并将审批结果以书面形式通知申办人。

二、养老机构开业审批

（一）养老机构设置的基本标准

根据《社会福利机构管理暂行办法》（1999 年 12 月 30 日民政部令第 19 号发布）第十条、第十一条的相关规定，经同意筹办的社会福利机构具备开业条件时，应向民政部门申请领取《社会福利机构设置批准证书》。

申请领取《社会福利机构设置批准证书》的机构，应当符合社会福利机构设置的基本标准：

1. 有固定的服务场所、必备的生活设施及室外活动场地；

2. 符合国家消防安全和卫生防疫标准，符合《老年人建筑设计规范》和《方便残疾人使用的城市道路和建筑物设计规范》；

3. 有与其服务内容和规模相适应的开办经费；

4. 有完善的章程，机构的名称应符合登记机关的规定和要求；

5. 有与开展服务相适应的管理和服务人员，医务人员应当符合卫生行政部门规定的资格条件，护理人员、工作人员应当符合有关部门规定的健康标准。

（二）养老机构开业审批

经申请地民政部门作出同意筹办的社会福利机构在申请领取《社会福利机构设置批准证书》时，应当提交下列文件：

1. 申请《社会福利机构设置批准证书》的书面报告；

2. 民政部门发给的社会福利机构筹办批准书；

3. 服务场所的所有权证明或租用合同书；

4. 建设、消防、卫生防疫等有关部门的验收报告或者审查意见书；

5. 验资证明及资产评估报告；

6. 机构的章程和规章制度；

7. 管理人员、专业技术人员和护理人员的名单及有效证件的复印件以及工作人员的健康状况证明；

8. 要求提供的其他材料。

民政部门自受理申请之日起 30 日内，对所报文件进行审查，并根据社会福利机构设置的基本标准进行实地验收。合格的，发给《社会福利机构设置批准证书》；不合格的，将审查结果以书面形式通知申办人。

三、养老机构注册登记

根据《社会福利机构管理暂行办法》（1999 年 12 月 30 日民政部令第 19 号发布）第十四条的规定，申办人取得《社会福利机构设置批准证书》后，应当到登记机关办理登记手续。

由政府投资兴建的养老机构（包括利用国有资产举办的农村乡镇敬老院），应到当地事业单位登记部门进行事业单位法人注册登记；由民营资本投资兴建的非营利性养老机构应到当地民政部门进行民办非企业机构注册登记；由民营资本投资兴建的营利性养老机构应到当地工商税务部门进行工商税务注册登记，领取营业执照后，才能正式开业经营。

在申请开办养老机构时，申办人需注意各省市和地区对养老机构的审批程序、养老机构设置的标准等方面有一定的差异，申办人应当参照申请地有关文件精神进行筹建申报、审批和注册登记。

此外，为了鼓励发展养老服务业，一些省市和地区出台了相关的扶持政策，特别是针对社会办养老机构在税收、用水、用电、用气等方面推出了优惠政策，申办人需在筹建时对申请地相关优惠政策有所了解。

第二节　岗位设置与人员配置

一、组织结构

（一）组织结构

组织结构是组织成员为实现组织目标，在管理工作中进行分工协作，在职务范围、责任、权利方面所形成的结构体系，是整个管理系统的"框架"。

组织结构可以通过组织结构图来反映。组织结构图可以形象反映组织内各机构、岗位上下左右相互之间的关系，体现组织结构形式。

常见的组织结构形式有直线制、职能制、直线－职能制、模拟分权制、矩阵制等。目前，绝大多数企业组织都采取直线－职能制。

养老机构要根据具体情况（如部门的划分、部门人员职能的划分）制定具体的、整体的、个性的组织结构图，各个部门也要制定部门内部具体的、细分的组织结构图（见图3-1）。

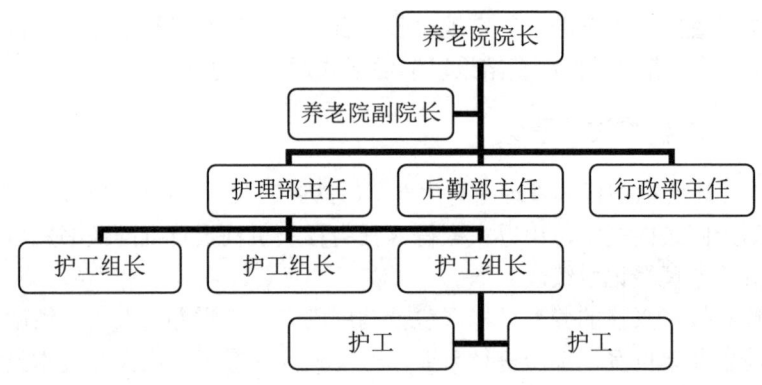

图3-1　某养老院组织结构简图

（二）组织结构设计的原则

为了有效地利用养老机构内部的人力资源，提高组织的竞争力，要科学合理地设计组织结构。进行组织结构设计时需要遵循以下原则：

1. 任务与目标原则

企业组织设计的根本目的，是为实现企业的战略任务和经营目标服务的。这是一条最基本的原则。因而，组织结构设计要从这一原则出发，体现一切设计为组织目标服务的宗旨。当组织的任务、目标发生重大变化时，例如，企业组织的目标从单纯生产型向生产经营型、从内向型向外向型转变时，组织结构必须作相应的调整和变革，以适应任务、目标变化的需要。

2. 专业分工和协作的原则

组织内部无论设置多少个部门，每一个部门都不可能承担组织所有的工作。组织内部各部门之间应该是分工协作的关系，也就是说组织中有管财务的，有管人力资源的，有做后勤保障的，还有主导业务流程中各个环节的部门。因此，组织结构设计时把握好分工协作原则至关重要。

3. 有效管理幅度原则

每一个部门、每一位领导人都要有合理的管理幅度。管理幅度太大，无暇顾及；管理幅度太小，可能没有完全发挥作用。所以在组织结构设计的时候，要制订合理恰当的管理幅度。

4. 集权与分权相结合的原则

组织结构设计时，既要有必要的权力集中，又要有必要的权力分散，两者不可偏废。集权有利于保证组织的统一领导和指挥，有利于人力、物力、财力的合理分配和使用。而分权是调动下级积极性、主动性的必要组织条件。合理分权有利于基层根据实际情况迅速而正确地做出决策,也有利于上层领导摆脱日常事务,集中精力抓重大问题。因此,集权与分权是相辅相成的。

5. 稳定性和适应性相结合的原则

稳定性是指组织抵抗干扰,保持其正常运行;适应性是指组织调整运行方式,以保持对内外环境变化的适应能力。在进行组织结构设计时,既要保证组织在外部环境和企业任务发生变化时,能够继续有序地正常运转;同时又要保证组织在运转过程中,能够根据变化了的情况做出相应的变更,组织应具有一定的弹性和适应性。为此,需要在组织中建立明确的指挥系统、责权关系及规章制度;同时又要求选用一些具有较好适应性的组织形式和措施,使组织在变动的环境中,具有一种内在的自动调节机制。

二、养老机构内部组织机构及岗位

(一)内部组织机构及岗位设置

养老机构主要为老年人提供居住、生活照料与护理、疾病预防与保健、医疗与康复、康乐等服务。内部组织机构及岗位要根据养老机构的性质、规模以及开展的服务项目进行设置。同时,在符合国家、行业与地方政策法规、管理规范的前提下,遵循精简、高效、降低成本等原则。

就部门而言,养老机构一般都设有行政部门、业务部门、后勤部门等。

就岗位而言,依据工作性质可以分为管理类、专业技术类、工勤类等岗位。再根据各岗位所要求的技能与能力不同,将这些岗位细分为多个具体岗位。如管理类岗位包括院长、书记、副院长、工会主席、科室主任等岗位;专业技术类岗位,包括医生、护士、社工、财会以及其他医类和其他专业技术职称系列岗位;工勤类岗位包括护理员、厨师、锅炉工、水电工、维修工、洗衣工和门卫等岗位。

(二)主要岗位职责

1. 养老机构院长岗位职责

(1)认真贯彻执行党和国家的各项路线、方针、政策、法令和上级的指示,确保养老机构的各项工作在法律范围内进行;

(2)在上级主管部门的领导下,负责养老机构的全面工作。主持院长办公会议,确定养老机构的大政方针,制定养老机构的发展规划和年度工作计划并组织实施。

(3)组织制定养老机构内的各项规章制度并定期检查,督促养老机构内各项规章制度的落实。

（4）统筹安排养老机构内各项工作，制定养老机构内的综合目标责任制，并与各部门负责人签订责任书，确保责任制的落实和奖惩的兑现。

（5）负责养老机构的规范化服务管理工作，健全质量管理的措施，提高服务水平，率领员工脚踏实地做好为老年人服务的工作。

（6）负责养老机构的行政管理工作，依据有关规定和要求做好养老机构内部工作人员的聘任、考核、业务培训、晋升、奖惩等工作。

（7）加强养老机构的经营管理，降低成本，杜绝浪费，提高经济效益，增强养老机构自我发展的能力。

（8）负责养老机构内物资、设备、资金的分配和利用，严格财务审批制度，管理好养老机构内各项财务支出，确保开支得当，发挥效益。

（9）加强养老机构对外交流与宣传，努力争取上级部门和社会各界对养老机构工作的支持。

2. 养老机构护理副院长岗位职责

（1）在院长的领导下，分管全院养老护理工作。

（2）制定养老护理工作计划，定期检查、总结，定期听取养老护理工作汇报。

（3）组织制定和修改全院护理管理制度、养老护理技术操作规范、护理常规和规章制度。指导实施业务培训、技术考核等工作。

（4）定期组织养老护理主任、组长分析工作质量和效率，发现问题及时研究并提出改进措施，严防护理差错和事故发生。

（5）负责全院养老护理员政治思想、人事安排等工作，提出任免、奖惩意见，有计划地培养和造就一支结构合理、素质优良的养老护理队伍。

（6）有计划地开展学术活动，促使护理人员了解国内外养老护理发展状况。

（7）负责制定养老护理人员培训和梯队建设计划并组织实施。组织全院养老护理人员业务学习和专业培训。

（8）关心养老护理员福利和身体、心理健康，尽可能帮助解决护理员生活中的实际问题。

3. 护理部主任岗位职责

（1）在院长、养老护理副院长领导下，负责制定本部门工作计划，全面主持本部门的养老护理日常工作。

（2）组织本部门做好全院护理工作的组织、实施、指导、质量监督和满意度调查工作，定期总结汇报。

（3）督促、检查及考评各养老护理单元的规章制度、技术操作规程、护理质量标准的执行情况，保证护理安全，严防差错和事故发生。

（4）组织本部门做好入住老人的家属及单位的联系工作，定期召开护理员、老人及家属的座谈会，听取意见，及时发现问题，持续改进护理质量。

（5）主持召开养老护理组长会议，分析护理工作情况，学习和交流经验，不断改进工作。

（6）组织本部门做好全院护理人员的技术培训工作，定期进行业务技术考核并建立技术档案，对各级养老护理员实施绩效考核工作。

（7）了解并掌握养老护理员思想、工作、学习动态，协同有关部门抓好政治思想工作和职业道德教育，对全院养老护理员进行合理的分配和使用，并向院长提出护理员升、调、奖、惩等意见。

（8）密切与各科室、各部门的联系，协助相关部门做好意外事故矛盾纠纷调解和处置工作。

4. 护理员岗位职责

（1）在养老护理组长的领导下，认真做好老人的生活护理工作。

（2）根据老年人生理、自理能力和需求，制定老年人的照护计划，按养老护理工作规范，落实各项护理措施，维护和促进老年人身心健康。

（3）认真执行交接班制度。

（4）协助老人整理内务，搞好个人卫生。做好负责区域的卫生工作，做到老人居室安静、清洁，室外干净整齐，爱护生活区的公共财产。

（5）积极配合其他部门做好老人疾病的预防、治疗和康复工作，坚持定时巡视，掌握并记录老人的身心健康状况，预防意外事件发生，及时向护理组长及主任汇报情况。

（6）定期总结、汇报，听取老人和家属意见，改善服务质量。

（7）努力学习老年护理知识和技能，参加学术交流，提升业务水平和综合能力。

三、人员配置

（一）规范要求

我国就养老机构内部人员配置比例、数量及资质等方面做出了一定的规范性要求。

例如，《老年人社会福利机构基本规范》中规定：①城镇地区和有条件的农村地区，老年人社会福利机构主要领导应具备相关专业大专以上学历，熟练掌握所从事工作的基本知识和专业技能。②城镇地区和有条件的农村地区，老年人社会福利机构应有1名大专学历以上、社会工作类专业毕业的专职的社会工作人员和专职康复人员。为介护老人服务的机构应有1名医生和相应数量的护士。护理人员及其他人员的数量以能满足服务对象需要并能提供本规范所规定的服务项目为原则。③主要领导应接受社会工作类专业知识的培训。各专业工作人员应具有相关部门颁发的职业资格证书或国家承认的相关专业大专以上学历。无专业技术职务的护理人员应接受岗前培训，经省级以上主管机关培训考核后持证上岗。

再如，《国家级福利院评定标准》中规定：①福利机构应有一支适应工作需要的专业化队伍，其中医疗康复专业队伍中必须有高级职称的专业技术人员。国家一级福利院医护人员应占全院职工总数的 70%以上，国家二级福利院应占 65%以上。②工作人员与正常老人的比例为 1:4，与生活不能自理老人的比例为 1:1.5。

《国家二级福利院评定标准实施细则》中也有一些相关规定：①福利机构领导班子结构合理。大专文化程度的占 2/3 以上，有卫生技术职称的人员在 1 名以上。②行政管理人员配备合理，不超过全院职工总数的 10%。③工作人员与正常老人的比例为 1:4，与生活不能自理老人的比例为 1:1.5。④福利机构应有一支适应工作需要的医疗技术队伍。医护人员结构合理，卫技人员和有主管部门颁发的上岗合格证的护理人员占全院职工总数的 65%以上。其中有高级职称的卫技人员至少 1 名。有专（兼）职营养师（士）。

一些省市和地区在人员配置特别是护理人员配置方面有着更为明确、细致的规定。

例如，《上海市养老机构管理和服务基本标准》（暂行）(2001)中规定：①护理员与自理老人的比例为 1:5～1:10；护理员与半自理老人比例为 1:3.5～1:5；护理员与不能自理老人比例为 1:2.5～1:3.5；护理员与完全不能自理和瘫痪老人比例为 1:1.5～1:2.5；②城市养老机构和有条件的农村养老机构配备一名以上的社工、康复师等专业人员；③各养老机构有专（兼）职营养士（师）。

《济南市养老服务机构管理规定》中规定："养老服务机构中需要特殊照顾的老人，要 24 小时有专人护理，且护理人员与老人的比例为 1:1。"

各养老机构在进行人员配置的时候需要遵守国家及所在地区的相关规范。

（二）养老机构人员配置

按照国家及所在地区的相关规范要求，一个合格的养老机构应该配置有资质的医生、护士、社会工作者和康复人员。在一些发达国家和地区，养老服务机构中还配备了心理咨询师、康复师之类的专业人才。一个规范的养老服务机构应配置如下专业人员：

1. 医生、护士和养老护理员

养老服务机构内部的人力资源主要由养老护理员构成，医生、护士和养老护理员是养老机构内部服务老人的中坚力量，其整体素质和实际工作能力关系到老人实际接受到的服务的质量和满意度，关系到养老机构的社会效益和经济效益。

2. 行政管理人员

管理人员的管理水平直接影响着养老机构的运营水平，关系到上级有关政策、业务标准和各种决策能否落到实处，关系到一般护理服务人员队伍的建设和作用的发挥。

3. 社会工作者和心理咨询师

国家和各省市已出台的养老机构相关文件已明确指出"养老机构应适当配置社工人员"。社会工作者因为其专业性、能力的多样性和综合性已经被欧美乃至中国很多福利部门接受和认可。养老机构中适当引进社会工作专业人才是未来养老机构中人力资源体系建设的必然趋势。

而心理咨询师通过临床心理学理论和方法对人格障碍、心理疾患进行治疗，通过对老人所处环境和生活方式的改变，可以使老人逐渐改变不合理的思维、情感和反应方式，并学会适应，从而帮助老人解决心理问题，提高生活质量。

4. 康复人员

主要负责制定康复计划，组织老年人开展康复活动。

从目前我国养老机构人员配置的具体情况来看，养老机构的人力资源建设存在着护工数量严重不足、人员配置不全、护理人员专业素质偏低、养老机构管理者专业知识和专业水平不足等问题。

另外，志愿者也是养老机构人力资源体系中非常重要的一个部分，主要由社区志愿者和学生志愿者组成。

四、人员招聘

人员招聘是养老机构人员配置中最关键的一个步骤。在确定机构内部人员需求、工作内容及任职条件后，就要进行人员招聘，通过甄选，聘用人才。

（一）人员招聘的程序

人员招聘过程可分为六个阶段：1. 制定招聘计划，2. 发布招聘信息，3. 应聘者资格审查，4. 测评与甄选，5. 录用决策，6. 招聘评估（见图3-2）。

其中，制定招聘计划包括：①根据机构的发展战略和人力资源规划确定招聘需求；②依据职务说明书明确需招聘的职位、人员数量、资质等因素；③编制招聘计划及审批。

发布招聘信息包括发布渠道的选择、宣传活动的开展。

应聘者资格审查涉及求职申请表的设计、申请资格的确定和资格审查，进行初次筛选。

测评与甄选主要包括面试、笔试和其他测评活动、体检和背景调查。

录用决策包括发出录取通知、签订劳动合同以及试用期的管理等。

招聘评估主要包括对招聘结果的成效进行评估和对招聘方法的效益评估。

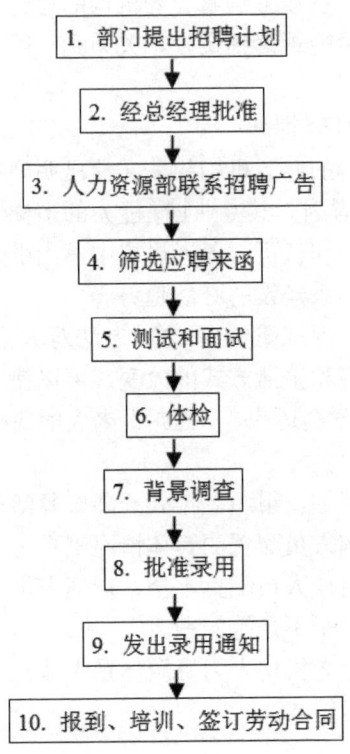

图 3-2　员工招聘程序

（二）招聘途径

机构招聘的人员来源分两种：来自机构内部及外部。在招聘前，机构就应明确招聘是以内部招聘为主，还是以外部招聘为主。机构外部巨大的劳动力市场是机构员工招聘的外部来源。外部招聘的渠道众多，比如广告招聘、专门机构推荐、招聘会、网络招聘等。机构应根据招聘岗位、人员数量需求、人员资质要求的不同以及招聘费用的限制等，来选择招聘途径。

1. 广告招聘

广告招聘是现代组织常用的一种招聘方法，其通过在报纸、杂志、电视等大众传播媒介刊登广告吸引求职者，从中挑选人员。招聘广告要求引人注目，内容一般包括招聘职位、招聘条件、招聘方式及其他说明。下面是某养老机构招聘广告的实例。

【广州××养老机构招聘社工】

广州××养老机构位于与芳村大道相连接的鹤洞路6号,是国有企业广州××厂于1998年创办的对社会开放的老年人社会福利服务机构,暂有在院老人500多名,综合实力在广州市的养老行业中稳居前列,现聘请社工2～3名为院舍老人提供专业化服务。

(1)认同社会工作价值理念、认同××院舍服务的理念和宗旨;
(2)社会工作、心理学或相关专业本科毕业;
(3)热爱社会工作,具有社会责任感、敬业精神和奉献精神;
(4)具有良好的沟通能力和团队协作精神,有较强的组织策划和分析能力;
(5)熟悉掌握办公软件;
(6)具备社会工作者国家职业水平考试资格证书优先;
(7)具有从事社会工作经验者优先。

请将简历发至邮箱:×××××@yeah.net

请在简历上注明薪金要求,在收到简历后我院会尽快通知你来面试(所有资料保密)。

截止申请日期:2012年10月1日(注:在截止日期前没有通知面试者,当落选论,不再另行通知)

发布的招聘广告要符合有关法律,不得有年龄、性别、学历、民族等歧视倾向。

广告招聘的优点是信息面大,可吸引较多的应聘者,且因为在广告中已经简略介绍了机构的情况,可使应聘者减少应聘的盲目性。但广告招聘的费用相对昂贵。

2. 熟人推荐

熟人推荐是本机构的员工及其朋友、同学、亲戚为机构推荐人选的一种方式。这种方式可减少招聘程序并节约招聘费用,尤其是对关键岗位的缺职人员、专业技术人员等,常用此法。但由于熟人推荐,可能会影响招聘水平,甚至招聘进的人员会在机构内部形成裙带关系,影响管理。

3. 校园招聘

校园招聘是去相关学校(大中专学校)进行招聘。校园招聘可以在应届毕业生中形成良好的宣传作用,有助于吸引到刚刚毕业的优秀人才。这种方式可以向学校了解毕业生的真实情况,招聘的准确度较高。

招聘的应届毕业生由于缺少工作经验,需机构进行一定的培训。但应届毕业生有很大的开发潜能,可塑性强,今后能为机构作出很大的贡献。

4. 专门机构推荐

"专门机构"指各种职业介绍所（包括政府办的公共职业介绍机构、私人或者民间的职业介绍所）、人才交流中心、各级教育机构（大中专学校）、行业工会及猎头公司。

通过专门机构招聘员工需要交纳一定的中介费，但对于尚未设立人力资源部门或需要立即填补职位空缺的机构来说，却可大大缩短招聘时间、节约机构费用。

5. 招聘会

招聘会是借助劳动力市场、人才市场等场所，组织和应聘者面对面进行双向选择的定期招聘或专业性招聘。这种招聘途径可使供需双方在招聘会现场进行面对面的商谈，是一种快速、高效、低成本、行之有效的招聘途径。

（三）养老机构招聘应注意事项

1. 在明确区分各岗位的职责和权限及与各岗位相适应的条件和要求的基础上，完善职务说明书，并根据职务说明书的要求拟定招聘条件，实施招聘。

2. 在聘用方式上，不同岗位人员应采取不同的聘用方式。例如，养老护理员的聘任应采取长期合同制；对专业医护人员，可以考虑和医院合作，聘请医院医护人员定期到机构巡诊。

3. 注意新员工的岗前培训。特别一提的是，目前大多数养老机构所招聘的护工人员主要是农村进城务工人员，他们缺少专业知识和技能，因此要特别重视对这类人员的岗前培训工作。

第三节 养老机构的策划与宣传

养老机构策划专指养老机构建立、运作前及运作中的谋划、构思和设计活动，是对养老机构开办、生存以及发展的整个经营活动进行必要的规划和安排，是养老机构在自由竞争的市场上取得成功的重要举措，为养老机构正常经营、平稳发展奠定基础。

一、策划的原则

养老机构市场已经从幼稚走向成熟，消费者越来越理智，因此对于养老机构的策划不能浮躁，不能只求短期效果，不顾长期效应。养老机构策划要遵循以下原则：

1. 以老人需求为中心原则

养老机构是服务型组织，机构管理者应清醒认识到养老机构的存在价值在于服务老人，老人才是企业的衣食父母。入住老人的评价和印象往往能决定企业未来发展的成败。

2. 系统原则

养老机构策划的具体内容包括养老机构目标市场选择、市场定位、养老机构提供的产品、服务、人员、形象等，因此养老机构策划必须在完成对环境和消费者需求的分析后，找到自己要服务的目标群体，并进行准确定位，进而才能设计出养老机构应提供的产品、服务各方面。养老机构策划不是偶然的一个小点子，也不是片面追求知名度或故弄玄虚的产物，它是一个系统的过程。

3. 实事求是原则

在策划过程中，要正确认识自身的劣势和不足，立足现实，在目标市场需求和自身所具实力二者中找到交叉点。

二、养老机构策划流程

养老机构开设能否成功，首先取决于环境提供的机会，通过分析外部环境、消费者和竞争者，识别出养老服务市场中的机会和威胁。然后结合自身实力，正确选择目标市场，并合理定位。最后才是对设计养老机构经营的选址、服务内容、融资方式的具体策划（见图3-3）。

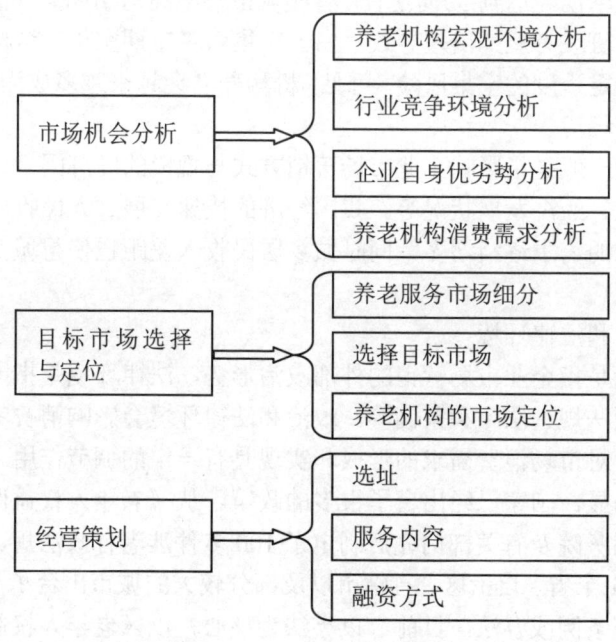

图3-3 养老机构策划流程

(一)养老机构市场机会分析

市场机会是指由环境变化造成的对企业营销活动富有吸引力和利益空间的领域。在这些领域,企业拥有竞争优势。机会分析主要考虑企业潜在的吸引力(盈利性)和成功的可能性(企业优势)大小。对企业而言,成功的策划源于对环境的深入分析和对消费者的准确把握,因此对于环境信息和消费者信息的收集和分析是策划成功的基础。

1. 养老机构宏观环境分析

(1)人口环境

一国的人口环境主要从人口总量、年龄结构、地理分布、家庭组成等方面进行分析。人口的总量结构直接影响市场的潜在容量。如我国截至2011年末,人口总数达到134735万人,60岁及以上老年人口达到1.85亿,占总人口的13.7%,65岁及以上老年人口1.23亿,占人口总数的9.1%。人口老龄化加速,对政治、经济、社会各方面将产生深刻的影响,养老服务需求增多。

在我国,城乡养老需求存在很大差异。一般而言,居住在城市的老年人由于居住区域的便利可能更容易接触到新兴的养老服务产业,他们对养老服务的需求也更大一些;而居住在农村的老年人对养老服务产业的需求相对可能会小一些。但无论在城市还是农村,人口代际分离居住的趋势日益普遍,全国老年家庭平均空巢率已经达到50%左右,有些城市甚至高达70%以上。此外,因同住子女白天上班或者短期出差导致"白天空巢"、"短期空巢"这样的类空巢家庭也存在着一定程度的空巢风险。可见,机构养老会越来越多成为老人的选择。

(2)经济环境

经济环境一般是指影响企业市场营销方式与规模的经济因素,如消费者收入与支出状况、经济发展状况等。我国经济的快速发展、人民收入水平的提高使得养老机构的需求逐渐增多,同时城乡居民收入差距也使得城乡养老模式会有很大不同。

(3)政治和法律环境

政治环境是指企业市场营销的外部政治形势,法律环境是指国家或地方政府颁布的各项法规、法令和条例等。政治和法律环境会影响消费者对某一产业的心理预期,对市场消费需求的形成和实现具有一定的调节作用。随着我国老龄化的不断凸显,国家已经出台了很多的政策。从《老年人权益保障法》颁布实施以来,国务院及有关部门先后制定了100多件涉老行政法规、规章和政策文件。全国31个省、自治区、直辖市以及部分较大的城市出台了《老年人权益保障法》实施条例或办法。目前,以宪法为核心,以《老年人权益保障法》为主体,包括相关法律、行政法规、地方性法规、部门规章和有关政策在内的老龄法律法规政策体系已经形成并逐步完善，为发展老龄事业、维护老年人权益提供了制度保障。围绕老年人基本生活保障的保险、救助、奖励扶助制度基本确立。

（4）社会文化环境

社会文化主要指一个国家、地区的民族特征、价值观念、生活方式、风俗习惯、宗教信仰、伦理道德、教育水平、语言文字等的总和。社会文化环境会极大影响消费心理和消费习惯。

中国人"养老"意识是非常强的。养儿防老，是中国人几千年来形成的传统观念，在人们的头脑中根深蒂固。我国历史上以子孙满堂的大家庭为荣。过去，只有孤寡老人、五保户、"三无"老人才进养老院，然而随着时代的变迁，人的思想也在潜移默化地发生转变，如今养老院也不再被视为"老人的避难所"，甚至于也不再仅仅是老人的安居之处。现代价值观念下，老人不仅要获得基本生存条件，还要参与社会的发展，分享社会发展的成果。

2. 行业竞争环境分析

行业竞争环境分析主要是分析目前养老机构市场的运营现状，以此分析当前进入养老机构市场的机会何在。我国机构养老由各级地方政府兴建的福利院、敬老院以及通过民间资本兴建的各类养老院构成。从居住方式看包括老年公寓、托老所、养老院、敬老院和老年护理院。从目前养老机构的运作来看，可以说喜忧参半。

（1）养老机构优势

①从老年人的角度考察

老人在养老机构养老，可以享受专业化、全方位的服务，老人在养老机构中的各种社会活动和丰富的文化生活有助于解除其孤独感，从而提高其生活品质，集中供养可以确保老年人的安全。

②从子女的角度考察

专业分工、规模经济效应可以使机构服务的社会供给成本低于家庭供给成本，从而减轻经济负担，子女从繁杂的对老年人的日常照料中解脱出来，有助于减轻他们的压力，使他们有可能将更多的时间与精力投入到工作和学习中去。

③从社会的角度考察

既可以充分发挥专业分工的优势，又可以创造就业机会，从而缓解就业压力。

（2）养老机构运营问题分析

养老机构运营问题分析一般从供给结构、硬件设施、服务供给内容、人才配备角度进行调研和分析。

从当前形势来看，我国养老机构供给结构不合理，大部分养老机构只能提供一般性生活照料服务，能提供护理服务的养老机构不到30%，无法满足社会需要。另一方面，很多健康老人占用了很大一部分床位，造成一部分身体状况较差、急需入住养老机构的老年人排队等候，更使康复护理型养老机构缺口加大。由于养老服务机构整体布局不够合理，造成城乡养老机构、公办民办养老机构供不应求和床位空闲并存的现象。养老设施供给不足与设施利用率低共存，资源短缺与浪费并存，大大降低了养老服务机构效能的发挥。

在已建成的养老机构中，设施设备都不符合要求，服务项目内容贫乏。很多养老机构中多位老人共用一间房、一个卫生间，共用一台电视等电器设备，机构内部陈设老、旧，大大降低了老年人的日常生活质量。很多养老机构目前能够提供给老年人的服务往往只是供老年人住宿、吃饭和看电视等简单的生活需求，更深层次的服务不能跟上，很多养老机构中的老年人常常感觉无所事事。

养老机构运营中另一最主要问题是专业人才缺失。养老服务从业人员队伍总体素质不高，一定程度上阻碍了养老事业的发展。这也使得养老机构中亲情更加淡化，老人更感孤独，养老机构的优势也无从发挥。养老机构体系的良性运行，需要有一定的人力资源作保证，包括人力资源的数量和质量。

3. 企业自身优劣势分析

分析外部环境可以从中辨认有吸引力的机会，但是利用机会需要具备一定的内部条件，分析自身的优势和弱点，客观评估企业的经营能力，预测现有能力与机会和将来环境相适应的程度。

4. 养老机构消费需求分析

消费者是企业经营活动的出发点和归宿，所有企业和单位要实现企业发展的远景，都必须深入研究消费者的需求。"老有所养、老有所医、老有所学、老有所为、老有所乐、老有所教"是新时期老龄工作争取实现的奋斗目标，也充分概括了老年人在衣、食、住、行、医、用、保、娱、学、为等各个方面的需要。对养老机构消费者——老人的需求分析应从内容和特点两方面进行。

（1）需求内容

①住所需求

老人总是不愿离开他曾常年居住的环境，希望能常常看到他所熟悉的亲朋好友。同时周边交通顺畅、公交车站或地铁站附近、打出租车方便的小区，不仅保证了出行便利，也为子女以及其他亲友探望提供了良好的交通环境。从居住的大环境来看，老年人基本的生活配套设施、医院、公园等公共基础设施应尽量齐全。

②饮食需求

养老机构负责老人的一日三餐。由于老人的生理特点，老人的饮食必须做到在口感上软、烂、淡，在营养方面均衡合理，满足部分常见老年疾病如高血压、糖尿病等的治疗要求，因此饮食标准和要求不同于一般机构，这也是多数养老机构忽略的一个问题。

③精神与心理需求

老人从主流社会退出来以后，并不是消极、被动的，他们有非常丰富的内心需求，例如老人对增长个人才艺，如绘画、音乐、书法、外语、电脑等的需求；老人也有了解社会发展、追随时代进步的需求，从今后的发展趋势来看，老年人选择养老机构的心理需求层次增多。他们选择养老机构的目的不再仅仅是为了养老，更要追求生活的品质和乐趣。

④护理和医疗需求

老人入住养老机构最主要的需要就是能够得到照顾，在身体不适时能够及时就医，这是对养老机构的基本需求。服务态度亲切、护理质量高、流程规范、人性化、医疗救助及时等是老人对养老机构的最低层次需求，也是所有养老机构必须要满足的。

(2) 需求特点

①差异性

老年人对养老机构的理解是具体和个性化的。"老有所养、老有所医、老有所学、老有所为、老有所乐、老有所教"是总体概括，但是，不同年龄、性别、民族、经济条件、从事职业、健康状况的老年人，对养护需求的结构是有差异的。一般来讲，随年龄变化的需求差异就很显著。低龄老人一般身体依然健康，需要充实和丰富的生活内容，"为"与"乐"是优先需要。中龄老人伴随进入衰老阶段，他们最迫切的需要莫过于"养"和"医"，年龄越大，这种需要的强度越高，"乐"、"学"、"教"虽然是次优需要，但依然很重要。高龄老人多数为室内老人，健康状况差，对"医"与"养"的需求是首要的，而且对外部的依赖性增强，解决精神孤独与生活照料也是他们的积极需求，所以，"乐"也占重要的位置。

除了年龄差异，因地区、心理、习惯、消费能力导致的需求也具有很大的差异性，所以必须对养老市场进行细分，很难建立一种面向所有老人的统一的养老模式。

②递进性

马斯洛的需求层次理论认为人的需要由低到高分为五个层次：基本的生理需要、安全需要、社会需要、尊重需要、自我实现需要。这五个层次是逐级上升的，当低一级的需要获得满足后，追求更高一级的需要就成为继续奋进的动力。老人的养老需求也是一样。过去老人入住养老院主要为了解决温饱，之后是为了安居、有人交流，目前要求有丰富多彩的文娱活动，能够发挥自身价值的需要越来越多。

（二）养老机构目标市场选择与市场定位

1. 养老服务市场细分

市场细分是企业根据自身条件和营销意图，以需求的某些特征或变量为依据，区分具有不同需求的顾客群体的过程。养老机构可以选择的细分标准主要有：

（1）地理因素

按照消费者所处的地理位置、自然环境细分养老机构市场，我国养老机构可以划分为城市养老机构、乡村养老机构和城乡结合候鸟式养老机构。这种细分方式对不同区域的识别和划分具有很大意义，可以针对不同地理环境中的老人制订具有针对性的营销策略。

（2）人口因素

根据年龄养老机构消费者可以分为60～65岁、65～70岁、70～80岁、80岁以上老人，每个年龄段对于养老机构的需求并不相同。根据收入可将养老机构消费者分为"三无"和"五保"老人、低收入老人、中等收入老人和高收入老人，对不同支付水平的老人提供不同的产品。根据身体状况老年人口可细分为完全自理、半自理和无自理能力的老人，不同护理级别的老人的护理需求是不同的。

（3）消费心理因素

心理因素包括个性、购买动机、价值观念、生活格调等。按照入住动机，可分为如下一些情况：最基本的生活保障、希望多一些关心和陪伴、减轻子女负担、不得已入住、享受生活乐趣、发挥余热等。根据生活方式，可将老年人口划分为简朴型、时尚型、奢华型老人。

（4）消费行为因素

即按照消费者的购买行为细分市场，包括消费者进入市场的程度、使用频率、偏好度等变量。按老年人对养老机构的认知程度可以划分为常规消费者、初次消费者和潜在消费者。按使用频率可以划分为短期使用、定期使用和长期使用三类。

2. 选择目标市场

目标市场是企业打算进入的细分市场，或打算满足的、具有某一需求的顾客群体。企业可以选择的目标市场战略如下：

(1) 无差异性营销战略

即企业把养老机构市场看作一个大目标市场，不进行细分，用一种产品、统一的市场营销组合对待养老机构整体市场。其最大的优点是成本的经济性，但是对于养老机构市场而言，老人的需求偏好越来越复杂，单一产品很难受到市场普遍欢迎。

(2) 差异性营销战略

把养老机构整体市场根据上述标准划分为若干需求和愿望大致相同的细分市场，然后根据企业的资源及营销实力，分别为各细分市场制订不同的市场营销组合。这种战略最大的优点是有针对性地满足具有不同特征的顾客群，提高竞争能力。但所需费用巨大。

(3) 集中性营销战略

将整个养老机构市场分割为若干细分市场后，只选择其中一个或少数细分市场为目标市场，开发相应的营销组合，实行集中性营销。这样的营销战略适合于资源较少的小企业，如民办养老机构。由于目标集中，可以大大节省费用和增加盈利；同时，由于专业化能更好地满足特定消费者需求，企业易于取得优越的市场地位。但其不足之处在于风险较大，老人的需求突然发生变化或兴趣转移，或市场上出现强有力的竞争对手，企业可能陷入困境。

3. 养老机构的市场定位

当养老机构进行市场细分并通过综合评价各方面因素确定了自己的目标市场后，接下来要做的就是为自己的产品在选定的目标市场中确定一个位置，确定自己的特色。市场定位是根据竞争者现有产品在细分市场上所处的地位和顾客对产品某些属性的重要程度，塑造出本企业产品与众不同的鲜明个性或形象并传递给目标顾客，使该产品在细分市场上占有强有力的竞争位置。市场定位是企业进入市场的"切入点"。通过充分的市场调查，包括老年人需求调查、竞争者市场定位比较，通过差异化手法确定自己的竞争优势和特色，从而找准自己的市场定位。要根据目标顾客的心理和需求，确定自己的特色，确定提供的服务项目和功能。

市场定位作为一种竞争战略，显示了一种产品或一家企业同类似的产品或企业之间的竞争关系。初次进入市场，市场定位的方式不同，竞争态势也不同。一般有三种主要的定位方式：

(1) 避强定位

避开强有力的竞争对手，迅速在市场上站稳脚跟，并能在消费者心目中迅速树立起一种形象。这种方式风险较小，成功率较高。

(2) 迎头定位

与市场上最强的竞争对手"对着干",这种定位风险大,但一旦成功就会取得巨大的市场优势。

(3) 比附定位

攀附名牌的定位策略。企业通过各种方法和同行中的知名品牌建立一种内在联系,使自己的品牌迅速进入消费者的心智,占领一个牢固的位置,借名牌之光而使自己的品牌生辉。

进行市场定位应与差异化结合起来。它使潜在的消费者对一种产品形成特定的观念和态度。差别化是市场定位的根本战略,具体可以从以下四方面着手。

(1) 产品差别化

养老机构产品主要包括入住设施、基础设施、医疗设备、与医院的联系、娱乐设施、娱乐活动、养老规划、服务。从所提供的产品质量、特色、可靠性等方面打造与同类机构的差异。

(2) 服务差别化

从本质上讲,服务是养老机构提供的主要产品,其包括服务层次和服务对象。服务层次多由老年人的经济来源、支付能力决定。服务对象划分可从生理、心理需求和经济条件三方面进行分析。目前我国养老机构多从衣、食、住、行、医等方面着力提供温饱型的服务模式,不足以满足老人精神文化方面的需要。

(3) 人员差别化

人员素质低下是目前养老机构的主要弊病之一。在人员管理、人员素质等方面打造与竞争者的差异。

(4) 形象差别化

在产品的核心部分与竞争者类同的情况下塑造不同的产品形象以获取差别优势。不断利用企业所能利用的所有传播工具,将具有创意的标志融入某一文化的气氛,是一种重要途径。

养老机构应找到集中养老资源相对缺乏的领域进行建设,以谋求更大的发展空间。同时,养老机构建设与服务政策性很强,需要相关人员熟悉政府和行业的要求及相关政策,同时充分考虑企业自身的资源和能力,提供适应的服务。

(三) 养老机构经营策划

1. 选址

养老服务机构在设计上要注重人本化理念,在规划、设计以及配套设施建设方面从老年人的需求和生理、心理特点出发,选址一般在环境优美、交通便利的地方。养老机构一般要考虑在医院和公园周边来选址。就近医院是基本的要求,而且养老设施一定要和医院合作,以便于及时医护和抢救等。此外,公园可以让老人进行锻炼，尽管公园周边的地方很抢手，但规划部门应该维护公共利益，让真正需要的公共设施能够落在公园旁边。

2. 服务内容

市场定位确定后，需要一个对应的市场产品。中国的养老产业形势特殊，未富先老，打开养老消费市场，关键在于兼顾消费、投资诸方面的利益，这样的经济诉求必须通过特殊的手法及策略，谋求一条在"未富先老"窘境中的道路。

打开市场对于养老机构来讲是首当其冲的问题，关键要做到产品适销对路。老人一般都比较理性和挑剔，追求实惠，要激发老人的购买欲望，养老产品应当具备以下属性：

（1）以人为本

养老机构在确定自己提供的服务时，应充分考虑到目标群体的生理和心理需要，本着一切为了老人、一切方便老人的以人为本的原则，实行人性化设计。在养老机构入住的生活必须让老人感觉安心。

（2）居住环境安全性有保障。

（3）舒适度、便利性满足目标消费者需求。

（4）价格适合目标消费者消费水平。

在现代营销观念影响下，现代产品概念认为产品是能满足人们需要和欲望的任何有形物品和无形服务。基于老年人生理特点，护理服务是养老机构提供的核心产品。目前我国养老机构护理服务一般有专人护理、功能性护理和全责护理三种形态。养老机构的形式产品是居住环境（包括设施、膳食、安全、员工）、医疗保障。养老机构的期望产品是环境整洁、采光充足；员工热情、友善；居住安全；饭食可口、干净；医疗方便、安心。这些也是对养老机构提供服务的基本要求，所有养老机构都必须达到，即养老服务机构必须达到国家和各地政府要求的服务标准和质量规范。如对老人做到"十无"：无压疮、无坠床、无烫伤、无跌伤、无自残、无互伤、无噎食、无触电、无走失、无火险；"五关心"：关心老人的饮食、卫生、安全、睡眠、排泄；"六洁"：皮肤、口腔、头发、手足、指（趾）甲、会阴部清洁；"七知道"：知道每位老人的姓名、个人生活照料的重点、个人习惯爱好、所患疾病情况、家庭情况、使用药品治疗情况、精神心理情况，等等。

但是要在竞争中取胜，在这些服务之上，养老机构还必须根据自己的目标群体的需求提供一些附加服务，这些附加服务将成为其差异化的亮点。如某些养老机构提供教育服务，满足老人学习新知识、掌握新技能、社会交往的需求；有些提供旅游服务，完成老人的心愿；有些为老人提供再就业机会，完成老人老有所为的意愿。附加服务主要从服务内容和提供方式两方面考虑，让养老机构能拥有亲情与家的感觉。

【案例 3.1】细节服务——让老人有家的感觉

位于天津市南开区长江道上的某老年公寓拥有 600 张床位，是市内六区规模最大的民营养老院。该院在应对老人生活上可能发生的各类问题，已经形成了一套完整的预案，使老人在这里的生活和家中差别不大。在这里记者看到，老人居住的房间内都配有呼叫器、有线电视、电话、空调、宽带网等设施，而且院内还配有图书室、书画室、棋牌室、健身房、网吧、球类室、语音室、理疗室、多功能厅等公共设施，老人可以在这里进行日常活动。

"能让老人舒心就是最大的目的。"该老年公寓有关负责人告诉记者，如今民营养老院就是要抓住细节服务，让老人有家的感觉。如实行日托、周托、短期住养及节假日临时托养等服务，聘请专业营养师为老人配餐或根据老人需求制作膳食，并提供家庭聚餐、生日餐等。此外，还对不居住在养老院的老人提供配餐、就餐、送餐等服务。

3. 融资方式

由于资金的困扰，养老机构在建构与运营过程中要因地制宜、因时制宜，走集约化经营的道路，寻找理财融资的新通路。养老机构资金短缺对投资商、运营商、老人（客户）、社会影响等方面都会带来很大负面效应。例如：由于资金短缺运营商就会削减成本，降低护工薪水或裁员、降低老人餐食标准等，进而导致护工的服务质量、服务态度恶化，老人的生活质量降低，投资商的固定资产损坏、加速折旧等，这些将最终造成工作人员和老人都不满，养老院环境变差，降低品牌美誉度，降低品牌价值。

企业主要的融资方式有：

（1）银行贷款

银行是企业最主要的融资渠道。按资金性质，分为流动资金贷款、固定资产贷款和专项贷款三类。

（2）股票筹资

股票具有永久性、无到期日、不需归还、没有还本付息的压力等特点，因而筹资风险较小。

（3）债券融资

企业债券，也称公司债券，是企业依照法定程序发行，约定在一定期限内还本付息的有价证券，表示发债企业和投资人之间是一种债权债务关系。

（4）融资租赁

融资租赁，是通过融资与融物的结合，兼具金融与贸易的双重职能，对提高企业的筹资融资效益，推动与促进企业的技术进步，有着十分明显的作用。

（5）海外融资

企业可供利用的海外融资方式包括国际商业银行贷款、国际金融机构贷款和企业在海外各主要资本市场上的债券、股票融资业务。

（6）典当融资

典当是以实物为抵押，以实物所有权转移的形式取得临时性贷款的一种融资方式。与银行贷款相比，典当贷款成本高、贷款规模小。

（7）吸引风险投资

从投资行为的角度来讲，风险投资是把资本投向前景广阔，但也蕴藏着失败风险的领域，以取得高资本收益的一种投资过程。从运作方式来看，是由专业化人才管理下的投资中介向特别具有潜能的企业投入风险资本的过程，也是协调风险投资家、技术专家、投资者的关系，利益共享，风险共担的一种投资方式。

目前中国养老机构的资金从来源看主要有开发商自有资本、风险投资资本、海外资本等。融资渠道很多，如股权融资、项目合作、贷款及房地产信托投资基金等。

养老机构目前的融资方式选择的思路应是开发一些尚未应用的融资渠道，及更好地利用现有融资渠道。从各国养老机构设立经验来看，其他国有的融资方式，中国基本都有，做得成功的都是在投资前期做了大量的研究、调研工作，做了科学的投资回报预算、策划、设计（服务和硬件）的。项目在运营成功后，获得良好的投资回报收益，同时打造品牌，因此在后续的融资中获得风险投资、银行的追捧，形成良性循环。

三、养老机构宣传

"酒香也怕巷子深"。宣传是沟通养老机构与社会、养老机构与消费者的桥梁。养老机构的宣传主要应从宣传内容、宣传方式、宣传媒介、宣传原则几方面考虑。

（一）宣传内容

1. 产品或服务

主要根据养老机构提供的产品和服务的差异化特点进行宣传。如温馨的感觉、居所的整洁、个性化设计等。

2. 机构形象

着重介绍养老机构的品牌、历史、服务项目、文化，目的是提高声望、名誉，吸引老人入住。

（二）宣传方式

1. 广告

广告是对限定的观（听）众传播信息并刺激其行动，其成败应视它是否能有效地把想传达的信息在正确的时候，用正确的方式，以正确的成本，传达给正确的人。

2. 公共关系

公共关系是企业在从事营销活动中正确处理企业与社会公众的关系，以便树立品牌及企业的良好形象，从而促进产品销售的一种活动。它不是广告，但能够支持广告传播活动。它关注养老机构及品牌形象，力图为养老机构营造对其信任的公共环境，包括舆论氛围，更能得到消费者信任。养老机构可以选择的主要公关方式有通过撰写新闻稿、演讲稿、报告等形式向社会各界传播企业有关信息的宣传性公关；通过座谈会、招待会、慰问等形式进行的交际性公关；通过各种实惠性服务，以行动获取消费者的了解、信任和好评的服务性公关。

3. 顾客体验

通过让目标顾客观摩、聆听、尝试、试用等方式，使其亲身体验企业提供的产品或服务，让顾客实际感知产品或服务的品质或性能，从而促使顾客认知、喜好并购买的一种营销方式。这种方式以满足消费者的体验需求为目标，以服务产品为平台，以有形产品为载体，生产、经营高质量产品，拉近企业和消费者之间的距离。让老人实地去参观、感受养老机构的一切是消费者最为信任的一种方式，所谓的"耳听为虚、眼见为实"。

（三）宣传媒介

1. 报纸

其优点在于传播速度较快；信息量大，说明性强；易保存，可重复；权威性，消息准确可靠。其缺点在于注意度不高，印刷难以完美，表现形式单一。

2. 杂志

与报纸广告相比，它明显地缺乏时效性，而且覆盖面有限，但印刷精美，保存期长，具有知识性和可重复性。

3. 广播

其优点在于传播即时性，覆盖广，速度快，受众层次多样；制作成本与播出费用低廉，具有极强的情感煽动性。但是，广播广告也有稍纵即逝、传播方式单一等不足之处。

4. 电视

其优点是直观性强，有较强的冲击力和感染力，收视率高，最主要的是电视广告形声兼备，给人强烈的感官刺激，是其他广告无法比拟的。但同时电视广告的缺点也显而易见：播出费用高昂；瞬间传达，受收视环境的影响大，不易把握传播效果。

5. 户外广告媒体

凡是能在露天或公共场合通过广告表现形式同时向许多消费者进行诉求，能达到推销商品目的的物质都可称为户外广告媒体。户外广告可分为平面和立体两大类：平面的有路牌广告、招贴广告、壁墙广告、海报、条幅等，立体广告分为霓虹灯、广告柱以及广告塔灯箱等。在户外广告中，路牌、招贴是最为重要的两种形式，影响甚大。户外广告的优点在于：对地区和消费者的选择性强；可以较好地利用消费者途中或散步游览时在公共场合经常产生的空白心理，能给人留下非常深刻的印象，能引起较高的注意率，更易被接受。户外广告表现形式丰富多彩，灯箱、气球、路牌等均可；户外广告内容单纯，能避免其他内容及竞争广告的干扰，而且户外广告费用较低。其不足之处在于覆盖面小，效果难以测评。

6. 网络

随着网络用户的增多、电子商务的迅猛发展，网络广告也将高速阔步向前。网络的主要特征有：互动性，超大信息容量，传播范围广，效果易统计，费用低。其缺点在于网络人口较少，其虚拟性使消费者心存戒忌。

养老机构在选择宣传媒体和方式时要考虑老人及其子女接触媒体的习惯，同时要在媒体的传播范围、影响力与费用之间做最佳的平衡。费用对于许多中小养老院来讲是个大问题，在本已拮据的开支中再拿出一部分钱来做宣传无疑太难。这也是许多养老院采用在小区内张贴小广告进行宣传的原因之一。

（四）宣传原则

1. 真实性

宣传的生命在于真实。宣传的内容要真实，一是语言文字要真实，不宜使用含糊的言辞，也不能夸大其词；二是画面要真实；三是艺术手法修饰要得当。有些机构为了吸引消费者，在宣传口号上尽其所能，夸大养老院的服务能力和水平，结果会造成入住老人的极大不满。

2. 针对性

通过电视、杂志、报纸媒介进行的宣传主要受众是老年人，通过网络进行宣传的主要受众是其子女，即年轻人。户外广告老人与年轻人均有较高的接触机会。老人与年轻人在选择养老院时考虑的重点并不相同，因此宣传的重点也应有所不同。

3. 感召性

宣传的诉求点必须与养老机构的优势点，与目标顾客的关注点相一致。养老机构产品有很多属性,有的是实体方面的,如养老机构环境、建筑等,有的是精神感受方面的,如豪华与朴素、清爽、舒适等。目标顾客对产品各属性的重视程度不一样。养老机构在进行宣传时要突出宣传目标顾客的关注点,否则很难激发顾客的购买欲望。

4. 简明性

当今社会信息日益泛滥,而消费者接受和处理信息的能力有限,因此宣传不应给受众带来太大的视觉和听觉上的辨识压力。网络广告尤其要注意简明性,尽可能采用目标受众熟悉的习语,直截了当。

第四节 经济效益评估

在人口老龄化逐渐加剧的社会背景下,养老服务业具有广阔的前景。但养老服务业具有投资大、回收期长、经营风险大等特点,所以在投资兴办养老机构前,要进行深入论证,科学合理地评估养老机构的经济效益及风险。

一、经济效益评估

经济效益评估方法分为静态评价法、动态评价法及不确定评价法三类(见图3-4)。

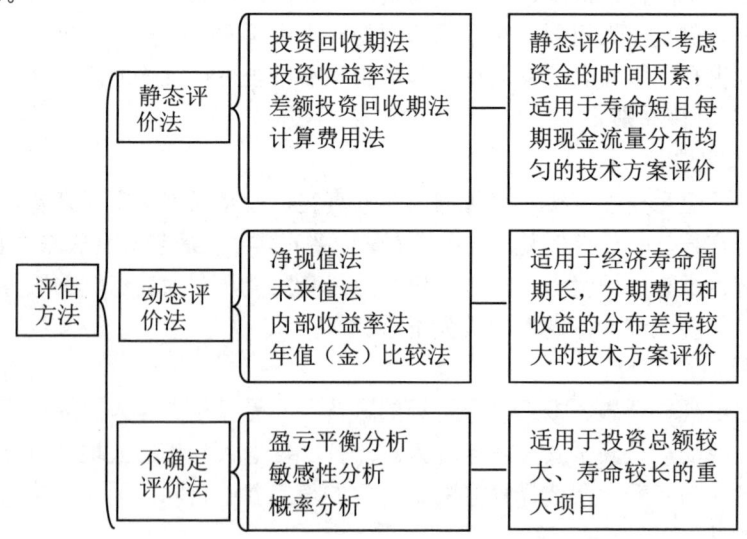

图3-4 经济效益评估方法比较

静态评价法是指在评估项目投资的经济效益时,不考虑资金的时间因素。

这种评价方法主要包括投资回收期法、投资收益率法、差额投资回收法及计算费用法。

动态分析法又称现值法,主要特点是考虑了整个寿命周期内现金流量的变化情况及其经济效益,考虑了资金时间价值因素对其营利能力和清偿能力的影响,比较精确,但计算起来相应比较复杂。其包括净现值法和内部收益率法。

不确定性分析主要是指技术方案中某些不确定性因素对其经济效益的影响。比较适用的不确定性分析方法有盈亏平衡分析、敏感性分析和概率分析。

这三类评价法有各自的特点和适用场合。

投资回收期法、净现值法、盈亏平衡分析等都是养老机构运营中经济效益评估的重要指标。

(一)投资回收期

投资回收期又称返本期,是指项目投产后,以每年取得的净收益(包括利润和折旧)将全部投资回收所需时间。

静态投资回收期可根据现金流量表计算,其具体计算又分以下两种情况:

1. 项目建成投产后各年的净收益(即净现金流量)均相同,则静态投资回收期的计算公式为:Pt =K/A。

2. 项目建成投产后各年的净收益不相同,则静态投资回收期可根据累计净现金流量求得,也就是在现金流量表中累计净现金流量由负值转向正值之间的年份。

其计算公式为:Pt= 累计净现金流量开始出现正值的年份数-1+(上一年累计净现金流量的绝对值/出现正值年份的净现金流量)

采用投资回收期进行方案评价时,应把技术方案的投资回收期 Pt 与行业规定的基准投资回收期 Pc 进行比较,决定方案的取舍。

取舍的条件是:

①若 Pt≤Pc,表明项目投资能在规定的时间内收回,则方案可以考虑接受;

②若 Pt>Pc,则方案是不可行的。

用投资回收期的长短来评价技术方案,反映了初始投资得到补偿的速度。

(二)净现值

净现值(NPV)法是指在项目计算期内,按行业基准收益率或企业设定的贴现率计算的投资项目未来各年现金净流量的现值代数和。它是反映投资项目在整个分析期内获利能力的动态评价指标。

计算公式为:$NPV = \sum_{t=0}^{n} \frac{NCF_t}{(1+i)^t}$ (其中,i 为贴现率)

当经营期各年的现金流量相等时,可运用年金的方法简化 NPV,具体有四

种情况,其中:

情况 1 全部投资在建设起点一次性投入,建设期为 0,投产后各年的现金流量均相等,则构成普通年金形式,此时,

净现值=-原始投资额+投产后各年现金净流量×年金现值系数

或:

$NPV=NCF_0+NCF_i \times (P/A, i, n)$（$i=1, 2, 3, ..., n$,其中 NCF_i 为经营期第 i 年的现金净流量）

情况 2 全部投资在建设起点一次性投入,建设期为 s,投产后每年的营业现金净流量（$NCF_i, i=s+1, s+2, ..., n$）均相等,此时的净现值计算公式为:

$NPV=NCF_0+NCF_i \times [(P/A, i, n)-(P/A, i, s)]$

如果 NPV>0,说明方案的投资能获得大于基准收益率的经济效果,则方案可取;如果 NPV=0,说明方案的投资刚好达到要求的基准收益率水平,则方案在经济上也是合理的,一般可取;如果 NPV<0,则方案在经济上是不合理的,一般不可取。在多方案比较时,以净现值最大的方案为优。

（三）盈亏平衡分析

盈亏平衡分析法是根据方案的成本与收益关系确定盈亏平衡点（保本点）,进而选择方案的一种不确定性分析方法。

盈亏平衡点的确定有两种方法。

1. 图解法

根据产品产量（销售量）、产品价格以及固定总成本费用和可变总成本费用等资料,以产品产量（或销售量）为横坐标,以总成本费用或销售收入的金额为纵坐标,分别做出总成本费用与产量、销售收入与产量的关系线,如图 3-5 所示,两线相交于 G 点,G 点即为所求的盈亏平衡点。

2. 计算法

在线性盈亏平衡模型中,方案的总成本费用、销售收入与产量（销售量）成线性关系,总成本:$C=F+Cv \times Q$,总收入:$S=P \times Q$,

其中:P—产品销售价格,F—固定成本总额,Cv—单件变动成本,Q—销售数量。

盈亏平衡方程:$C=S$,即 $P \times Q=F+Cv \times Q$。

盈亏平衡点:$Q=F/(P-Cv)$

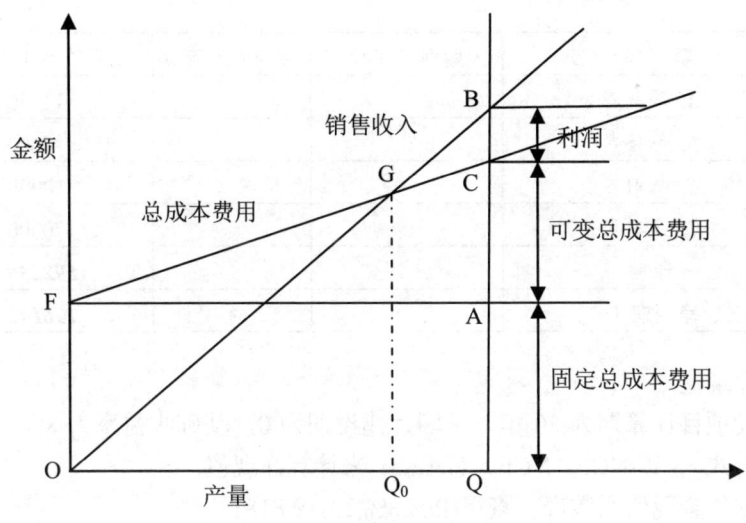

图 3-5　盈亏平衡点图解法

二、养老机构经济效益评估

【案例 3.2】

现以大连市××养老机构前期投资及年度收支情况为例，假设年度收支情况不变，基准收益率为 8%，对其净现值以及盈亏平衡点进行评估分析。

1. 前期投资情况

（1）房屋改造和简单装修投入：5 万元

（2）基本设施投入：15 万元

2. 年度收支情况

项　　目	人数规模（位）	单价（元/年）	金额（元）
一、年经营收入			
1. 床位费	28	9600	268800
2. 护理费	28	10997	307916
3. 生活费	28	4560	127680
4. 取暖费	28	500	14000
合计			**718396**
二、年经营成本			
1. 员工工资			266000
2. 水电煤气费			26800
3. 生活费成本	35	2920	102200

续表

项　　目	人数规模（位）	单价（元/年）	金额（元）
4. 暖气费			11250
5. 维修费			6000
6. 折旧费			10000
7. 房租租金			170000
合计			**592250**
三、净利润（E）			**126146**

①净现值

假设项目计算期为 20 年，又因为建设期为 0，基础收益率为 8%，所以利用计算公式 $NPV=NCF_0+NCF_i\times(P/A,i,n)$ 来计算净现值。

根据年金现值系数表，查得(P/A,8%,20)=9.8181

而

NCF_i=718396-582250+10000=146146

所以，

$NPV=NCF_0+NCF_i\times(P/A,i,n)$

　　=-200000+146146(P/A, 20)

　　=-200000+146146×9.8181

　　=1234876.04

NPV＞0，说明养老机构的投资能获得大于基准收益率的经济效果。

②盈亏平衡分析

利用盈亏平衡方程 $P\times Q=F+C_v\times Q$ 来计算该养老机构入住人数达到多少才能保证收支平衡。

25657×Q=490050+2920（Q+7）

Q=490490/22737

Q=22.45

Q≈23

所以该养老机构在维持目前工作人员不变的情况下，至少要保证入住老人达到 23 人，才能保证收支平衡。

【案例 3.3】

在某市有一地块，占地面积 100000 m^2，容积为 3%，建筑面积 3000 m^2。拟建一家拥有 100 张床位的高档养老机构。假定其床位利用率为 80%、年度收支情况不变、基准收益率为 8%，对其投资回收期、净现值及盈亏平衡点进行评估。

1.前期投资成本估算

（1）建筑费用（包括土地征用费、建安工程费、基础设施建设费），按照建筑成本1800元/m²，投资额为540万，建设时间为1年。

（2）设备购置费：40万元

（3）垫支流动资金：30万元

（3）其他不可预见费用：20万元

总投资630万元。

2. 年度收支情况估算

项 目	人数规模（位）	单价（元/年）	金额（元）
一、年经营收入			
1. 床位费	80	12000	960000
2. 护理费	80	7200	576000
3. 生活费	80	4800	384000
4. 取暖费	80	500	40000
合计			**1960000**
二、年经营成本			
1. 员工工资	30	38 000	1140000
2. 水电煤气费			30000
3. 生活费成本	110	2920	321200
4. 暖气费			84000
5. 维修费			9000
6. 折旧费			20000
合计			**1604200**
三、净利润（E）			**355800**

①因为假设各年的净收益均相同，所以利用公式 $Pt=K/A$ 来计算投资回收期。

$Pt=K/A$

$=6300000/355800$

$=17.71$

≈ 18 年

所以，大约18年能收回投资。

②净现值

假设项目计算期为20年，又因为建设期为1，基础收益率为8%，所以利

用计算公式 $NPV=NCF_0+NCF_i\times[(P/A,i,n)-(P/A,i,s)]$ 来计算净现值。

$NCF_0=-6300000$

$NCF_i=375800$

$(P/A,i,n)=9.8181$

$(P/A,i,s)=0.9259$

$NPV=NCF_0+NCF_i\times[(P/A,i,n)-(P/A,i,s)]$

$=-6300000+375800\times[(P/A,8\%,20)-(P/A,8\%,1)]$

$=-6300000+375800\times 8.89$

$=-2959138$

NPV<0，投资获利小于基准收益率的经济效果，该投资方案不可取。

③盈亏平衡分析

利用盈亏平衡方程 $P\times Q=F+Cv\times Q$ 来计算该养老机构入住人数达到多少才能保证收支平衡。

$24500\times Q=1283000+2920(Q+30)$

$Q=1370600/21580$

$Q=63.51$

$Q\approx 64$

所以该养老机构在维持目前工作人员不变的情况下，至少要保证入住老人达到 64 人，才能保证收支平衡。

以上是估算情况下对养老机构进行的经济效益评估。实际上，养老机构特别是民办养老机构在运营的过程中可以说步履维艰，其经济效益非常微薄。而且，养老机构随时可能面临各种经营风险（老人的意外伤害、入住率不足、收费风险等），这些都可能会置养老机构于亏损境地。

第五节 经营风险规避

养老服务业是微利的，风险也很大，如何既能够以价格低同时服务优赢得有潜在需求的老年人的选择，又能够降低运转成本、保证资金运作通畅，对养老机构的管理者来讲，不仅是现实的挑战，更是对管理能力的检验。

养老产业的风险有两方面：一是投资方面，二是经营方面。在经营方面，主要有市场定位风险、入住率风险、费用风险、医疗护理服务风险和意外风险等。

一、养老机构常见风险

（一）市场定位风险

虽然目前很多养老机构经营难以为继，但实际上只要找准了市场定位，一样可以赢得生存空间。由于我国宏观政策还在不断完善，面对前景日益广阔和竞争日益加剧的养老服务市场，养老机构要想在养老服务业中占有一席之地，进而占据有利的位置，必须首先进行市场定位。市场定位一旦出现偏差，所有后续工作都将陷入窘境。

（二）入住率风险

一些养老机构入住率极低，只有六分之一。其风险有两个方面，其一是老人的参与热情不高，尤其是完全不能自理的老人实际需要的医疗、护理成本非常高，老人及家属不能接受，养老机构的设备只能闲置，这在一定程度上造成运作成本高和支付能力低的矛盾；另一方面风险来自淡季，入住率不足，房租、人工费和取暖费等硬性开支不能有效分摊，不能实现资产的良性循环。

有些养老机构入住率很高，但依然存在生存风险。原因是养老费不足以弥补成本。如南宁市很多民办养老机构，入住率近 100%，但依然生存困难。养老费是目前养老机构的唯一收入来源，收费标准是经物价部门核定，但按照这一标准，企业很难收回成本，而场地租金、人员工资是市场化的，工资水平是连年提高的。这也造成了企业经营难以为继的境地。

（三）收费风险

养老机构收费项目主要有床位费、生活费、取暖费三项，养老机构也可就其他服务项目收取约定的费用。但是费用收取有时难以确保，由于老人及子女的财务状态恶化等原因，造成入住老人不能及时续费，养老机构又不能强行将老人赶出门，造成垫付费用的局面。

（四）护理服务风险

在热衷于选择机构进行养老的老年群体中，病残老人占有相当大的比例。由于这些老年人年龄偏大，身体状况偏差，再加上所患病种的多样性和复杂性，护理要求很高，客观上造成近年来养老机构发生的医疗护理纠纷增多、赔偿风险增大。

（五）意外风险

"意外"是指老人在入住养老机构期间所发生的、未曾预料的突发性事件，常导致老人躯体和精神伤害，包括老人走失、摔跤、骨折、猝死。高龄老人的身体特殊性决定其成为意外伤害事件多发主体。养老机构老人意外伤害事件一旦发生，家属不会考虑老人自身原因，而只是把全部责任推给机构，而机构又没有过多经济赔偿能力，因此时常引发纠纷。

意外有时还可能是建筑设施造成的。国家对养老机构建筑设施标准都作出了明确规定，养老机构在设置审批时亦符合要求。但随着时间推移，机构普遍存在缺乏资金进行维修改造的问题。这直接影响到养老机构的长远发展。

（六）法律风险

部分养老机构没有享受到应有的优惠政策。为了应对人口老龄化的挑战，促进民办养老机构的发展，国家出台了一系列的优惠和扶持政策，但出台的这些政策有的不够完善，有的操作性不强，有的不够有力，有的落实不到位。同时，由于推进社会福利社会化时间长，部分地区对养老机构特别是民办养老机构在养老服务事业发展中的地位和重要性认识不够等原因，导致部分养老机构并没有享受到诸如土地划拨、用水用电、低息贷款等方面的优惠政策，没有获得应有的支持，甚至在有些地方，部分养老机构被以各种名目征收各项不合理费用，极大增加了养老机构的负担，影响了机构的正常运转。

另外，养老服务机构往往由于入住协议或供（寄）养合同约定不清、权责不明等原因造成纠纷，这种纠纷会使养老机构面对很大的社会压力，大大增加养老机构的成本支出，如果处理不当，还会给养老服务机构日常管理和形象口碑带来严重的负面影响。

二、养老机构风险产生原因

养老机构各种风险的出现，综合来说有养老机构自身因素，也有社会环境文化因素，更有入住老人自身的原因。

（一）养老机构自身因素

1. 人员素质和风险意识不高

养老机构是风险很大的行业，但养老服务机构管理者缺乏风险意识，从养老机构的设立到日常经营管理，管理者都缺乏防范和监管意识，对各种潜在风险就会放松警惕，从业人员对于一些安全隐患也常常视而不见，再加上从业人员素质不高，很难按照操作规程开展为老服务工作，更难保证不出意外。

2. 设施设备不健全

一些养老机构在设计建造、扩建装修改造的时候，没有按照老年人社会福利机构要求标准设计施工，设施设备不完善、不规范、不配套，存有安全隐患。如地面防滑处理不科学，无障碍设施不到位，走廊、厕所等处防护设施安装不规范，室内采光达不到要求，紧急呼救、急救设施设备缺少，安全设施和警示标志不到位，等等。

3. 制度不完善

有些养老服务机构在规章制度制定时盲目照搬同类机构，制定的规章制度存在针对性不强、适用性不高、职责任务不明、操作性不强、人文关怀不够等问题，留有很大的风险隐患。

4. 管理不力

在日常事务管理过程中，养老服务机构管理部门和相关人员没有严格按照规范进行监管，对服务环节、服务过程疏于管理，这就为可能出现的风险埋下了隐患。

（二）入住老人自身的原因

老人由于生理原因，各项机能下降，活动能力逐步降低，本身就是存在潜在风险的高危人群，同时，入住养老机构的老人长期远离社会，由于个体心理和道德上的差异，在亲情缺失、人际交往受阻时容易出现过激行为，发生冲突，这样就为养老机构入住安全留下了隐患。

（三）外部因素

1. 政府监管不到位

主要表现在对新建养老服务机构布局缺少规划，审批把关不严，使条件并不完全具备且存在风险的机构获得了资质，留下了安全隐患；对没登记注册的养老服务黑户监管缺失，管理不力；对已开业养老机构的食品、卫生、医疗监管流于形式。

2. 舆论的错误引导

有的养老服务机构出现非机构责任意外伤害或正常死亡事件后，极少数人在不良动机驱使之下无理取闹，部分媒体在不明情况之下错误地引导了舆论，使养老服务机构陷入了必须承担责任的尴尬境地。

三、养老机构风险的规避

风险规避是指通过计划的变更来消除风险或风险发生的条件，保护目标受众免受风险的影响。它包括确立风险管理目标、风险识别和评估、控制和防范的过程。从一般意义上来讲，对于常见风险的规避，养老机构应重点做好以下工作：

（一）提高风险意识

如原因中所述，养老机构是风险很大的行业，养老机构管理者必须注重学习相关政策法规，提高风险意识，进而才能有针对性地教育、激发员工的风险意识，对服务环节展开规范化管理，对日常风险进行有效预防。

(二)充分调研,避免投资和定位风险

养老机构投资者应遵循经济规律,深谙宏观经济环境,充分了解目标客户需求,并客观分析自身能力所在,在此基础上才能正确定位,即在做好充分的市场调研、科学的论证等前期准备工作以后,才能展开实质性的项目开展工作。养老机构的市场定位不是毫无根据的海市蜃楼,而是建立在严谨、科学的调研基础之上的。在对环境、消费者、竞争者进行全面分析之后,经过科学的可行性研究论证,投资者才能从自身实力出发,在复杂的养老市场竞争中发现自己的生存空间,找准自己的定位,遵循市场经济规律创新经营,才能避免盲目投资带来的各种风险。

(三)完善制度,加强监管

养老机构要完善制度,从制度上保障入住老人的居住安全。包括老人入住管理制度、护理等级评定制度、健康管理制度、员工管理制度、岗位职责制度、服务标准、操作规范及其他各种管理制度与监督机制。从老人与养老机构签订入住协议的那一刻起,就要认真贯彻制度和合同约定。同时,根据老人入住时间和健康状况的变化,适时与老人及其亲属签署一些补充协议。有条件的养老服务机构应聘请自己的法律顾问,寻求法律人士的介入和帮扶,尽力规避可能存在的法律风险。

政府相关部门对新建的养老机构要严格审批、严格管理,督促养老机构依法履行法人登记程序,承担法律责任,对已经开业的养老机构要加强消防安全、食品、卫生、医疗、服务环境设施安全的检查和监管力度。

(四)依法提供养老机构服务内容

养老机构与服务对象的关系从法律角度讲应是合同关系,即住养老人购买养老服务,机构有偿提供养老服务。合同各方都应依据法律法规享受一定的权利和履行一定的义务。与养老机构日常服务工作密切相关的法规主要是《老年人权益保障法》和《老年人社会福利机构基本规范》。只有养老机构严格按照法律法规、行规的相关规定去经营和提供相应服务,并根据养老机构自身服务能力有选择地接收住养对象,才能有效地规避一些养老纠纷。

(五)完善硬件设施,健全防范机制

养老机构应建设符合老人生理特点的无障碍设施。对新建、改建和扩建的养老机构一定要按照《老年人社会福利机构基本规范》进行科学规划与设计、建筑与装修,真正体现以人为本、人性化设计的理念。已建成的养老机构也要及时查找硬件设施中可能存在的安全隐患,不断完善养老机构的硬件设施,选择适合老年人的设施设备,不断提升硬件设施水平;配备必要的应急设施和急救设备,以应付突发事件的发生。

（六）加强沟通

养老机构要主动与老人及亲属沟通，介绍老人健康状况，向老人及亲属讲解影响安全的危险因素、不良后果及防治措施，为日后妥善处理一些不可抗拒的意外，避免由此引发的纠纷创造条件。

（七）提高保险意识，适当转移风险

养老机构应提高保险意识，根据风险发生的概率和幅度，结合机构实际承载能力和现实需求，参加或购买合适的商业险种，适当转移风险，如财产保险及养老机构意外伤害保险，通过参保分担养老机构面临的风险。随着养老机构保险险种的增加和推广，长效运行机制逐步建立，将为养老机构最为困扰的意外伤害事故搭建起风险规避的屏障。

【案例3.4】老人摔倒，谁之过？

赵先生的母亲自2009年开始一直住在青岛市市北区某老年公寓。今年5月份，赵先生的母亲在去别的老人房间串门时，在走廊内不慎摔倒，导致髋骨骨折。赵先生认为，母亲的摔倒是由于走廊比较阴暗，而老年公寓并没有在这种情况下打开走廊的照明灯。加上走廊的地毯有一些破损，这也导致了他母亲被绊倒，这起事故老年公寓应该承担起全部责任。

而老年公寓的负责人表示，他们在走廊上装有明确的警示牌，并且当时走廊的灯也是开着的，赵先生的母亲是由于自身的原因意外摔倒的，让老年公寓负全责，是非常不合理的。目前，双方就事故责任问题各执一词，案子已经起诉至法院等待进一步审理。

说法：家属：老人交给你们就应"完好无损"

"我们把家里老人送到老年公寓，就是希望他能在一个更好的环境中养老，谁也不想看到他这里磕着，那里碰着。而且一个护工要同时护理七八个老年人，当然照顾不好每一位老年人。建议老年公寓应该实行一对一的护理服务，加强对于老年人的安全管理。""我们为什么把老人送到养老机构，就是因为没有时间照顾他们，现在是委托给养老机构照看，发生了意外理应由老年公寓承担全责。""我们与老年公寓签订的住养协议中，许多条款中规定老人发生的一切意外的可能性，老年公寓都把责任推得一干二净，这显然是霸王条款。"……

记者在采访中，许多老人子女纷纷表示，因为老年公寓在硬件服务设施和护理员技能上的不足，导致老人在入住期间发生的意外伤害，这种情况应该由老年公寓负全部责任。

养老机构：老年公寓不是"保险箱"

面对老人家属的质疑，老年公寓的负责人们也有满肚子委屈要诉说。"养老机构其实是一个非常高风险的行业。因为入住的老人自身生理和心理机能的退化与病变，加上老年人疾病急性发生的不可预知性，老人突然'莫名'摔倒的情况并不鲜见。我们经常开玩笑说，老人只要走动就有摔伤的可能，所以说家属不能把发生意外的责任归咎到养老机构身上。"

许多老年公寓的院长对于老人在养老机构发生意外伤害时，家属把责任全部归于老年公寓头上表示非常委屈。"老年公寓是微利行业，我们最头痛的也是发生类似的纠纷。出了事情社会都是一板子打在老年公寓身上，谁替老年公寓说话？"而在法院的最终判决中，养老机构承担的一笔巨大的赔偿金额，足以让不少养老机构的运营陷入困境。

【本章小结】

人口老龄化给养老服务业带来广阔的发展前景，民间资本也纷纷进军养老服务行业，开办养老机构。养老机构的开办要遵循一定的法律程序。申办人首先应向申办机构所在地的县级以上人民政府提出筹办申请；经审核同意后，应向民政部门申请领取《社会福利机构设置批准证书》并提交所要求材料；经民政部门受理、审查、验收，取得《社会福利机构设置批准证书》后，到登记机关办理登记手续。

养老机构在正式运营前，首先应依据养老机构的具体情况确定养老机构的内部组织机构、岗位及其职责，设计好组织结构，其次应利用一定的途径招聘人员，最后对招聘人员进行岗前培训。

养老服务产业具有投资大、回收期长、风险大等特点，养老机构开办者应对养老机构建立、运作前及运作中进行谋划、构思和设计等策划工作，以保证养老机构正常经营、平稳发展。在遵循"以老人需求为中心、系统、实事求是"原则的基础上，养老机构策划首先应进行养老机构机会分析，其次是企业目标市场选择与定位，最后是营销组合策划。在养老机构策划的过程中，前期工作非常重要，必须要结合市场环境及消费者特点，并结合自身做好市场选择与定位。此外，也需要对投资养老机构项目的经济效益及风险进行充分的评估，避免盲目投资。

【复习思考题】

1. 简述养老机构人力资源体系的构成。
2. 简述养老机构人员招聘途径。
3. 简述养老机构的策划原则。
4. 养老机构机会分析包括哪些？
5. 论述养老机构常见风险及规避。

第四章 养老机构的管理

学习目标
1. 了解：养老机构的管理体系构成。
2. 熟悉：养老机构人员管理的对象与内容；质量管理的原则与内容；信息化管理的方式。
3. 掌握：养老机构事故的类型及应对措施。

第一节 养老机构管理概述

一、养老机构管理体系

养老机构的管理如图4-1所示，主要包括外部对养老机构的管理和机构自身的内部管理。外部对养老机构的管理，主要是政府对其的管理，多是从宏观方面对养老机构的建设、服务和运营进行管理，管理的形式主要是通过政策法规、标准化的制定、养老机构的审批、监督检查和指导。外部管理的目标是确保养老机构建设项目的标准化、科学化和服务运营项目的规范化，以满足老年群体对养老机构的需求，促进养老事业健康发展。养老机构的内部管理是从微观层面，依据国家政策法规，按照养老服务行业自身的特点，在建设、运营和发展方面构建自身的管理体系，制定自己的管理内容、目标和方法。

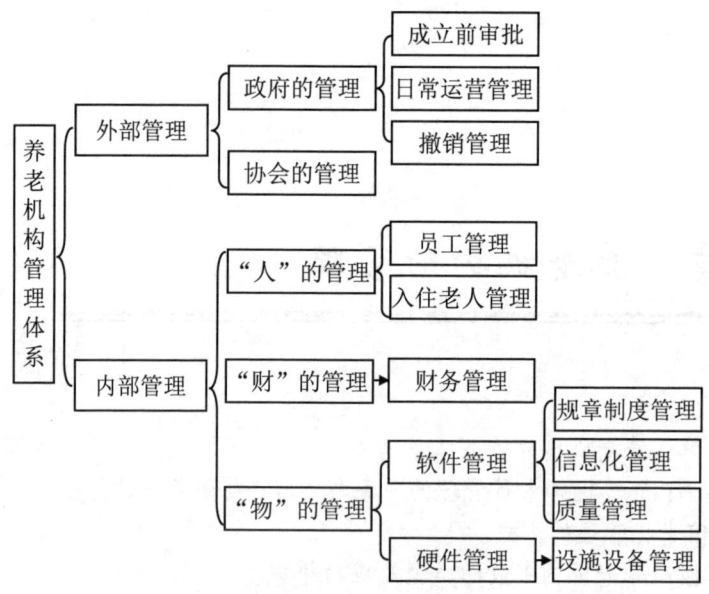

图 4-1　养老机构管理体系

二、养老机构的外部管理

（一）外部管理的部门

政府是养老机构管理的主体，在宏观管理中担任"掌舵者"的角色，主要行使行政管理职能。政府在养老机构服务体系发展中应该制定政策、分配资源、协调和监督养老机构的健康发展。政府对养老机构的管理涉及的管理部门较多（如图 4-2 所示）。民政部是主管部门，负责拟订养老机构管理办法，负责指导全国养老机构管理工作。县级以上人民政府民政部门是养老机构的业务主管部门，对养老机构进行管理、监督和检查，制定养老机构设置规划，履行审批和年检职能，也会定期对养老机构的工作进行年度检查。

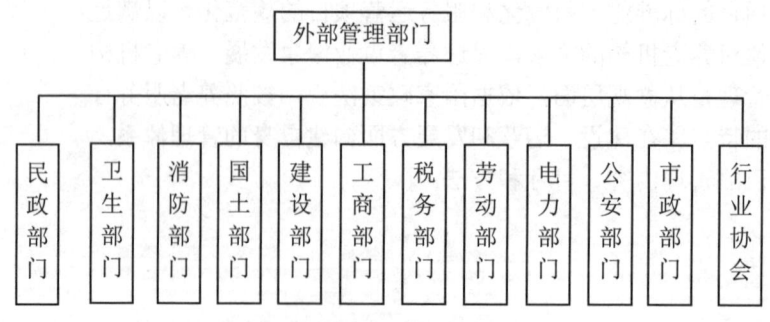

图 4-2　养老机构外部管理部门

具体而言，民政部门是养老服务机构成立、变更、撤销的审批机关，负责养老机构的筹建、审批、验收、注册登记和发证，日常经营业务指导、监督，养老机构的建设和发展规划，年度审核、考评工作，养老机构的纠纷调解和意外事故的调查处理工作，还包括对公办养老机构和乡镇养老机构领导的任命和调整等。

除民政部门外，还包括卫生、税务、财政、消防、电力、国土资源、建设、工商、劳动和社会保障、市政工程、公安、环境保护等行政部门，各部门应各尽其职，共同对养老机构的运营和发展起到监管和保障职责。

以卫生部门为例，来说明其对养老机构医疗服务方面的管理内容。具体包括：养老机构内设医疗服务部门（医务室等）的审批；年审医务人员职业资格认证、注册、职称晋升和继续教育；医疗服务过程中医德医风、服务质量的监督，卫生防疫和商品卫生监督，医疗纠纷的调解、仲裁等。

其他部门的管理职责包括：消防部门主要对机构的消防安全问题进行监督和指导；国土部门负责对机构用地的审批、划拨的管理；建设部门负责对机构建筑的审批和验收；工商部门负责机构的工商注册和经营监督；税务部门负责机构的财务监管和税务监督；劳动部门负责机构用工的监督；环保部门负责机构污染排放等的监管；治安部门负责管理机构的治安与刑事犯罪问题等。

行业协会作为政府和养老机构的桥梁和纽带，履行着沟通、协调和监督的职能。行业协会对养老机构的管理内容主要是传达政府对其的要求，帮助政府制定和实施行业发展规划，制定和执行行业规定和标准，监督本行业的服务质量，鼓励各机构公平竞争。

（二）外部管理的内容

外部管理的内容包括养老机构成立前的审批管理、运营过程中的日常管理以及验收不合格或违反规定时的撤销管理。

成立前管理的内容主要包括筹建阶段登记注册的审批、发证管理，筹建机构所用土地的划拨管理，建筑设计规范管理，内部设施、备品以及人员配备管理，建设资金的筹备管理等。

日常运营管理的主要内容包括日常经营业务指导与监督、年度审核和考评、管理人员和护理人员的培训、纠纷调解和意外事故的调查处理、消防安全和卫生防疫等问题的技术指导等。

撤销管理是指养老机构验收不合格或年度审核未通过等情况发生时，民政部门可按相关规定撤销其营业资格的管理。

（三）外部管理方法

养老机构外部管理的方法主要有依法管理、分级管理、目标管理、行业协会管理四种。

1. 依法管理方法

政府职能部门组织养老机构学法，使机构懂法、依法经营。政府部门还要负责制定符合本地区实情的政策法规，加强对机构的执法监督。

2. 分级管理办法

养老机构一般按照属地化管理的原则，实行一级政府主管部门对应管理一级养老机构，并由国家和地方制定相应的分级管理办法，规范各等级的标准，以此来对机构进行等级划分，提高机构的服务质量。如北京2002年制定了《北京市养老机构星级评定标准》，对养老机构实行星级管理，每一级别都有相应的标准和监管办法，以此来激励机构改善条件，提高服务质量。

3. 目标管理法

政府主管部门根据实际情况制定养老机构的年度管理目标，包括经济目标、服务目标、安全目标等，并与机构负责人签订目标责任状，督促机构做好自身管理。

4. 行业协会管理

政府虽然是养老机构的主管部门，但主要是宏观管理，其微观管理职能将委托给行业协会，充分发挥行业协会在行业内的管理作用。行业协会的建立，大大减轻了政府对机构管理上的压力，使政府职能能够腾出更多的时间规划行业发展方向，制定政策法规，进行宏观管理。

行业协会是指由同行及其组织自愿组成，完成行业服务和自律管理的非营利性组织。行业协会属于非政府组织（NGO）或非营利组织（NPO）。行业协会作为行业自律组织，在政府与养老机构之间、机构与市场之间、机构与机构之间起到桥梁的作用，发挥协调、纽带与沟通的作用。行业协会在养老机构的管理具有行业自律、规范行业服务行为、开展行业检查和评估活动、进行行业协调、开展职业培训等作用。

三、养老机构的内部管理

（一）内部管理的分类

养老机构的内部管理的内容庞杂，按照不同的分类标准有不同的管理类型。

1. 按照管理内容进行分类

按照管理的职能可划分为行政管理、业务管理、后勤管理。行政管理包括规章制度的建立与管理、组织机构管理；业务管理包括入住老人的出入院管理和服务管理；后勤管理包括养老机构的内外部环境管理、设施备品管理、消防安全与卫生防疫管理、水电煤等设备的维修管理。

2. 按照服务对象进行分类

按照服务对象划分，可将养老机构的管理分为生活完全自理老人的管理、生活半自理老人的管理、一级生活不能自理老人的管理三大类。

3. 按照建设与经营过程进行分类

按照建设与经营过程可划分为筹建申报管理、审批管理、注册登记管理、年度审核管理等。

4. 按照生产服务要素进行分类

按照生产服务要素进行划分，可以分为养老机构"人"的管理、"财"的管理以及"物"的管理。

"人"的管理可分为养老机构工作人员的管理和对入住老人的管理。对员工的管理应从三方面着手：第一，员工的选拔、岗前培训、聘用，把握好员工的入口关，并不断提高员工的素质和服务技能。第二，加强员工的职业技能培训和道德教育，因为机构服务对象的特殊性，要求工作人员不仅要有过硬的技能，还要在思想品质、职业道德方面有良好的基础。第三，加强员工的考核管理，做到奖惩分明。

"财"的管理指养老机构的财务管理。养老机构的财务管理包括财务计划、资金分配、周转、成本核算和财务监督等方面的管理。为了使得养老机构有限的资金投入能够获得最大的社会和经济效益，需要对机构的财务和资金进行系统管理。

"物"的管理可分为软件管理和硬件管理。软件管理主要指规章制度管理、信息化管理、质量管理，硬件管理是指设施、设备的管理。软件方面的管理，随着经济社会的发展，其管理方法和技巧要不断完善，机构的管理效率不断提高。硬件的设施设备管理包括对机构的建设、设备的采购、维护和使用等，使机构内所有设施设备的管理始终处于规范有序的状态，提高使用效率，保证各项工作正常进行。

（二）内部管理原则

养老机构内部管理应遵循以人为本、安全第一、质量第一、依法管理四大原则。

1. 以人为本的原则

养老机构管理中的以人为本主要体现在三个方面：第一，在规划设计、装修或改造过程中体现以人为本，充分考虑老人的体能、心态的变化，一切为了方便老人居住与生活，为老人营造一个温馨、舒适、安全、方便的居住环境。第二，在服务理念上体现以人为本，充分了解老人的需求，理解老人的心理与期望，对每一位老人提供体贴入微的个性化服务。第三，在员工的管理上体现以人为本。员工是养老机构生存与发展的重要因素，管理者对员工既要严格要求，又要处处关心，切实解决员工工作、生活上的困难，维护员工的合法权益，激发员工努力工作的积极性。

2. 安全第一的原则

养老服务业是一个高风险的行业，对象多是体弱多病的老年人，稍有不慎或工作疏忽，就有可能造成老人的意外伤害与事故，引来纠纷，造成损失。因此，在养老机构管理中，安全管理是头等大事。应该从制度上进行设防，意识上加以强化，把不安全因素消除在萌芽状态。

3. 质量第一的原则

质量是任何一个企业发展的生命线，养老机构也不例外。没有可靠的服务质量，难以吸引和留住老人，养老机构的经营将面临困境，甚至无法生存。

4. 依法管理的原则

养老服务是一个政策性很强、管理严格、社会关注度高、十分敏感的工作，稍有偏离，将会遭到政府行政部门的批评、处罚和社会舆论的谴责，使养老机构处于十分被动，甚至难堪的局面。只有依法管理才能使养老机构健康发展，才能赢得政府的扶持和社会的支持。

第二节 养老机构规章制度管理

养老机构规章制度管理是养老机构管理的重要内容。建立规章制度，实行制度化、规范化管理，可以使员工有章可循，做到事有章程、言有依据、行有规约，对保证养老机构各项工作的完成、提高工作效率都具有十分重要的意义。

一、规章制度的制定

规章制度建设的首要任务是制定规章制度。规章制度不在于数量的多少，而在于质量，在于制度是否实用，是否具有可操作性，否则，即使规章制度再多、再细，也不能发挥制度应有的作用。养老机构的管理者应当清醒地认识到这一点，并且按照以下原则制定适合本机构的规章制度。

（一）制定原则

养老机构规章制度的制定应遵循以下原则。

1. 服务性原则

养老机构属于老年福利事业组织，可以说为老年人服务是养老机构肩负的历史使命。养老机构的这种社会属性决定了它必须贯彻国家老年社会福利事业发展的方针政策，遵守政府法令、行业法规，坚持为老年人服务的办院宗旨。这是制定养老机构规章制度的出发点和基本原则，用制度保障将老年服务落实到实处。

2. 目的性原则

制定规章制度的目的是使养老机构管理走向规范化、制度化和法制化，不断提高服务质量，追求最佳的社会经济效益。制度属于法规的范畴，是部门工作的指南、员工行为的规范和各项工作的准则，任何部门和个人都应严格遵守、规范执行，否则将受到制度的处罚。只有各部门每一名员工都规范遵守各项规章制度，才能保障各项工作有序进行，实现养老机构服务的最终目标。

3. 标准化原则

规章制度不仅包括养老机构的部门职能、岗位职责和工作制度，而且还包括服务标准、操作规程、工作流程，以及考核评价标准等。为了使各项服务操作规范，紧密衔接，准确划一，制定规章制度必须坚持标准化原则。遵守标准化原则不仅要求制度的描述语言、格式要标准化，更重要的是各项工作、操作的标准化，用同一个标准要求、衡量，以促进养老机构各项工作协调一致，全面提高服务质量。

4. 可操作性原则

规章制度必须具有可操作性，否则再好的制度也不能发挥其应有的作用。因此，所制定的规章制度的每一条款必须责任明确、任务具体、条例清晰、描述准确、通俗易懂，使人一目了然，易于操作。反之，若模棱两可、含糊不清，就会使人无法实施，丧失规章制度应有的作用。

5. 稳定性原则

规章制度是现实工作客观规律的反映。任何一项规章制度的实施都有一个认识、熟悉、适应和掌握的过程，应保持相对的稳定性。如果朝令夕改，频繁更动，即使非常合理的规章制度，也难以实施，甚至会造成管理上的混乱。当然，规章制度也不是一成不变的，应当随着客观情况的变化，进行调整、增减，那些经过实践证明不合理和不完善的条款应按规定的程序修订完善。

（二）制定方法

规章制度的制定方法如图4-3所示，包括在学习的基础上制定、在总结以往工作经验的基础上制定、在听取员工意见的基础上制定以及在借鉴同行经验的基础上制定。

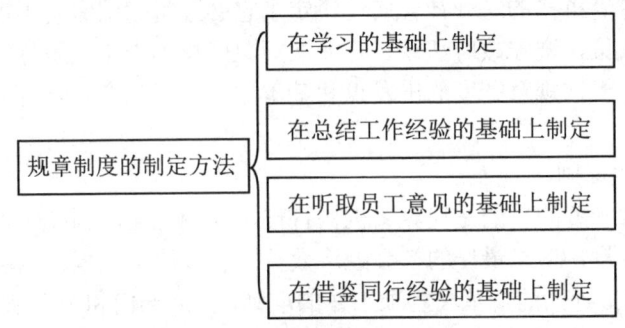

图 4-3　规章制度的制定方法

1. 在学习的基础上制定

规章制度的制定者应当理解相关的国家政策法规和行业规范，以免使制定的规章制度与国家、地方现行的政策法规、行业管理规范抵触。制定养老机构各项规章制度时，都应熟悉掌握相关领域的政策法规。例如制定员工管理制度时，应了解《劳动法》等相关劳动权益保障法规；制定安全管理制度时，应掌握《消防安全法》、《食品卫生法》等相关法规；制定入住老人管理的制度时，必须了解《老年人权益保障法》、《老年人社会福利基本规范》等。在深刻掌握现行政策法规、行业规范的基础上制定规章制度，才具有科学性、实用性和可操作性。

2. 在总结以往工作经验的基础上制定

根据以往的工作经验、教训，总结经营与管理方面取得的成绩与存在的问题，在此基础上制定规章制度，可以更具有实用性和可操作性。

3. 在充分听取员工意见的基础上制定

参与规章制度拟定的人数越少，其制度可能越容易存在着这样或那样的问题，所以需要广泛听取员工的意见。在此基础上制定规章制度，会使其更加完善，更容易被员工理解和接受。此外，听取员工意见的过程，本身也是员工学习规章制度、进行制度教育的过程，将收到较好的效果。

4. 在借鉴和参考同类机构管理经验、规章制度的基础上制定

借鉴和参考同行的管理经验和规章制度，可以使制定的规章制度更具有先进性和实用性，同时也可以节省时间，但应避免盲目抄袭，应根据本机构的实际情况，适当借鉴，合理引用。

二、规章制度的类型及内容

规章制度应当是组织机构生产、经营、服务与管理的工具。凡是机构内所

涉及的重复性或可能重复出现的工作都可以形成制度文件。养老机构目前主要涉及的规章制度类型和内容有以下几种。

（一）部门职能

部门职能的主要目的是明确各部门的分工与任务、应履行的职责、承担的责任和享受的权限等，以避免各部门工作互相推诿。部门职能应根据各机构部门设置情况而定，设置什么样的部门就应该有相应的部门职能。

部门职能如图4-4所示，可以划分为行政部门职能、后勤部门职能以及业务管理部门职能。每个部门职能一般由部门名称、上级部门、下级部门、主要职责以及主要任务等构成。

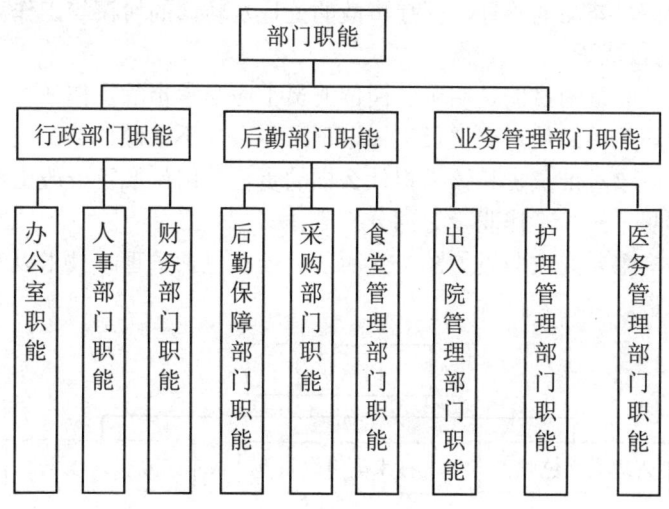

图4-4 部门职能的内容体系

1. 行政部门职能

行政部门职能包括办公室职能、人事部门职能、财务部门职能。

办公室职能包括：全院规章制度的制定、保管，协调各部门、科室的工作，组织各种会议，负责接待、来信来访、突发事件的协调处理等工作。

人事部门职能包括：员工的招聘、调配、教育培训，员工年度考核、评级、奖惩，员工劳动工资及待遇统计与管理，员工人事档案的管理等工作。

财务部门职能包括：机构财务、资金和资产管理，财务预算、成本核算、报账，入住老人收费及欠费的催缴等工作。

2. 后勤部门职能

后勤部门职能主要是在院长的领导下，负责全院的后勤保障工作，包括：全院设施设备维修与保养、物资采购与供应、食堂管理、园林绿化与保洁、安全卫生与消防管理等工作。

3. 业务管理部门职能

业务管理部门职能包括出入院管理部门职能、护理管理部门职能以及医务管理部门职能。

出入院管理部门主要负责来访老人和亲属的接待，为老人办理出入院手续，协调相关部门为初次入住老人护理等级评估，入住老人档案的管理等工作。

护理管理部门职能主要包括：老人的生活护理、康复护理、心理护理，护理人员的基础培训、工作考核，意外伤害事故的处理等工作。

医务管理部门职能包括：老人临床医疗保健服务的提供与管理，医务人员的培训与考评，药品的管理，医疗事故的处理及转诊的协调等工作。

（二）岗位职责

制定岗位职责的目的是明确各岗位的员工应当承担的工作任务、履行的职责和上下级的关系，使每一位员工知道该做什么、不该做什么、应当达到什么标准或要求、该对谁负责和该承担什么样的责任。岗位职责一般由岗位名称、上下级、本职工作、工作职责等部分构成。

养老机构主要岗位职责如图4-5所示，一般包括管理、技术以及工勤这三大类岗位职责。

图4-5　岗位职责的分类

1. 管理类岗位职责

管理类岗位主要根据各养老机构管理岗位设置情况而定，如院长、书记、副院长、工会主席、科研室主任、班组等负责人的岗位职责。

2. 专业技术类岗位职责

专业技术类岗位职责如医生、护士、社工、财会以及其他专业技术职称系列岗位的职责。各专业技术职务可根据职称系列进一步分为高级、中级和初级专业技术职务岗位职责。

3. 工勤类岗位职责

工勤类岗位职责如养老护理员、厨师、锅炉工、水电工、维修工、洗衣工和门卫等工勤类岗位职责。工勤类岗位也可根据职业资格等级进一步划分高级、中级、初级和技师级岗位职责。

（三）工作制度

工作制度主要依据养老机构实际工作需要制定出相应的工作制度、管理与服务规范，明确具体的工作目标、工作任务、工作内容、工作程序等内容。工作制度包括以下五类（如图4-6所示）。

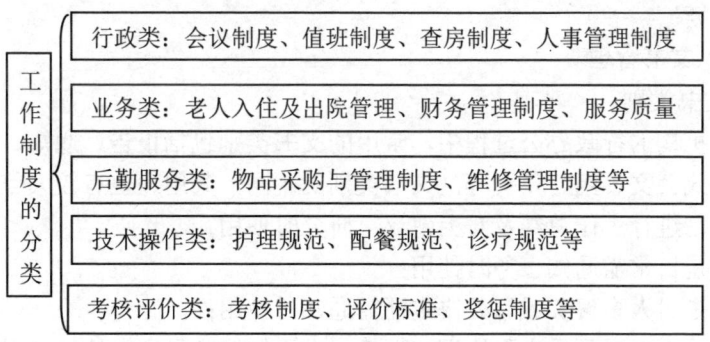

图4-6　工作制度的分类

1. 行政类工作制度

行政类工作制度包括工作会议制度、人事管理工作制度、突发事件报告制度、行政查房制度、值班制度、接待来访工作制度、消防安全管理制度、食品安全管理制度等。

2. 业务类工作制度

业务类工作制度包括老人入住管理、健康评估制度、护理等级评估制度、交接班制度、转诊制度、药品代保管与代发放制度、财务工作管理制度、医疗服务管理制度、护理服务管理制度、其他服务质量管理制度等。

3. 后勤服务类工作制度

后勤服务类工作制度包括物品采购、验收、储藏制度，车辆管理制度，维修管理制度，食堂服务管理制度等。

4. 技术操作规程与标准

技术操作规程与标准包括服务诊疗规范，临床护理规范，生活护理规范，康复护理规范，营养配餐规范，突发事件应急处理预案，临床医疗、护理、康复服务质量标准等。

5. 考核、评价、奖惩制度

考核、评价、奖惩制度包括月度、季度、年度考核管理办法与评价标准，员工奖励与处罚管理办法等。

三、养老机构的文书与证件管理

文书及相关证件管理是养老机构行政办公日常工作中的一项重要职能。养老机构在日常的办公中,难免会与各种各样的文书、证件打交道,其相关的管理尤为重要。

(一)文书管理

1. 文书类别

养老机构的行政办公过程中,常用的文书类别包括报告、通知、通报、签呈、表格式公文、函、传真等。文书类别的不同,其用途也有较大差别。

报告是进行工作总结及对上建议、研究时使用;

通知是日常需通知事务时使用;

通报是对人事褒奖或惩处决定而需通知时使用;

签呈是需上报领导出面协调、授权、批示解决意见和办法时使用;

表格式文书是政府机关规定的表格式公文及养老机构特定工作需要而印制的默认格式公文;

函是养老机构对外非重大事件时使用;

传真是业务处理需要以传真行文时使用。

2. 文书管理中的注意点

养老机构在对外或对内行文时,首先应确定行文名义及签发权限,以避免文书传达错误。文书行文时,应注意以下几方面的问题。

(1)属于政策性或影响机构重大权益的行文,应由院长签发;

(2)对政府机关、业务主管机构等一般性公文应由相关部门起草交由院长,以机构名义行文,由院长签发;

(3)以养老机构名义对外独立法人团体、企业行文联系或传真时,需要由院长签发;

(4)机构内机要文件及绝密文件等由院长指派专人管理,与外界正常来往及内部一般文书由行政部门管理;

(5)文书处理必须遵守一定的文书处理期限,根据不同类型的文书要求的期限进行处理,并且进行及时的催办,以免延误事情的处理和解决。

(6)文书结案后,原件由文书管理部门专人按养老机构自行编制的《档案管理制度》负责归档,经办部门视情况可留存复印本。另外,档卷分类目录及编号、保管原则,依据相关制度执行。

(二)印章及证件管理

为了加强管理,防止养老机构因印章及证件的管理、使用不当而造成经济、信誉等损失，必须按照分级管理的原则，严格制定印章及证件管理办法。

1. 印章管理

印章是机构对内、对外行使权力的标志，其启用须由养老院院长签发正式启用通知书后使用。印章使用必须遵守印章的使用操作规范，用印完毕后，应妥善予以保管。

2. 证件管理

证件是养老机构与外界从事业务往来时使用的凭证，不得用作私人用途，应由行政部门管理。各种证件的原件应由行政部门档案管理员保管，由于工作需要使用原件或复印件时，需填报"证件使用申请单"，逐级报批后方可使用。

（三）档案管理

档案管理工作是维护养老机构经济利益和历史面貌的一项重要工作。养老机构档案的管理首先需要将档案进行分类，基本可以分为两类：一是报批与注册登记文件；二是管理性文件。

报批文件是指养老机构设立的项目建议书、可行性报告、设立和变更申请、养老机构的章程等文件，而注册登记文件是指申请加入各类专业技术协会的申请书、机构主要负责人身份证明、营业执照等。报批与注册登记文件统一由机构档案室保管。

管理性文书包括行政管理、经营管理、技术管理中所形成的文件。管理性文件根据文件性质的不同其送存期限也不同。

一般档案管理应按照不同的机密程度进行保管。一般分为绝密级、机密级、普通级进行分门别类保管。

第三节　养老机构人员管理

一、养老机构员工管理

养老机构的员工主要包括养老护理人员、行政人员、医务人员、康复人员、膳食服务人员、后勤保障人员六大类。如图 4-7 所示，养老护理人员包括护理长和护理员，医务人员包括医生、护士、药剂师，行政人员包括院长、副院长、办公室主管、人事部职员、财务部职员、办公室文员等，康复人员包括康复医师、物理治疗师、作业治疗师，膳食服务人员包括营养师、厨师、采购员，后勤保障人员包括水电维护工、保洁人员、洗衣工、门卫、绿化工、仓库保管员等。为了更好地使各岗位员工履行岗位职责，遵守各项规章制度、操作规范，依据服务流程开展服务，需要对员工进行相应的管理。

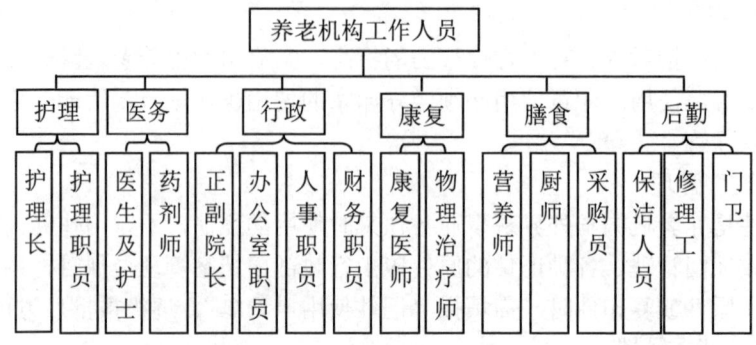

图 4-7　养老机构工作人员

员工管理一般包括员工健康管理、员工培训管理、员工服务管理、员工考核管理、员工薪酬管理、员工出勤管理、员工行为管理等内容（如图 4-8 所示）。

图 4-8　养老机构员工管理的内容

（一）员工健康管理

员工必须身体健康，定期体检，合格者方能从事养老护理工作。员工突患急性传染性疾病，如突患流感等，应及时隔离，暂停工作；患有活动性肺结核、病毒性肝炎等慢性传染性疾病的员工应及时调离养老护理工作岗位。

另外，由于养老机构员工服务的对象具有一定的特殊性，所以养老机构在员工健康管理方面，更要关注工作人员的心理健康问题。入住养老机构的老年人多为高龄、身体健康状况较差的老人，并且老人及其家属脾气性格各不相同。养老机构的工作人员每天面对的都是衰老、疾病和死亡，工作强度比较大，容易产生抑郁、焦虑等负面情绪。而机构内服务人员多数对心理健康知识缺乏了解，不能及时发现心理健康问题并进行自我调适，是容易出现心理健康问题的群体。养老机构应充分重视工作人员，尤其是护理人员的心理健康问题。可以组建"养老护理人员支援中心"，使"照顾者"也能得到照顾，也可以组建以关爱养老护理人员身心健康、关注养老护理人员需要为宗旨的行业社团，依托此类社团来缓解养老服务从业人员，包括养老机构经营者的身心压力，体现以人为本的理念。例如，组织联谊会和郊游，举办护理知识讲座及经验交流会等，为他们进行精神放松、心理和情绪上的疏导。组建起来的"支援中心"还可以通过提供替班服务，让护理人员有休息和调整的机会。此外，针对工作人员承受的一些不公正的待遇和可能遭遇到的相关纠纷，建立相应的权利维护机制以及调节机制。

（二）员工培训管理

护理长或班组长要定期组织员工进行业务学习，邀请本院医生和护士对养老护理人员进行业务培训，逐步提高员工的业务素质与操作技能。对辖区内发生的服务差错或意外事故要及时调查，组织员工分析原因，吸取教训，并对责任人提出处理建议。

养老机构应根据培训需求分析，对员工进行培训，使培训的内容能够充分体现老年身心整体护理需求和特点，针对在岗人员培训意愿，开展不同内容和方式的培训，以满足从业人员的工作需求。

1. 培训形式

培训形式上，应采用灵活多样化的形式进行。如针对精力较好、学习能力较强的年轻人，应开展为期 1~2 年的长期培训班，让他们系统地学习专业知识，不断提高自己的业务工作能力，为老年服务事业注入新的活力；针对年龄偏大的员工，适合开展一个月或 3~5 个月不等的短期培训班，使他们在兼顾工作、学习和家庭的情况下，提高自己的专业技能；还可以把业务能力较高的教师请到养老服务机构来，为养老机构员工举办专业的知识讲座。

2. 培训内容

培训内容上，应从管理和服务两个角度开展，以满足他们不同的知识需求。从管理角度看，在全方位的培训内容中，应重点让管理者了解全球化的社会背景、我国的老年政策和相关法律法规、老年服务事业的现状和发展、养老机构的经营与管理、养老服务内容的拓展和服务水平的提高等方面的知识，以提高他们的管理和决策能力，改进服务意识和服务理念，提升服务质量和水平；护士以更新知识、完善知识结构为主，加强老年医学和老年护理学的基本理论和技能的培训以及心理学、人际沟通等人文科学知识的学习，提高实施整体护理的能力；护理员则以基本的护理知识及生活照料的培训为主，使他们在基本护理理论知识的指导下，为老年人提供规范、合理的生活照料。

此外，培训应与人员晋升、转岗、工资调整等充分结合起来，避免培训对象单一、培训流于形式。应注重培训效果评估，实现培训良性循环和人才开发目标。

(三)员工服务管理

员工必须认真履行自己的岗位职责,严格按照服务标准、服务流程、服务规范开展服务;护理长或班组长应加强巡视、检查和指导,发现违纪要及时处理。

员工服务管理包括护理服务管理、医疗服务管理、膳食服务管理、康复服务管理四大模块服务内容的管理。

1. 护理服务管理

护理工作是养老机构工作的中心内容,护理服务接触老人最多、服务时间最长,并且涉及机构工作人员总数的三分之一左右,所以护理服务管理是养老机构服务管理的重要组成部分。护理职员提供的护理服务应符合养老护理规范要求,满足护理服务对象的需要。护理职员应按照养老机构合同,根据老人身体状况和护理级别,热情、周到、耐心地为老人提供服务,服务包括老人生活起居、个人清洁卫生及瘫痪老人的护理等。

2. 医疗服务管理

医疗服务是老年人最需要的服务之一,除部分养老机构附设有医院外,多数养老机构只设医务室,主要满足入住老人基本医疗保健需求。为提高医疗服务质量、规避风险,医务人员必须严格按照医疗机构管理办法和诊疗规范提供医疗服务。服务内容包括入住老人的健康评估、病房查房、老年常见病诊断、老人突发疾病的救治、临终关怀等。医生、药剂师、护士应该根据岗位职责和制度要求提供医疗服务。

3. 膳食服务管理

合理的膳食可以帮助老人提高免疫力、预防疾病。如何更好地为老人提供饮食服务是养老机构膳食服务管理不断探索的问题。养老机构膳食服务管理是指膳食管理部门对机构的膳食服务活动进行有效组织、计划、调节等一系列管理活动。膳食管理包括老人食谱制定、食材采购、食品加工、卫生与安全管理等。一般从营养师制定食谱开始,然后交由采购部采购,由厨师进行食品加工后,为老人配餐并留样。

4. 康复服务管理

养老机构中很多老人都有老年病、慢性病和伤残,这些老人都迫切需要得到康复服务。一些大型养老机构设有老年康复院等,能较好地满足老人康复服务的需求。康复服务一般由康复医师、康复护士、物理治疗师、作业治疗师等专业人员提供医疗治疗康复、物理治疗康复以及日常生活训练等综合康复服务,针对健康程度不同的老人提供不同类别的近期、中期和长期的康复服务。

（四）员工考核管理

根据养老机构员工考核管理办法，组织实施员工考核，对服务态度好、服务质量高、老人特别满意的员工要向上级部门或领导提出表扬和奖励的建议；对服务态度差、服务质量低、老人投诉多的员工要及时批评教育和处罚，情节严重者要予以辞退。

绩效考核是对员工的工作状况和结果进行考察、测定和评价的过程。养老机构要通过建立科学的绩效管理制度，切实从根本上、制度上保障机构绩效考核的客观性、科学性和考核结果的可靠性。要把定性考核和定量考核、贡献考核和能力考核有机结合起来，根据员工的工作性质和所处的组织层次，不同岗位确定不同的考核指标体系，并将考核结果与使用挂钩，依据考核结果，按照有关规定对被考核人员实施奖惩、培训、辞退以及调整职务、级别、工资和福利等，从而调动养老护理人员的积极性，更好、更优质地服务于更多老年人。

1. 绩效考核的方法

在养老机构中，可以使用的绩效考核方法主要是排序法和量表法。

（1）排序法

排序法包括简单排序法、配对比较法、强迫分布法。

①简单排序法

简单排序法是将员工按照总体工作情况从最好到最差进行排序。这种方法简便易行，一般适合于员工数量比较少的机构进行绩效考核。

②配对比较法

配对比较法是根据某一标准将每一位员工与其他员工进行逐一比较，并将每一次比较中的优胜者选出。最后，根据每一位员工净胜次数的多少进行排序。

③强迫分布法

强迫分布法是按照"两头小中间大"的正态分布规律，先确定好每个等级在总数中所占的比例，然后按照每人绩效的相对优劣程度，强制列入相应等级。这种方法比较适合于人数较多的机构进行绩效考核，简便易行，可以避免过分偏宽、偏严等问题，但有可能不符合实际情况，在员工绩效总体偏优或偏劣的情况下，难以实事求是地做出评价。

（2）量表法

量表法是应用最广泛的考核方法之一。量表的形式多种多样，一般其设计过程包括三个步骤：

①选定考核维度并赋予权重

选择维度时要根据职位的具体内容，力求全面、准确，然后根据各维度的重要性分别赋予不同的权重。

②确定量表的尺度

把选定的维度划分为不同等级。

③确定量表等级的含义

用词语或短句描述说明各等级分别对应的情况，以明确界定不同等级，使被考核者能够根据描述对号入座到不同等级中。养老机构的员工绩效考核量表应体现岗位差别，根据岗位职责的不同，设计具有不同考核维度和权重的量表，避免用同一量表考核不同岗位的人员。

2. 员工绩效考核的主体

在员工绩效考核中应该选用多元化的考核主体，一般应包括被考核员工的直接主管、被考核员工的同事、被考核者本人、被考核员工的下级员工和服务对象。

360度考评法是一种对员工实行全面绩效评价的考核方法，是员工与员工之间互相比较、员工与工作标准进行比较以及员工与目标相比较等评价方法的综合。360度考评要求单位综合考虑员工的上级、同事、下级和员工自己的意见，同时注重服务对象的意见。其中，下属以匿名方式参与评估，能详细了解任职者的行为、实际工作情况、领导风格、协调和组织能力，会提供许多非常有价值的信息。而服务对象不受机构的牵制，容易提供真实和公正的信息，评价结果也最有说服力。当然，不同评估者在反馈绩效信息方面各有优势和不足，360度绩效评估综合了各方的信息，能较准确和客观地反应被评估者的工作绩效，从而增强了养老机构人员绩效评估的效度和信度。在采用360度考评法的基础上，应根据机构自身特点逐步调整各评估主体的权重。从长远来看，逐渐降低"自我评估"的权重，相应提高服务对象的权重是养老机构绩效考核发展的必然趋势。

此外，在考核过程中，要注意避免首因效应、晕轮效应、近因效应、定型效应等心理效应导致的考核误差。

在我国老龄化日益严峻的形势下，应把为老服务人才的培养工作放在养老事业发展的首要位置上，把人才资源的开发利用作为推动养老事业科学发展的根本动力。人力资源已成为养老机构取得竞争优势的关键性因素。因此，养老机构必须有意识地在工作中不断重视人力资源的开发和管理，从而为养老机构带来更大的价值。

（五）员工薪酬和福利管理

1. 员工薪酬管理

养老机构特别是民办养老机构可以实行利润分享和所有权计划，并用技能薪酬提高员工工作的积极性。

利润分享法和所有权计划法都是较常用的薪酬方案。利润分享法是在经营业绩较好的时期，机构拿出一部分利润分享给员工。所有权计划法是员工通过股票、期权等对组织拥有一定的所有权，并且可以以出让所有权和分红的方式获得一定收益。相对而言，技能薪酬是根据个人所获得的技能而提供相应的薪酬。

各种薪酬法各有利弊，养老机构需要根据自身实际情况，综合考虑，灵活组合。总体来说，如果设计科学合理的话，利润分享和所有权计划会有助于员工树立主人翁意识，有助于员工主动性和积极性的提高；技能薪酬有助于员工建设学习型机构，不断提高现有员工的技能水平；而绩效加薪和激励薪酬也有助于机构员工更好地完成本职工作，提高绩效水平。

2. 员工福利管理

福利是员工总薪酬的一个组成部分，对激励员工和留住员工具有重要作用。因此，对员工福利进行有效管理是养老机构取得竞争成功的重要手段。员工福利一般包括社会保险、企业补充保险、带薪休假、节假日补助等。在设计员工福利时，可以将福利分为几部分进行分发。一部分是沉淀福利，员工当年不能拿走，等到几年以后机构再兑付。如果员工提前离开，沉淀福利则不能全部拿走，以此来增加员工的稳定性。还有一部分是弹性的即期福利，员工可以根据个人的需要自行选择福利组合，以此来吸引和留住高素质的员工。

目前我国大部分养老机构在员工福利方面做得还不够，很多员工没有享受到社会保险，也很难有带薪休假，一些养老机构的工作人员是全天制的上班，除一年有8天左右的年假外，其余均无休息，尤其是对于一些包吃住的护理员工来说，服侍老人、整理房间就是他们生活的一切。这样的作息时间安排缺乏合理性与科学性，容易导致员工的职业疲劳和倦怠。养老机构要想吸引和留住员工、提高员工的工作效率，在福利项目的设计方面，必须给予更多的投入。

（六）员工出勤管理

员工都必须遵守养老机构考勤制度，不得迟到、早退、旷工和串岗；因病请假需出示病历和病假证明；因私请假需向护理长提出申请，经批准同意并进行工作交接后，方能离开。

（七）员工行为管理

员工必须尊敬老人，视老人为亲人，不得大声喧哗，不得与老人发生争吵，不得歧视老人，不得向老人收受、索要或私拿老人钱物，不得聚众闲聊，一经发现，将严肃处理。护理人员应统一着装，挂牌上岗，定期清洗更换，保持工作服干净、整洁；工作期间不得穿高跟鞋、拖鞋和响底皮鞋。

二、养老机构入住老人管理

任何一位老人入住或者出院都必须经过一定的程序。这个程序非常重要，事关老人、托养人和养老机构权益的维护，以及养老机构的健康发展。重视出入院管理程序的养老机构都能够较好地处理与老人和托养人的关系，赢得老人和托养人的理解与支持，规避服务与经营风险，取得良好的社会经济效益。

出入院管理涉及各个部门，可以说它是养老护理管理的重要内容。其意义在于从源头上把握好服务的入口关，消除安全隐患和对出院、转院或辞世的老人做好后续服务工作，给离院老人及亲属留下一个好的印象。养老机构对老人的管理，首先应该做好老人的出入院管理工作。

（一）入院程序管理

1. 咨询

任何一位老人入住之前，老人及其亲属都会对养老机构进行一番考察，选择一所适合的养老机构，让老人安度晚年。因此，养老机构应当重视并做好考察、来访接待工作。有条件的养老机构应设置接待厅或接待室，配备接待人员。接待室应悬挂宣传展板，提供养老机构宣传小册子和入住指南或须知（包括服务宗旨、入住对象、服务设施、服务内容和收费标准）。接待人员应热情、耐心、细致、如实地解答咨询的问题。

2. 登记

老人及其家属选定一所养老机构后，要进行登记。养老机构需提供一份较详细的入住申请登记表。入住申请表中要详细填写老人及赡养人的信息。老人信息包括老人姓名、性别、出生年月、原工作单位名称、家庭住址、联系电话；赡养及担保人的信息包括亲属姓名、与老人关系、住址、单位、联系电话等内容，并提供老人单位或者社区证明、担保人的有效证件等。入院前委托人或担保人应如实通报老人健康状况、性格秉性、家庭情况、兴趣爱好等老人的基本情况。

3. 体检

每位老人入住前，都应在市级及以上的医疗机构进行健康检查，检查的内容应包括内科、外科、五官科检查，胸透检查，心电图检查，验血、验便、血糖、血脂、肝肾功能等化验，骨密度检查等项目，并将体检报告提交给养老机构。

4. 调查访问

养老机构在收到老人入住申请、单位或社区证明和健康检查报告后，应向老人所在社区或原单位等核实老人身份及家庭情况，并尽快对老人的家庭进行访问，以进一步了解老人家庭情况和生活状况等。家庭访问可以加深对老人及其家庭的了解，防止推卸责任，而且可以让老人及其家属进一步了解养老机构，打消老人对入住养老机构的顾虑。

5. 审批

每个养老机构都有自己的服务功能定位，并不是所有的老人都可以被任何一所养老机构接纳。有的养老机构只接收能生活自理的老人，有的机构专收长期患病、长期卧床、生活不能自理的老人。但是大多数养老机构不接收患有传染病、严重精神病、严重心理障碍或不适合集体生活的老人。养老机构应根据老人的实际情况和机构的具体情况，具体分析、审批，确定老人是否具有入住资格。

6. 确定护理级别

养老机构应有护理级别评估小组或评估员，通过对老人健康状况、生活自理能力和实地考察结果进行综合分析、评估，并征求老人和托养人意见后确定老人的护理等级。有的养老机构在老人试住 7～15 天后，还要进行一次评估，以确定正式的护理等级。护理等级应随着老人健康状况变化而做出及时调整。

7. 签署入住协议

养老机构应与老人和托养人签订入住服务协议（合同）。入住服务协议是一种委托服务协议，协议中应明确三方责任、权利和义务，以维护好入住老人、托养人和养老机构的合法权益，确保入住老人的生活质量以及养老机构正常工作。

入住协议应包括以下条款：

（1）三方（养老机构、老人、托养人）的姓名、住址、联系方式；

（2）三方责任和义务；

（3）违约责任；

（4）免责条款；

（5）服务内容和方式；

（6）服务收费标准及费用支付方式；

（7）服务期限；

（8）当事人三方约定的其他事项；

（9）合同变更、解除与终止的条件。

托养方与受托方联系方式发生变更时要及时通知对方，以便老人发生突发疾病、意外或生命垂危时，加强联系，共同实施救助。老年人是一个生命脆弱的特殊群体，照顾老人是一项高风险工作，明确三方的责任和义务，有助于保障老年人的生活质量，规避受托方的经营风险。

目前，我国尚无统一、规范的入住协议范本。比较突出的问题是入住协议三方或双方的"责、权、利"不够明晰，免责条款过于霸道，不具有法律效力，一旦发生意外，引发矛盾纠纷，将被法庭视为无效协议，仍然要承担相应的法律责任。因此，建议养老机构在编制入住协议时，一定要征求法律专家的意见，确保签署的入住协议具有法律效力。

8. 缴费

养老机构审批通过并签署入住协议，托养人收到入住通知书后，老人或托养人应根据协议中的条款和收费标准到机构的财务部门缴纳相关费用。大多数养老机构都要求老人入住前缴纳一定数量押金或医疗保证金，以及首次入住费用。

9. 入院

老人和托养人应持入院通知书、相关缴费凭证，携带必要的生活物品到养老机构入住，事前应通知机构入住时间。养老机构工作人员应提前做好准备并热情接待，妥善安排好老人入住。行走不便、亲属无护送能力的老人，可委托养老机构派车上门迎接。不同的养老机构对入住老人携带的生活用品有不同的要求，机构应将相关的要求提前告知老人及其亲属。

（二）入住护理管理

1. 安置

老人入住机构应做好房间的清洁，准备好相关居住生活用品，检查好房间设施的完好情况。

接到老人入住的通知后，护理长或班组长要检查老人居室、用品准备情况。老人在亲属的护送下入院后，要热情做好接待工作，使入住老人感受到机构的温馨，也使亲属放心。

2. 接待

养老机构应热情做好接待、引导和护送工作，让老人顺利入住，同时向老人及家属介绍养老机构的居住环境、基本设施和规章制度，让老人尽快熟悉环境，共同遵守养老机构的规章制度。

老人入住后，护理人员要及时查看老人入院前体检资料、入住协议书，询问老人的生活习惯、饮食习惯、健康状况、脾气性格及特殊要求等情况，观察老人的行为举止，进行健康评估，为制定护理计划、实行个性化护理奠定基础。身体状况不好的老人要及时通知医务人员查房，以便制定诊疗、护理方案，并提供诊疗、护理服务。

3. 体检

对新入住老人，特别是患有急慢性疾病、有功能障碍以及高龄老人进行专项体检。检查的内容包括询问病史、体格检查和必要的化验以及其他特殊的检查。无条件的养老机构可不做专项体检，但应该认真阅读老人提交的体检报告，以了解老人的健康状况，指导护理工作。

4. 评估

综合老人入院前的健康检查和入院后的专项体检，对老人的健康状况进行整体评估，按照一定的评估标准进行详细评估（参见【案例 4.1】所示的评估标准）。根据评估结果为老人建立健康档案或病历，以便制定初步的诊断、治疗、护理和康复计划。首次入院的老人应作为重点护理观察对象，应制定"7 天跟进护理制度"，即在首次入院 7 天内每天观察老人的生活、心理、护理、健康状况，并填写 7 天跟进护理记录。

【案例 4.1】北京市老年人自理能力评估标准

根据老年人身体自理能力和日常生活能力情况开展评估，评估结果分为三个等级：不能自理（高度依赖），得分 41 分以上；半自理（中度依赖），得分 11~40 分；自理（轻度依赖和正常），得分 1~10 分。具体评估指标如下：

一级指标	二级指标	评估标准
1. 身体自理能力	1.1 进食	1. 在合理时间内，独立使用餐具将食物送入口中、咀嚼、吞咽。（0 分） 2. 需要别人协助，如切碎、搅拌等或只能使用汤匙进食。（3 分） 3. 自己取食困难，完全需要别人帮助或耗费时间过长。（5 分）
	1.2 个人卫生	1. 能独立完成洗头、洗脸、洗手、刷牙、梳头、剃须等个人卫生活动。（0 分） 2. 需要部分协助或只能完成部分活动。（3 分） 3. 完全需要帮助（7）
	1.3 洗澡	1. 能够独立洗澡。（0 分） 2. 需要部分协助。（3 分） 3. 完全需要帮助。（7 分）
	1.4 穿脱衣裤	1. 能独立完成穿脱衣裤鞋袜。（0 分） 2. 在别人的协助下，能完成一半以上的动作。（3 分） 3. 完全需要帮助。（5 分）
	1.5 如厕及大小便	1. 能独立完成如厕，大小便自我控制。（0 分） 2. 基本上能自行如厕和使用便盆，偶尔失禁（每周不超过一次）。（1 分） 3. 大小便能自我控制，需要别人协助才能如厕或使用便盆。（3 分） 4. 经常失禁，需要别人协助才能如厕或使用便盆。（5 分） 5. 完全失禁，完全需要别人帮助。（10 分）

续表

一级指标	二级指标	评估标准
	1.6 移动	1. 能独立完成站立、床椅转移、行走（45米以上）、上下楼梯等。（0分） 2. 需要轻扶或口头指导等轻微协助。（1分） 3. 需要用力协助才能站立、转移、行走，不能上下楼梯。（5分） 4. 卧床不起，完全需要帮助才能移动。（10分）
2. 日常生活能力	2.1 使用电话	1. 独立使用电话，包括查电话簿、拨号等。（0分） 2. 仅能拨熟悉的电话号码。（1分） 3. 仅会接电话，不会拨电话。（2分） 4. 完全不会使用电话或不适用。（3分）
	2.2 外出购物	1. 独立完成所有购物需求。（0分） 2. 独立购买日常生活用品。（1分） 3. 每次外出购物都需要有人陪。（2分） 4. 完全不会外出购物。（3分）
	2.3 烹饪	1. 能独立计划、烹煮和摆设一顿适当的饭菜。（0分） 2. 如果提供材料，能独立烹饪。（1分） 3. 能将已经做好的饭菜加热。（2分） 4. 完全需要别人帮助。（3分）
	2.4 料理家务	1. 能做较繁重的家务或偶尔需要协助，如搬动家具、擦地板、擦窗户等。（0分） 2. 只能做较简单的家务，如洗碗、铺床、叠被等。（1分） 3. 能做较简单的家务，但达不到可接受的整洁程度。（2分） 4. 完全需要别人帮助。（3分）
	2.5 洗衣服	1. 能自己清洗所有衣物。（0分） 2. 自己只能清洗小件衣物。（1分） 3. 完全不能自己清洗衣物。（2分）
	2.6 外出	1. 能独立搭乘公交、出租车或自己开车、骑车外出。（0分） 2. 能独立搭乘出租车外出，但不便搭乘公交外出。（1分） 3. 外出需要别人陪同协助。（2分） 4. 完全不能外出。（3分）
	2.7 服用药物	1. 能按照医嘱在正确时间正确服用药物。（0分） 2. 需要提醒或少许协助。（1分） 3. 如果别人事先准备好药物，能自行服用。（2分） 4. 不能自己服用药物。（3分）
	2.8 处理财务	1. 能独立处理财务。（0分） 2. 只能处理日常生活用品的购买。（1分） 3. 完全不能处理财务。（2分）

5. 试住期间的观察与记录

新入住的老人对生活环境、工作人员和同住的老人不熟悉，工作人员要主动、热情介绍，帮助老人尽快适应新的生活环境，同时应加强对新入住老人的巡视，多与老人交谈，加深对老人的了解。工作人员对新入住的老人必须进行首日交班，必须认真填写"7 天跟进护理记录"或试住观察记录，试住期结束后，还要对老人是否合适居住和护理等级进行评估，以决定老人是否继续入住和护理等级是否合适。如发现老人病情严重，心理精神行为异常，不适合在本院居住，应向主管院领导汇报，及时通知老人的亲属，尽快转院或接送回家。

6. 心理调适

初次入住的老人对新环境、新邻居和服务人员陌生，容易产生不适应以及无助感和孤独感，医生和护理人员应主动热情地与老人交谈，及时给予帮助，打消其顾虑。

7. 去世老人的善后处理

正常或因病去世的老人，院方应协助亲属料理遗体，如协助更衣、整理遗容、包裹遗体，填好三张"遗体识别卡"。

养老机构医务人员应为去世老人开具死亡证明，做好死亡记录。护理人员应协助亲属整理遗物，结清账目，等待殡仪馆接送遗体。

意外死亡的老人，如果涉及刑事案件，应保护好现场，待公安机关勘察完现场后，再移动遗体，料理后事。

（三）出院程序管理

入住老人可能出于种种原因而要求出院。此时，如无特殊原因应同意老人出院或转院。工作人员应及时书写出院记录，协助老人及亲属整理物品，办理结账手续。出院、转院的老人应在当日的交接班日志上有记录，注明出院的时间、原因、护送人及入院时老人的身体状况。

第四节　养老机构安全与事故管理

所谓安全就是指平安、无危险、不受威胁、不出事故。养老机构的安全贯穿于养老服务活动的各个环节，包括饮食安全、住宿安全、交通安全、医疗安全、娱乐安全等。养老机构的服务对象是老人，他们是疾病的高发人群，自理能力差，反应速度慢，遇到险境很难依靠自己脱险。同时养老机构又是一个特殊的服务场所，具有设施设备多、人员密度大、安全隐患多等特点，一旦发生火灾、地震、触电、传染病、走失等事故，将会造成较严重的人员伤亡和经济损失。随着社会老龄化的加剧，入住养老机构的老年人数量将会逐年增加，随之而来的各类意外事故和纠纷也将会不断发生，这将会严重影响养老机构的服务质量。所以养老机构的安全管理工作至关重要，管理人员必须了解养老机构的常见事故，具备安全责任意识，了解安全管理工作的内容和原则，建立健全安全管理制度，全面开展安全管理措施。

一、养老机构常见的事故类型

养老机构常见的事故可以分为自然灾害、公共安全事故、医疗事故、日常护理事故等。

（一）自然灾害

自然灾害是指由于自然异常变化造成的人员伤亡、财产损失、社会失稳、资源破坏等现象或一系列事件，包括气象灾害、洪水、地震、泥石流、海啸等。尤其是自然环境遭到破坏的地区，养老机构面临的气象灾害更加频繁和严重。

（二）社会安全事故

社会安全事故主要包括火灾、重大交通事故、恐怖袭击、暴力侵害、抢劫等。养老机构往往地处生活区域，人员较多且杂。因为养老机构不是一个封闭的场所，每天会有很多人出入养老机构，比如老人的访友、外出就诊，家属的探访，领导的视察，学生的参观，志愿者的服务等，涉及的人员结构复杂、流动频繁，给养老机构带来的安全隐患较多。

（三）医疗事故

老年人是疾病高发人群，他们的身体虚弱，免疫能力较低，容易感染疾病，所以大部分养老机构为入住的老人提供医疗服务。提供医疗服务的过程中可能发生的事故有手术失误、输血输液差错、错误用药、过量用药、误诊等。医疗事故一旦发生，有可能危及老人的生命安全。

（四）伤害事故

在日常生活中老人的自理能力较差，在上下台阶、吃饭、洗澡、如厕时容易发生危险，所以养老机构要特别重视日常的安全管理。

养老机构伤害事故是指在养老机构实施的活动中，在养老机构负有管理责任的院舍、场地及其他养老设施、生活设施内发生的，造成老人人身伤害后果的事故。一般构成养老机构伤害事故必须具备五个要件：一是受害方必须是在养老机构的老人；二是必须有导致养老人员伤害事故的行为；三是导致伤害结果的原因可能是管理人员或护理人员的行为，也可能是养老人员自身及其他养老人员的行为；四是必须有伤害结果发生，导致伤、残，甚至死亡，也包括精神上的伤害；五是伤害行为或结果必须发生在养老机构对老人负有管理、护理等职责期间和地域范围内。

养老机构伤害事故具有发生频率高、种类多样、事故责任难以认定等特点。目前养老机构内经常发生的伤害事故大致有骨折、走失、摔伤、烫伤、自杀、自伤、他伤、噎食、猝死等九类，其中最为普遍的意外伤害事故是骨折。据统计，养老机构中跌倒、骨折占到伤害事故的70%~80%。欺负、虐待、谩骂等侵犯老人权益的行为也可能导致事故，且较容易引发矛盾和纠纷。

养老机构伤害事故的多发与老人生理性衰老和病理性衰老有关，但更重要的是与养老机构员工缺乏责任意识、安全意识，服务不规范、不及时、不到位以及养老机构疏于管理也有密切关联。有些伤害事故是由于养老机构工作人员玩忽职守、违反规章制度、一时疏忽大意等原因造成的，如清扫老人房间或楼道后，没能及时将地面积水擦干，也没有及时提醒老人，造成老人摔伤。

养老机构的安全管理工作主要由养老机构的安全委员会负责，同时也需要全体员工的参与，树立养老机构的安全事关全体员工的理念，坚持"群防群治"的原则，制定养老机构安全奖惩条例，检查养老机构安全状况。

二、影响入住老人安全的因素

影响入住老人安全的因素较复杂，包括内在因素和外在因素。

（一）内在因素

内在因素可以分为入住老人自身因素和养老机构的内在因素。

1. 老人自身因素

（1）生理因素

据统计，入住养老机构的老人平均年龄在75岁以上，不可避免地存在着组织器官机能衰退，并且这种衰退还将随着年龄增长而不断恶化，成为影响老年人晚年生活安全的最大因素。

老人的视力、听力、嗅觉、皮肤感知能力降低，体力、耐力、平衡能力、反应力减退，使得老人维持身体平衡、规避风险的能力显著降低，从而成为引发意外伤害事件的高危人群。许多老人跌倒、烫伤、骨折等意外伤害都与老年人肢体、脏器功能衰退有关。

（2）疾病因素

入住养老机构的老人多半有各种类型的急慢性疾病。疾病加速了生理性衰老，使老人肢体和脏器功能每况愈下，更增加了晚年生活的不安全因素，使疾病发作、意外伤害事件发生的概率剧增。例如，患有糖尿病的老人突发低血糖昏厥、摔倒，患有高血压的老人体位突然改变而引发的体位性低血压摔倒，并引发骨折、中风等。

认识到影响老年人安全的生理、疾病因素后，要求养老机构的工作人员应当对入住老人倍加呵护，多观察、多提醒、多搀扶，以防意外发生。

（3）心理因素

入住养老机构的老人，由于长期远离社会，心胸变得狭窄，心理十分脆弱，容易想不开、产生偏激，这些也为养老机构入住安全留下隐患，甚至引发恶性事件。例如，入住老人在日常交往、交谈或下棋、打牌过程中，容易为小事或输赢发生争执，轻者不欢而散，留下心理不快，重者可发生肢体冲突，大打出手，造成伤害，这类事件在养老机构并非少见。此外，家庭矛盾、赡养经济纠纷和遗产分配纠纷也常常触发老人意外伤害事件发生。例如，某老人与前来看望的女儿因为抚养费问题而发生争执，女儿离开时也未告诉护理人员（在此之前，女儿每次探访离开时都会告知护理人员）。其走后不久，老人即从二楼翻窗跳下，造成腿部骨折。再者，极度孤独寂寞的老人，或缺乏亲情关爱和精神慰藉的老人，也极易产生轻生的念头，甚至引发恶性事件。

2. 养老机构的内在因素

（1）硬件设施因素

由于养老机构硬件设施不完善、不规范、不配套，而给入住老人留下安全隐患。例如，地面没有经过防滑处理，房门设有门槛，走廊、厕所等处没有安装护栏，室内采光过暗，该有灯的地方没灯，该有铃的地方没铃，不安全的地方没有安全措施和警示标志等，都为老人居住生活留下安全隐患。

（2）工作人员素质因素

目前我国部分养老机构养老护理人员是没有经过专业培训的下岗失业人员，不具备上岗服务资格与条件，他们除了能从事洗衣、做饭等一些基本照料外，对老年人身体、心理变化以及疾病护理知识相对缺乏，更缺乏安全防范意识。这样的员工素质必然增加了意外伤害事件发生的概率。

（3）管理因素

加强管理可以在一定程度上弥补硬件设施上的缺陷和员工素质上的不足，而疏于管理，即使硬件设施再好也会发生意外伤害事件。管理上的漏洞主要表现在制度不健全，管理不到位，不能保障老人的入住安全。例如，发生在某养老机构的痴呆老人坠楼纠纷案即充分暴露出管理上的漏洞。一位78岁的老人与94岁的丈夫一起入住养老机构，由一位养老机构护理员24小时监护。进院后的一个下午，老人从二楼平台坠下，送医院抢救不治身亡。该二楼平台当时没有上锁，平台上面有高压电线，而且多处没有栏杆，交错的电线伸手可及，栏杆呈半包围状，老人就是从无栏杆处坠下去的。养老机构把不该开放的没有安全保障的平台开放了，管理上也存在着漏洞。再如，某养老机构的几位老人出现不同程度的腹泻现象，经过检查发现早餐食物中混有变质食品。后进一步调查发现该养老机构的食堂承包给了个人，承包人为追逐利益，在食品采购和保管中均存在不少问题。养老机构没有加强对食堂的监管，存在着明显的过失。此外，相当多的养老机构没有与老人及亲属签署入住协议，即使签订了入住协议，也是没有明确双方的责、权、利关系，没有充分考虑到可能存在的安全问题，没有免责条款。因此，发生入住意外事故时就显得十分被动。再则，养老机构缺乏安全隐患检查、识别机制，意外发生前无防范，意外发生后的应急措施也跟不上，无急救措施记录，这些都为入住老人意外引发的纠纷留下了祸根。

（二）外在因素

养老服务市场竞争激烈，养老机构受到的监督也在不断加大，再加上一些媒体炒作和极少数人的不良动机，使得一些本来属于意外或正常死亡的事件，演变成养老机构的责任事故，使一些本来简单的问题变得复杂化。

三、养老机构安全管理的措施

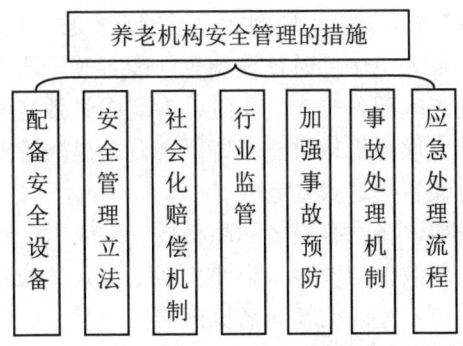

图4-9　养老机构安全管理的措施

（一）养老机构安全防范设备的配置

科学技术的不断发展给现代养老机构安全管理带来了新的管理技术。养老机构可以根据老人的特点，安装专业的呼叫器、电话短路求救（养老机构内安装总机，若个别老人的分机出现异常，则会自动发出报警信号）等现代化的安全管理设备。目前常见的安全管理设备有如下几大系统。

1. 电视监控系统

电视监控系统主要由摄像机、手动图像切换、电视屏幕等组成，一般安装在养老机构出入口、电梯内、楼房通道等地方，用于发现老年人日常生活中出现的突发情况和可疑人员或不正常现象，以便及时采取措施。

2. 安全报警系统

在养老机构的消防通道、门卫、财务部等重要位置安装报警系统，以防止盗窃、抢劫、爆炸等事故的发生。在设有煤炉、燃气炉等设备的房间内，应该安装有害气体报警器，防止老人中毒。

3. 自动灭火系统

自动灭火系统由多种火灾报警器、灭火器、防火门、消防泵、正风送风机等组成，是养老机构安全必备的设施。由于老人行动不便，一旦发生火灾，逃生的可能性较小。利用这些防火设备能够阻断或减轻火情，给老人逃生赢得更多的时间。

4. 通信联络系统

通信联络系统是指以安全监控中心为指挥枢纽，通过呼唤机等无线电话通信器材而形成的联络网络，使养老机构的安全工作具有快速的反应能力。

5. 电子门锁系统

电子门锁系统对养老机构的安全管理起到很好的作用。为加强对盗窃团伙的防范，目前的电子门锁系统已进步到在电子锁上安装自动破坏解码器的装置，当犯罪分子将解码器插入电子锁时，该装置就能将解码器毁坏并报警。有条件的养老机构还可以为老人配备防走失系统，为老人佩戴定位设备，在老人未经登记批准程序离开养老服务机构时，报警器会自动提醒管理人员。在老人走失后，也可以借助定位装置快速找到老人。

随着高科技的发展，将会有更多的高科技成果应用在养老服务机构的安全管理上。这些硬件设施改善的同时，也要加强工作人员的防范意识，使得"硬件"和"软件"同时抓，才能构筑养老机构的安全平台。

（二）加快养老机构安全管理的立法

目前，我国对养老机构的事故处理尚无专门的法律法规作指导。老人入住养老机构时签订的入住协议中，应明确规定相关的事故应对和赔偿办法，制定专门的"养老机构事故处理条例"，条例中明确规定养老机构事故的定义、类型、处理原则、处理流程、鉴定标准以及养老机构、入住老人、监护人、家属、送养人、政府主管部门等相关主体的法律责任和赔偿要求、赔偿方式、赔偿标准等，建立起公开、公正、公平的事故定性与处理的法定程序，对事故的鉴定、赔偿、诉讼做出全面的法律规定。

（三）建立事故赔偿的社会化机制

养老机构事故的赔偿要借助社会化机制解决。第一，建立养老机构伤害事故赔付基金，用于养老机构事故的责任赔付，基金可以通过财政、福利彩票公益金、社会募捐、养老机构出资等方式解决；第二，尝试鼓励入住老人参加养老机构意外伤害保险,解决困扰和妨碍养老人意外伤害事故处理的赔偿金问题;第三,民政部门或行业协会组织为其责任投保,组织辖区内养老机构参加保险。

养老机构意外伤害保险属于商业保险的范畴,是一种利用商业保险运行模式,分担养老机构意外伤害事件经济赔偿责任的险种。由于该险种保险风险大,商业利润不高,国内尚无成功案例,多数保险公司持观望态度。

目前,仅有天津和上海等少数城市试行了养老机构意外伤害保险,安徽等省市也在积极筹划养老机构意外伤害保险。以下将以上海试行的养老机构意外伤害保险为例,介绍养老机构意外伤害保险的做法。

【案例4.2】上海养老机构意外伤害保险

2007年上海部分地区开始试行养老机构的意外伤害保险,保险制度主要内容如下。

参保原则。政府引导、自愿参保的原则。目前,上海市浦东新区已有58所养老机构自愿加入了养老机构意外伤害保险,占该区养老机构总数的91%。

保险范围。除保险监督局免赔规定以外,只要是在养老机构内发生的意外伤害事件且涉及费用支出的,全部纳入理赔范围。赔付内容涉及意外医疗保险金、意外残疾保险金、意外死亡保险金、就医交通费保险金、残疾用具费保险金、丧葬费保险金等。

保费标准。单床每年180元。目前保险费用统一由保险机构按年度一次性支付,入住老人及政府暂未分担保费。

赔偿金额。最高赔付金为75400元。

理赔程序。按照投保养老机构与商业保险签署的保险服务条款执行,一般包括:第一,意外伤害事件报告,一般要求在24小时内报告保险公司;第二,保险公司勘验、调查、取证;第三,保险公司分析、评估、理赔。

投保效果。从2007年开始累计接到报案10起,理赔10起,其中摔跤造成股骨颈骨骨折事件占80%以上。全部案件无一拒赔现象,老人与报案机构对理赔的实效性和赔款的充足性均满意,表明该险种运转正常。意外伤害事件保险为养老机构的可持续发展系上了安全带。

上海市将在总结浦东新区试点经验的基础上,逐步向全市推广,并且着力建立与其相应的行业标准与规范;建立政府、养老机构和入住老人意外伤害事件保险费用的分摊机制,为该险种建立长效运行机制。

需要特别指出的是,养老机构参加意外伤害保险并不意味着养老机构从此就可以放松安全意识和防范措施。相反,应在保险公司配合、督促下,更进一步做好意外伤害事件的防范工作。此外,尽管意外伤害事件所造成的经济损失可由保险承担,但是仍然需要对每一起意外伤害事件进行调查、分析,明确责任,吸取教训,对责任人一定要严肃处理,情节严重者将移送司法部门制裁,决不能姑息迁就。

(四)加强行业监管

政府对养老机构监管力度不够也是养老机构事故日益频发的重要原因。需要政府做到:第一,研究制定养老机构行业服务规范和质量标准,使老年人伤害事故有认定的依据;第二,实施统一的行业准入制度,政府应把养老机构纳入行政许可范围,建立起养老机构法制化资格审定制度;第三,设定行业最低准入标准,从而加强养老机构行业入口的控制;第四,严格监控行业运营,修订完善管理法律法规,加强对养老机构运营的监控,使行业发展成为平衡上升的进程;第五,加强行业服务监控,建立一套有效的监控体系。

(五)强化事故预防

对于养老机构来说,为老人提供良好的服务就是最有力的自我保护和事故预防措施。因此,要加强管理,建立、健全事故的预防机制。

1. 贯彻和落实政府相关规定和标准

严格执行民政部和地方政府颁布的相关规定和标准,努力提高护理人员的技术水平和护理质量,加强护理工作流程的管理,健全老人入住管理制度、护理登记评定制度、健康管理制度、员工管理制度、岗位职责及服务规范和操作标准等养老机构的各项规章制度,确保消防、食品、医疗服务、环境设施等各类安全措施的落实。任何一个服务环节、过程管理缺失或疏于管理,都有可能为入住老人日后的安全埋下隐患。此外,好的制度需要认真贯彻,需要加强监督,否则再好的制度只能是一种装饰、摆设,不能发挥应有的作用。

2. 强化老人和家属的沟通与联系

强化老人和其亲属子女的宣传、沟通与思想交流,增强亲和力,对老人在养老机构内极易发生的事故应先告知,耐心解释,以得到社会、亲属和老人对老年服务工作的理解和体谅,理性地看待伤害事故的风险,营造健康的舆论氛围与和睦的休养环境。

3. 认真执行养老机构的设计和施工标准

在新建、改建和扩建中严格执行养老机构的设计和施工规定及标准,要充分考虑老年人的生理特点及其对设施、设备和场地的特殊要求,并且定期检查,消除隐患,最大程度地减少事故的发生。

4. 增强全员的法律意识、安全意识和自我保护意识

增强全员的法律意识、安全意识和自我保护意识,加强对管理人员和广大护理人员的法律法规及业务的培训,规范护理环节的书写记录。加强安全教育和宣传,提高防范意识,针对发现的安全隐患和苗头,认真分析原因,总结经

验和教训。制定详细合理的协议书,对老人及家庭的个案情况,在协商一致的基础上,补订相应的条款,作为协议的附件,以减少纠纷的发生。

(六)建立事故处理良性机制

1. 建立应急措施

首先,一旦养老机构发生老人伤害事故,要采取积极的处置措施。

(1)养老机构发生事故后立即启动应急预案;

(2)第一时间向主管部门报告情况,并做好稳定工作;

(3)及时成立事故调查小组,确定专人组织调查,保留第一手资料(原始记录),保护现场或保留物样,不得擅自为事故定性,并写出事故报告;

(4)召开老人及相关人员会议,通报事件经过,并进行安全再教育,稳定老人情绪,做好事故后稳定和秩序维护工作;

(5)养老机构工作人员必须坚守各自岗位,未经允许,不得擅自发布误导信息,共同做好维护稳定工作;

(6)认真分析事故发生的原因、责任以及所产生的后果,对照目前养老机构的基本情况,进行必要的整改,避免类似事件的再次发生。

2. 事故发生后做好家属工作

事故发生后,养老机构要做好家属的来访接待工作,与受害人及家人要妥善协调。养老机构要以科学的态度,及时认真地做好事故调查与调解工作,做到坚持原则,不徇私情,不护短,不息事宁人。要牢固树立服务思想,冷静、耐心、细致地与老人家属进行沟通,避免受害人家属过激行为的发生,避免矛盾激化。

3. 学会依法维权

(1)依法进行责任认定

养老机构要依法对伤害事故的责任进行认定,分别明确养老机构的责任,如果确认养老机构由于自身过错而必须承担法律责任,养老机构应正确对待,绝不回避,更不能逃避责任。养老机构是否承担赔偿责任,主要看其是否有过错。如果养老机构已履行了相应职责,行为并无不当的,就不应该承担法律责任。以下情况养老机构将不承担法律责任:

①地震、雷击、台风、洪水等不可抗力造成的;

②来自养老机构外部的突发性、偶发性侵害造成的;

③入住老人有特异体质、特定疾病或者异常心理状态,养老机构不知道或者难以知道的;

④入住老人入住时隐瞒特定疾病的;

⑤入住老人的身体状况、行为、情绪等有异常情况,养老机构已经告知其

亲属的；

⑥入住老人的亲属在接送其途中发生意外伤害的；

⑦入住老人自行外出发生意外伤害的；

⑧入住老人之间发生的伤害等。

这些在养老机构管理职责范围外发生的或者其他意外因素造成的伤害，养老机构就不应该承担责任。

（2）依法进行赔偿

需要养老机构承担责任的事故，在赔偿问题上，养老机构要注意依法进行：赔偿费用应是法定范围之内的、必要的、合理的，与救治伤害事故无关或其他不合理的费用，养老机构有权拒绝赔偿。在赔偿处理中，受害人可能会提出一些无法律依据或不合情理的要求。这就要根据责任大小适当予以经济赔偿；赔偿应充分考虑机构的性质及可能带来的社会影响。

4. 做好新闻媒体接待工作

要注意谨慎接受媒体采访，派专人接待新闻记者，对其介入持积极肯定的态度，做到实事求是，出言谨慎，坦诚地与新闻媒介沟通，避免不实报道。

5. 建立常见事故处理预案和应急处理流程

对经常发生的事故制定应对措施，建立事故处理预案。主要包括：最快时间赶到老人所在现场进行救护和保护，避免老人受到二次伤害；立即通知医护人员等赶赴现场，视情况紧急处理；尽快通知老人家属；若情况危急，速打急救电话；及时对事故进行分析，总结事故原因，及时改进应对措施，避免类似事件的再次发生。

（1）老人发生跌倒骨折时，机构的处理流程（见图4-10）。

（2）入住老人发生走失下落不明的情况，紧急处理方法和流程（见图4-11）。

（3）发生流感感染症等传染病时，养老机构的紧急处理办法和流程（见图4-12）。

（4）发生火灾时，养老机构的紧急处理办法和流程（见图4-13）。

最后，事故处理结束后要及时报告。养老机构应将事故调查处理的结果书面报告给地方民政部门，重大伤亡事故的调查处理结果，还应向同级人民政府和上一级民政部门报告。

第四章　养老机构的管理 ·131·

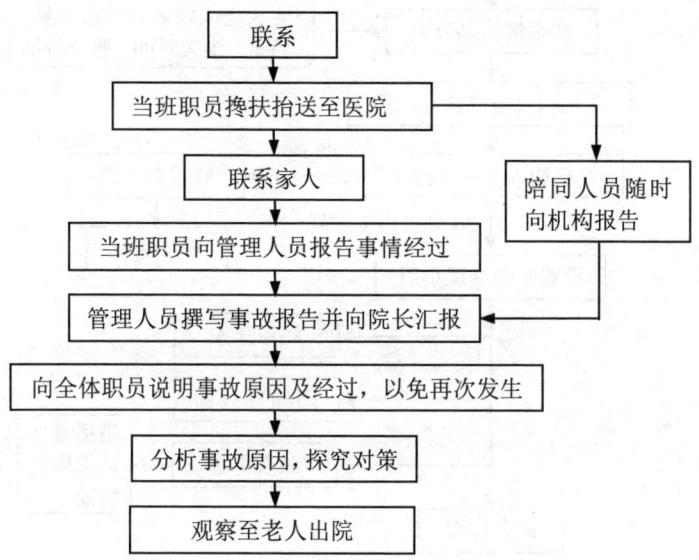

图 4-10　老人发生跌倒骨折的紧急处理流程

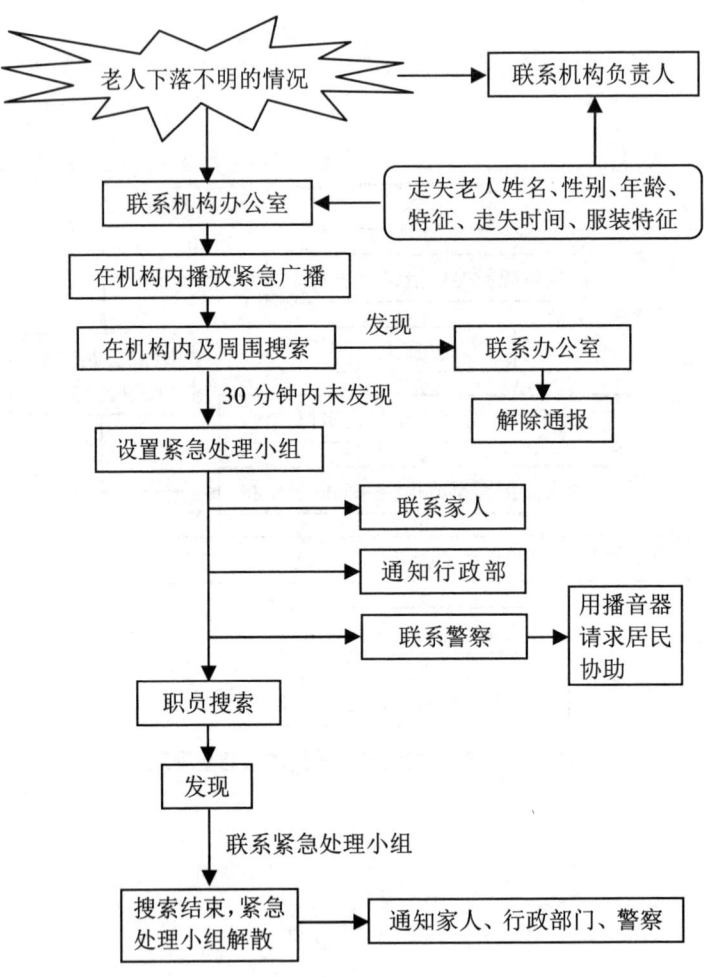

图 4-11　老人发生走失下落不明的紧急处理流程

第四章　养老机构的管理

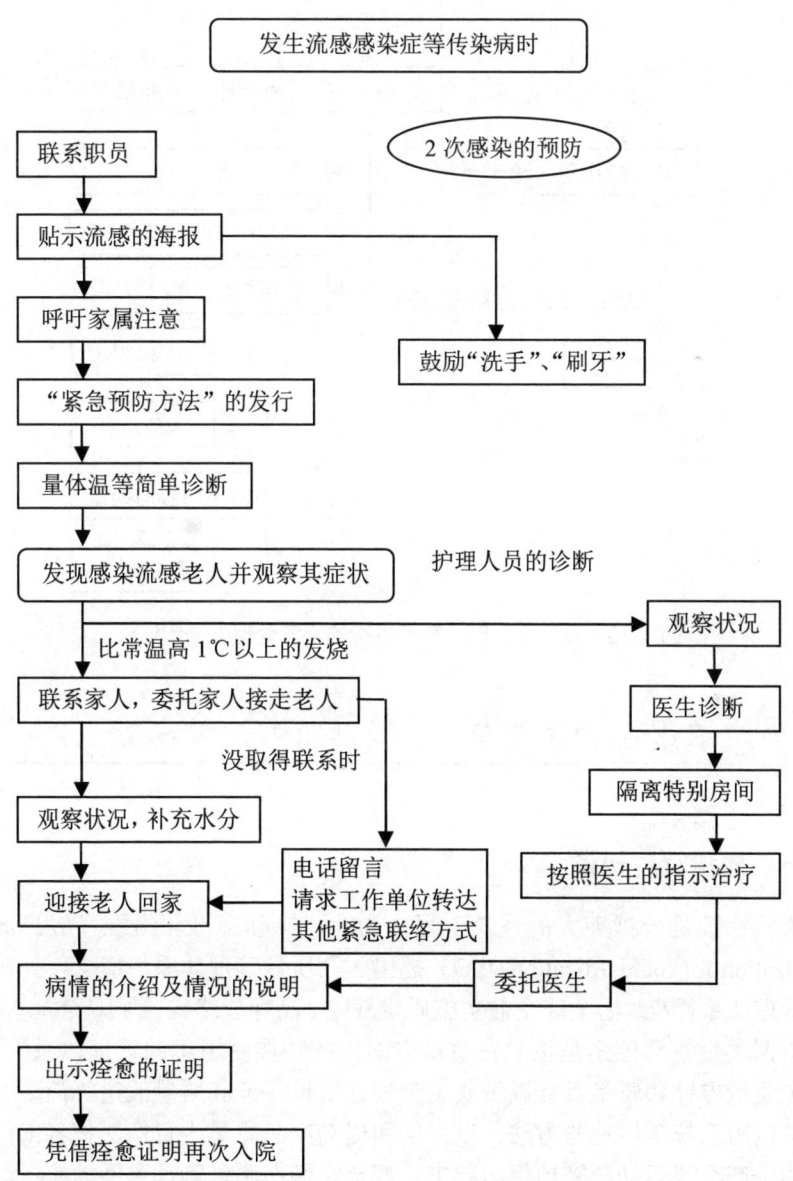

图 4-12　发生流感感染症等传染病时，养老机构的紧急处理办法和流程

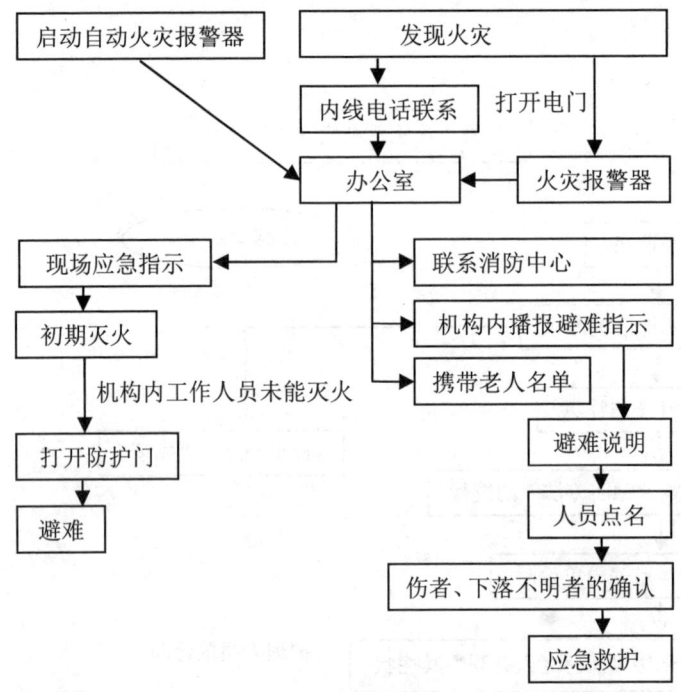

图 4-13 发生火灾时，养老机构的紧急处理办法和流程

第五节 养老机构质量管理

一、质量管理概述

质量管理是一项庞大的系统工程，为此，国际标准化组织（International Organization for Sandardization, ISO）提出了"质量管理体系"概念，并制定了质量管理体系标准，为全球企业实施质量战略、品牌战略构筑了一个基本框架。

所谓质量管理体系是指"在质量方面指挥和控制组织的管理体系"。它包括制定质量方针和质量目标以及质量策划、质量保证和质量改进等活动。这个体系是运用系统学原理与方法，以保证和提高产品质量为目标，把各部门、各环节的生产经营活动严密地组织起来，规定它们在质量管理方面的职责、任务和权限，并建立统一协调这些活动的组织机构，在企业内形成一个完整的质量管理工作系统。目前，该标准已在包括中国在内的 150 多个国家和地区推广。凡通过 ISO 9000 族认证的组织，均表明该组织对其产品质量已经做出了庄严承诺，所提供的产品质量有保障，将得到各国的承认或认可。

目前，北京、上海、天津、江苏、浙江和广东等经济较发达地区的国办社会福利机构都在积极推行 ISO 9000 族质量标准体系认证工作，所产生的效果是积极和显著的。通过 ISO 9000 族质量标准体系认证，帮助养老机构建立了一套完整的被国际认可的质量管理体系，使其部门与岗位职责更加清晰，经营管理更加规范，服务质量得到全面提升。同时，也帮助其打造品牌，树立良好的社会形象，从而利用非价格因素提高了机构在业内的竞争力。

二、质量管理原则

国际标准化组织为了奠定 ISO 9000 族标准的理论基础，使之更有效地指导组织实施质量管理，从 1995 年开始成立了一个工作组（ISO/TC 176），吸纳了一批国际上的质量管理专家，用了两年时间，整理并编撰了八项质量管理原则，其主要目的是帮助管理者提高管理水平。同时，ISO/TC176 将质量管理原则系统地应用于 ISO 9000 族标准，其内涵更加丰富，从而可以更有力地支持质量管理活动。

质量管理原则是用高度概括同时又易于理解的语言，对质量管理原则做清晰的表述。它是质量管理最基本、最通用的一般性规律，适用于所有类型的产品和组织，是质量管理的理论基础，当然也是组织领导者有效实施质量管理工作必须遵循的原则，作为管理者必须认真学习、理解。质量管理原则分别如下。

（一）以顾客为核心的原则

养老机构依存于老年人及其家属，不能忽视老人亲属的作用，在某种程度上，老人的亲属左右着老人的入住。因此，机构应当理解老人及家属当前和未来的需求，满足老人及家属的要求并争取超越顾客期望。任何机构均要提供满足老人要求和期望的产品。因此，任何一个机构均要始终关注老人，把理解和满足老人的要求作为首要工作考虑，并以此安排机构所有的活动。老人及家属的要求是不断变化的，以老人为例，随着受教育程度的提升和个人收入的增加，老年人的生活水平、需求与期望也会随之发生变化。应当按照马斯洛提出的人类"需求层次论"，不断地识别、理解并提供超越老人期望的服务，这样才能提高老人的满意度和改进其忠诚度。

（二）发挥领导者作用的原则

领导者应当考虑所有相关方面的需求和期望，为本机构的未来描绘清晰的远景，确定富有挑战性的目标。为此，领导者应主持制定机构质量方针与质量目标、规定职责、建立体系、实现策划、控制和改进等活动，努力使质量管理活动与组织的宗旨协调一致，充分调动员工的积极性，发挥员工的主观能动性。

就养老机构而言,"领导作用"除了体现在制定大政方针、规章制度、管理规范和构建管理体系外,领导者还应身先士卒,率先垂范,经常深入基层参与服务、检查与指导,用其真诚的态度、精湛的服务去感动老人、影响员工。

(三)全员参与的原则

人是管理活动的主体,也是管理活动的客体。人的素质全面提高和发展,既是有效管理的基本前提,也是有效管理应达到的效果之一。机构的质量管理是通过组织内部全体员工参与服务提供的全过程来实施的。过程的有效性取决于各级人员的意识、能力和主动精神。

目前,我国养老机构全员参与质量管理的积极性不高。究其原因,其一是员工素质普遍不高。北京市2002年的一项调查显示,全市养老机构55%的工作人员学历在初中及以下,33%具有高中学历,12%具有大专以上学历。在养老机构院级领导中,本科学历仅占3.4%,大专学历为34.5%,高中和中专学历为48.2%,初中学历为13.8%。这样的员工素质较难达成全员参与质量管理的共识。其二是社会地位低、待遇差。养老机构的主要员工是养老护理人员,他们绝大多数是以临时聘用的"护工"身份出现,社会地位低,工作时间长,既脏又累,待遇差,缺乏保障,因而流动性大。这部分员工心目中更多的是雇佣思想,要做好服务,参与质量管理,还需要养老机构给予他们更多的理解和人文关怀,并且逐步改善他们的福利待遇,使他们感受到组织的温暖,激发他们的工作热情和参与质量管理的意识。

(四)过程方法的原则

养老机构所提供的养老服务是一个庞大的系统,它是由大大小小许多过程(或环节)所构成,包括入院过程、出院过程、日常生活照料过程、医疗服务过程、膳食服务过程和后勤服务等过程。即使是"入院过程"也可以细分为咨询、登记、预约床位、体检、家庭访问、审批、签署协议、护理等级评估、试住和正式入住等过程。任何一个过程或环节管理和服务不到位或衔接不好都有可能造成服务上的差错或留下安全的隐患,甚至造成入住老人和养老机构的损失。

作为养老机构的管理者,为使机构有效运行,必须识别和管理众多相互关联的过程。系统地识别和管理机构所应用的过程,特别是这些过程之间的相互衔接作用与接口,可称之为"过程方法"。

采用过程方法的好处在于它是每个过程考虑其具体的要求,所以资源的投入、配置、管理方式和要求以及测量方式和改进活动都能有机地结合并做出恰当的考虑和安排,从而可以有效地使用资源、降低成本。

(五)持续改善原则

持续改善总体业绩应当是机构追求的永恒目标。

人们对过程结果的要求也在不断地变化和提高。例如，入住老人对生活照料服务质量的要求，将随着社会的发展、入住老人的文化素质与生活水平的提高而不断提升。因此，养老机构的管理者应建立一种适应机制，及时识别，积极应付，以适应入住老人不断提升的需求变化，这样才能吸引和留住老人，提高养老机构的竞争力，让老人及其亲属和社会满意。这种机制就是持续改善。机构的存在就决定了这种需求和持续改进的存在，以后持续改善是一个永恒的目标。

持续改善是增强满足要求的能力循环活动。持续改善的对象可以是质量管理体系、过程、产品等。持续改善可作为过程进行管理。在对该过程的管理活动中应重点关注改进的目标及改进的有效性和效率。

以养老机构为例，养老机构每一个过程，都可以按照PDCA的方法处置，其持续改善流程可以用图4-14表示。

P（Plan）计划：包括方针和目标的确定以及活动计划的制定；

D（Do）执行：执行就是具体运作，实现计划中的内容；

C（Check）检查：就是要总结执行计划的结果，分清哪些对了，哪些错了，明确效果，找出问题；

A（Action）处理：对检查的结果进行处理，认可或否定。成功的经验要加以肯定，或者模式化或者标准化以适当推广；失败的教训要加以总结，以免重现，这一轮未解决的问题放到下一个PDCA循环。

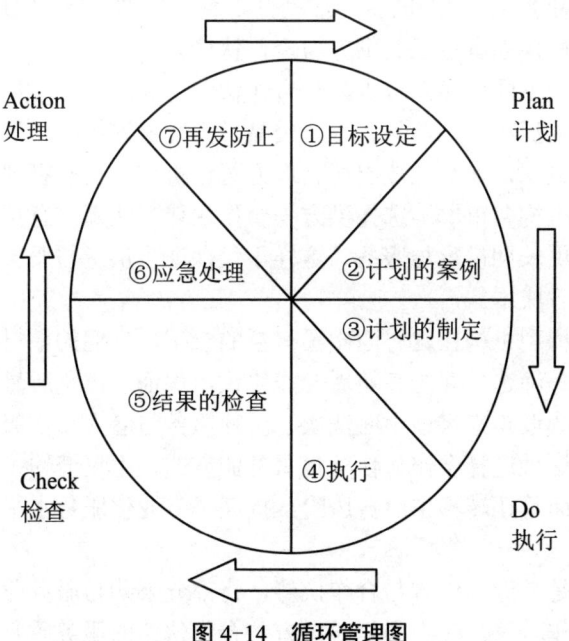

图4-14　循环管理图

PDCA 循环保证体系反映了进行质量管理工作的四个必经阶段，是全面做好养老机构服务质量管理最基本的思想方法和工作程序，是持续改善业绩的重要工具。

（六）基于现实、现场、现状的原则

科学的决策是建立在基于现实工作的数据采集和信息分析的基础上。作为管理者，掌握的信息越详实、越具体，其做出的分析越透彻，决策也越具有科学性和可操作性。就养老机构而言，集计算机技术、通信技术和管理科学为一体的养老机构信息化管理系统是基于事实决策的最好工具。它包括了业务管理、医护管理、投药管理、行政管理、总务管理、就餐管理、财务管理、院长决策和系统维护九大模块，涉及养老机构经营、服务与管理的方方面面。该系统要求各职能、业务部门将所有业务、服务与管理信息及时、准确地输入计算机系统，各部门负责人根据管理权限查看并分析数据，一次性对部门的工作实施监督、管理，及时发现、处理和改善服务过程中存在的问题。作为养老机构的最高管理者，可以借助该系统适时监控养老机构的运行状况和入住老人需求变化，即使是外出期间，也可以借助互联网登录本机构信息化管理系统，对养老机构工作进行适时调控，对重大问题或事件做出科学决策。

（七）供应链管理的原则

机构与供方是相互依存的，互利的管理关系可增强双方创造价值的能力。

随着生产的社会化，组织的生产活动分工越来越细，专业化程度越来越高。因此，任何一个机构都有自己的供方与合作伙伴。

养老服务过程中同样存在着供方与合作伙伴。养老机构的供方包括水、电、气、食品原料、生活物品、药品、办公用品及其耗材等原材料供应商，合作伙伴包括一些服务组织，如专业洗衣房、地方医疗机构、物业管理机构和餐饮服务机构等。养老机构要审慎地选择供方与合作伙伴，让那些有正规资质、诚实守信的供货商提供长期供货与服务，这样不仅保证了供货与服务质量，而且也降低了采购与服务成本。

上海市社会福利机构在这方面做了有益的尝试，它们的原材料供应商都是经过严格的评估、筛选，并与其签署合作协议，保证了供货质量和及时性。杭州市社会福利中心近年来将该中心洗衣、医疗服务与老人餐饮服务外包给当地专业机构，通过这种选择合作伙伴外包服务的方式，不仅节约了人力成本、仪器设备的投入，而且还转移了服务风险，提高了专业化服务水平，提升了入住老人满意度。

需要注意的是，选择供方与合作伙伴，将部分采购与服务业务外包，并不是简单的服务工作转移。应当强化对供方与合作伙伴的服务质量监督，责权明

确，对不认真履行合同或协议的供方与合作伙伴，应及时终止合作，否则，将助长供方与合作伙伴一味追逐经济利益，不讲信誉，不顾服务质量，最终造成入住老人和养老机构重大损失。国内曾经发生过将养老机构对外承包，承包人追逐经济利益，把腐烂变质、过期食品给入住老人食用，造成入住老人食物中毒事件发生。

三、质量管理方法

前面介绍的 ISO 9000 族质量管理原则中渗透着质量管理方法。"以顾客为核心"、"发挥领导作用"、"全员参与"、"过程方法"、"持续改善"、"基于现实、现场、现状"以及"供应链管理"等内容既是质量管理的基本原则，也是质量管理的基本方法。深刻理解质量管理的原则，将可以从中悟出质量管理方法。

不同性质、规模的养老机构，对质量管理的认识、重视程度存在着差异，管理方法也存在着较大的差别。就整体而言，国办养老机构和规模较大、层次较高的民办养老机构对质量管理都比较重视。相对而言，这些机构组织健全、制度完善、管理到位，有的甚至通过了 ISO 9001−2000 质量管理的认证，并按照质量文件进行管理。但是，对于大多数养老机构，特别是农村敬老院和中小型民办养老机构而言，还不同程度存在着领导者质量意识淡薄，疏于质量管理，组织不健全，制度不完善，甚至根本没有规章制度等问题。从现实的角度，要提高养老机构质量管理应重点关注以下几个环节。

（一）健全质量管理机构

按照"管理的系统方法"的原则，养老机构应成立由院领导和各职能、业务部门负责人组成的质量管理领导小组，负责本机构服务质量方针、目标的设计和制定，建立健全质量管理制度、保障机制和实施措施。规模较大的养老机构还应设置专门的质量管理部门，具体负责全院的服务质量的组织、实施、评估、监督和管理。

（二）完善质量管理制度

质量管理制度是质量管理的基础和保障。没有质量管理制度，员工行为无规范，服务无标准，考核、评价、管理无依据，也无从推行制度化、标准化管理。不能孤立地看待和制定质量管理制度，它应与养老机构其他规章制度、管理规范紧密配合。理论上讲，养老机构的各项规章制度都是服务质量管理制度和文件，应当纳入养老机构质量管理手册。无论养老机构采用行政管理方法还是企业文化管理方法，都离不开这些管理制度。除了制定常规的部门与岗位职责、员工行为规范、考核、评价、奖惩、分配和培训等制度外，还应制定出入院管理制度、健康评估制度、护理等级评定制度、试住制度、生活照料与护理制度、医疗服务制度、营养膳食管理制度、后勤保障服务制度以及服务质量评价等制度，以及相对应的服务标准、服务流程、操作规程、评价标准和管理规范。健全的制度可以使养老机构的所有服务按照统一的标准、规范进行，真正实现工作过程环环相扣、紧密衔接，不出现服务与管理缺陷。

（三）推行服务质量目标管理

所谓服务质量目标管理是指各业务、职能科室，甚至是班组，都有明确的质量管理目标，并且在一定的时间内必须达到或实现质量目标。通常这些目标先由养老机构领导层根据机构的总目标和各科室、班组的具体情况编制出来，然后再由院长与相关科室、班组签署责任状。经过考核，实现或完成者将给予奖励，未实现或未完成或存在一票否决质量缺陷者，将受到批评和相应的经济处罚，以此督促、鞭策基层单位重视服务质量，达到持续改进的目的。推行质量管理目标责任制，符合"全员参与"的管理原则，它将机构的总体质量目标与科室、班组和个人的经济利益和荣誉紧密联系在一起，更易激发员工参与质量管理的热情与积极性。服务质量目标管理可以单独实施，也可以并入科室、班组年度目标管理体系之中实施。

（四）推行"5S"质量管理

事实上，养老机构质量管理还有许多其他的具体方法，诸如其他行政管理方法、思想政治工作管理方法、分级管理和数字化、信息化管理等方法。这里，我们特别推荐适合养老机构质量管理的"5S"方法（参见图4-15）。

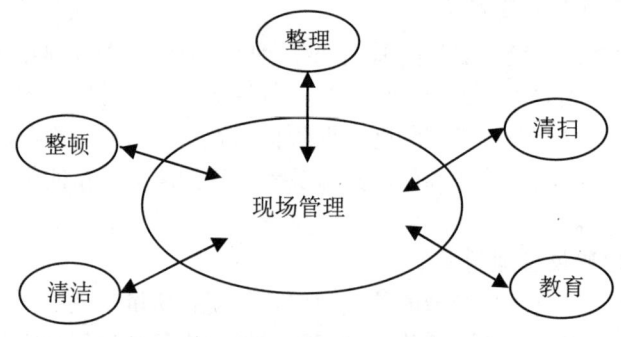

图4-15 "5S"质量管理

所谓"5S"代表"整理"、"整顿"、"清扫"、"清洁"、"教育"，其含义分别如下。

1."整理"，就是明确区分需要和不需要的东西，要求在工作场所不放置与工作无关的物品。

2."整顿",就是使所需物品始终处在需要使用的位置,要能够及时获取,高效使用。

3."清扫",就是要求工作场所始终处于无垃圾、无灰尘的整洁状态。

4."清洁",就是经常进行整理、整顿和清洁,始终保持工作环境清洁的状态。

5."教育",就是正确执行企业的规定和规则,并养成良好的习惯。

"5S"管理这种方法已被世界各国企业,特别是服务行业,如快餐馆、超级市场、商店和图书馆等机构效仿。

纵观我国养老机构经营、管理和服务状况,还存在着许多不规范、不完善的地方,突出表现为老人的居住环境脏、乱、差,特别是农村敬老院和小型民办养老机构表现得尤为突出。这种居住环境首先给人一种不好的视觉感受,难以吸引和留住老人,其次也为老人居住留下安全隐患。据统计,我国养老机构80%以上的意外伤害事件是跌倒损伤、骨折,究其原因主要是东西的乱堆乱放,不整洁;地面湿滑,不清洁。深层次的原因是员工缺少培训教育,没有严格按照机构的工作制度、服务规范进行操作,结果导致老人被绊倒、滑倒,而造成入住老人伤害,引来不必要的矛盾和纠纷。

在养老机构推行"5S"管理的意义在于:其一,它改变了养老机构服务场所脏、乱、差的环境,提高了设备利用率,精简了无效劳动,减少了失误,在一定程度上消除了安全隐患;其二,它培养了员工良好的工作习惯、严谨的工作作风和为他人服务的精神;其三,它降低了消耗,减少了浪费,增强了团队意识,培养了员工管理和专业技能,打造了机构品牌。

四、养老机构内部质量监督

养老机构服务质量需要监督。监督是管理的需要内容与手段,其中内部质量监督意义和作用更大。通过机构内部各部门的自查、自纠,院领导和职能管理部门监督、检查,使服务质量不断改进,稳步提高。

(一)监督内容

养老机构工作涉及方方面面,凡涉及老人生活居住、服务与安全等相关工作,都是服务质量监督的内容,但是应有侧重。

1. 护理质量监督

护理质量监督要依据护理规范、流程、服务质量与考核评价标准进行检查评估。

(1)服务场所清洁卫生

按照"5S"质量管理要求检查老人居室、楼层地面、门窗、墙壁、家具、电视、卫生间等处是否清洁卫生，特别应注意检查地面是否积水湿滑，房间有无异味，居室、楼层是否整洁，有无乱堆乱放。

（2）老人生活护理

包括早晚间护理、衣着护理、饮食护理、排泄护理、翻身护理、服药护理、洗浴护理、睡眠护理和行走护理等是否符合质量标准。

（3）老人心理护理

是否真正实施心理护理，是否有心理护理记录，效果如何。

（4）老人康复护理

是否按照康复护理要求对长期卧床、中风偏瘫老人摆放良姿，进行主动、被动运动和褥疮护理，是否组织老人进行团体康复训练，等等。

（5）老人临床护理

护理操作是否规范、准确等。

（6）老人安全护理

防火、防盗、防烫伤、防跌倒、防坠床、防走失措施是否落实，是否存在安全隐患。

（7）护理交接班及护理记录

是否实行了床旁交班，护理记录书写与保管是否规范。

2. 医疗服务质量监督

医疗服务质量监督要依据医疗机构管理办法、临床诊疗规范制定的服务与考核标准进行检查评估。

（1）行医资质

包括养老机构的行医执照是否进行了年审，医务人员是否具有执业资格以及是否注册。

（2）诊疗操作

如病历、医嘱、处方书写和临床诊疗操作是否规范，护士用药是否执行了严格的"三查七对"，穿刺注射等护理操作是否娴熟、规范等。

（3）诊疗效果

诊疗效果包括疾病诊断的准确率、误诊或漏诊率，治疗的有效率、治愈率、差错与事故率等。

3. 膳食服务质量监督

膳食服务质量监督要依据食品卫生管理办法制定的服务与考核评价标准进行检查评估。

（1）员工的健康与职业资格

包括员工是否有健康证明，厨师等岗位的员工是否具有职业资格证书等。

(2) 员工着装与个人卫生

是否按要求统一着装、挂牌上岗，服装是否整洁，是否存在着不良的卫生行为等。

(3) 食堂、餐厅与周边清洁卫生

是否做到了卫生清洁，是否做到了无苍蝇、蟑螂、鼠害，餐厅地面是否湿滑等。

(4) 食品采购、加工、制作与储存

是否采购了腐烂变质或霉变原料和过期食品，是否有采购验收记录，食物原料清洗是否彻底，加工是否卫生，保管是否规范，食物是否按规定留样等。

(5) 食堂账目

食堂账目是否清晰，支出是否合理，收支是否平衡，是否定期向老人公布账目。

(6) 服务效果

老人对伙食和食堂工作是否满意等。

4. 财务管理监督

财务工作质量主要依据会计法和财务工作管理条例规定的服务质量与评价标准进行监督，重点检查以下几个方面。

(1) 财务制度执行情况

是否存在着违规操作。

(2) 账目管理

财务账目是否清楚，是否存在漏记、错记、重复记等现象。

(3) 现金管理

现金支取、报账是否规范，保管是否符合财务规定。

(4) 支票管理

支票使用、管理是否规范。

(5) 资金管理

固定资金（资产）是否及时登记，流动资金使用是否规范，账目是否清楚，专项资金是否被挤占、挪用等。

(6) 捐赠管理

捐赠钱物是否有登记，使用是否符合捐赠者意愿，程序是否规范等。

5. 其他后勤服务质量监督

后勤服务质量主要依据相关的规章制度进行监督，重点检查如下方面。

(1) 物资采购管理

物资采购是否有计划和审批，质量是否达到要求，价格是否合理，大宗采购是否经过了招标投标程序，是否有验收记录。

（2）维修管理

水电及设施、设备维修是否及时有效，超范围的维修是否及时上报，是否及时联系有关单位和部门。

（3）车辆管理

车辆使用是否符合规定，保养是否及时、有效。

（二）监督方法

1. 部门的自查、自纠

各部门要把服务质量检查变为经常性工作，通过自查、自纠，使服务质量不断改进。

2. 院领导和职能部门的监督

院长和职能部门负责人应经常深入到基层进行定期和不定期检查监督，定期向入住老人及亲属发放服务质量满意度调查表，及时发现存在的服务质量问题，督促整改。

3. 老人及亲属的监督

养老机构要设立意见箱、投诉箱，公开投诉电话，自觉接受老人及亲属监督。对老人提出的建议和投诉要高度重视，并及时向老人及亲属反馈意见。

4. 加强部门和员工考核

通过月度、季度和年度服务质量评价、考核，督促部门和员工重视服务质量。评价考核的结果应与部门的奖金挂钩，应与员工的工资分配、评先、聘用等挂钩。

五、养老机构院外质量监督

院外质量监督既包括政府对养老机构服务质量的监督，又包括社会对养老机构服务质量的监督，监督的目的是督促养老机构依法经营，提高服务质量。政府对养老机构服务质量的监督涉及民政、消防安全、医疗卫生、卫生防疫、工商税务和环境保护等政府职能部门；社会对养老机构服务质量的监督主要涉及社会公众和社会舆论监督。通过院外监督，把养老机构经营、服务与管理过程中存在的不规范处暴露出来，帮助养老机构依法经营、规范服务，提高质量。

（一）行业监督

养老机构业务管理归口于地方民政部门，后者肩负着行业监督重任。行业监督包括养老机构论证、申报、审批、注册登记、经营管理和年度审查等工作，具有很强的业务指导性，管理者应当主动接受行业监督。近年来一些省市成立了养老服务行业协会，政府将一部分职能移交给行业协会，其中包括行业自律、指导与服务质量监督。因此，养老机构除了积极参加行业协会外，还要主动接受协会的指导与监督。

（二）卫生防疫监督

作为直接为老人提供衣、食、住、行服务的养老机构，除了自觉做好环境卫生、食品卫生工作外，还要主动接受地方卫生防疫部门的监督检查。对检查出来的食品卫生、环境卫生和疾病预防等方面的问题，要制定措施，加强整改，限期达标。

（三）医疗服务监督

已开展临床医疗和医疗保健服务的养老机构要接受地方卫生行政部门（即卫生厅局）的监督和技术指导，逐步完善医疗服务设施，规范医疗服务行为，杜绝医疗差错与事故，确保医疗服务安全。

（四）消防安全监督

养老机构是消防工作的重点单位，特别是住养条件差、设备陈旧老化的养老机构更要重视消防安全监督。要积极配合消防安全部门查找隐患、制定措施、加强整改，加强对老人和员工消防安全意识教育和消防设施使用培训，确保消防安全落到实处。

（五）财务审计监督

养老机构财务监督多纳入行业年度审查范畴，应如实汇报养老机构财务管理情况、经济运行状况，自觉接受行业主管部门、工商税收部门的审计监督，保证养老机构财务管理规范，经济运行有序。

第六节　养老机构信息化管理

养老机构的工作内容涵盖诸多方面，运用信息化管理系统，实行智能化管理，使养老机构工作有条不紊，人力成本大大降低，服务更趋科学规范。没有实行信息化管理以前，老人入院都选择在每月的1号或16号，因住院费的结算以半个月为结算起点，没有以日为结算起点，造成部分床位资源浪费和院内工作量的不均衡。信息化系统的应用，使老人在机构的费用按天计算成为现实，老人的费用结算更加合理，床位资源得到有效利用。

一、养老机构信息化管理概念

养老机构信息化管理是指养老机构利用网络、计算机、通信等现代信息技术，通过对信息资源的深度开发和广泛利用，不断提高经营、管理、服务、决策效率和水平，从而提高养老机构管理水平和服务能力。养老机构管理信息化是一个很宽泛的概念，总的来说就是广泛利用信息技术，使机构在服务、管理、运营等方面实现网络化、信息化。

二、养老机构信息化管理的重要性

加强信息化管理和利用现代信息化技术，是解决养老机构，特别是大型养老机构繁杂的管理问题、提高服务水平、降低管理成本的重要手段，也可避免护理现场自我行政化，达到现场信息共享的目的。

养老机构不同于宾馆、医院等行业，有自己的显著特点。首先是服务的综合性。老人入住养老机构与入住宾馆或医院有相似之处，但养老机构提供的服务更具综合性，不仅要照顾老人的日常起居，还要提供餐饮以及医疗护理、心理疏导，满足老人的精神文化需求等。其次是服务对象的单一化。养老机构服务的客户是有养老需求的老年人，这是其唯一工作对象指向。不言而喻，这是机构养老服务最显著的特征。以服务对象体能的基本情况划分为自理、半自理（介助）和完全不能自理（介护）三大类。第三是服务提供的持续性。养老机构服务是一个持续提供服务的过程，可能是某一时间段，也可能至老人的终生。认清养老机构服务的这些特点，有助于我们对养老服务机构信息化管理重要性的认识。其重要性突出表现在以下几个方面。

（一）有利于养老服务机构节约成本，提高效率

一般来说，一个健全的养老服务机构的职能科室设置有办公室、人力资源管理科、服务管理科、餐饮科、医护科、总务科、社工科、财务科、培训科等，而养老服务的流程可以看作是一个循环的过程，其基本步骤经过咨询登记、体检评估、试住适应、办理入住、健康服务评估等环节。这么多科室的工作统筹协调以及整个养老服务流程的系统化、标准化管理对机构的管理和服务工作带来了挑战。对于拥有几百张乃至几千张床位的大型养老机构而言，传统的管理方式更是难以适应现代化养老服务的需要，而采用信息化集成管理可以使养老机构的管理和服务工作更加简便和高效。

1. 采用信息化管理，可以节约人力资源

所谓信息化管理，就是建立一个养老服务管理系统或养老服务机构信息化服务中心，通过完善的网络，采用先进的数据库技术，对日常业务的各项工作进行数据化、模块化处理和分析，对日常工作中所有有用的数据进行采集、组织、加工处理、共享和输出等，以此来完成日常工作的绝大部分事务性工作。通过数据处理，实现业务信息共享，提供决策分析和决策支持，保证养老机构管理人员在履行职责、管理本机构工作时得到足够的业务数据支持和可行的工

作方法支持。通过管理系统有效地将无序繁杂的海量数据转化成条理清楚、针对性强的信息平台，并对这些信息进行合理的分析和主动的发掘，通过渠道化的信息共享为本机构的工作提供决策支持，这是统一指挥调度工作的重要工具，也是一种新的管理理念和手段。这样可以节约人力资源，提高工作效率，使得工作科学化、程序化、系统化。

2. 采用信息化管理，可以加快处理繁琐数据时间，提高工作效率

信息化系统可以帮助养老机构快速处理各种繁琐的数据，大大提高工作效率。如每月的业务报表、老人的费用统计、仓库物品的流转及报表、药房药物的流转及报表、食堂食品流转及报表等都可通过系统按程序完成。以前这些工作耗时耗力，现在系统几分钟即可处理完毕。如以前老人出院等候办理出院手续，至少得等上两个小时，现在十分钟就可完成。原先行政管理部门要了解老人在院的情况需到一线部门查看原始记录，一线部门要了解老人入院时的基本情况需到管理部门查看档案，而现在打开电脑即可查到。

3. 老人可随时通过系统查询费用，增加工作透明度

老人在院内发生的各项费用都准确地记录在案。老人随时可通过系统查询和打印在院发生的每一笔费用，增加了工作的透明度，使养老机构的服务诚信度显著增强。以前老人月底结账时要了解费用使用明细，必须到相关部门查阅原始记录，非常繁琐。现在则方便了，消除了老人及家属的后顾之忧。老人入住期间，老人和家属都可随时通过网络向有关服务部门提交需求信息，有什么需求建议或者投诉，都可以通过网络跨部门提出，大大缩短了服务处理时间。

4. 采用信息化管理，可使工作无纸化，节省办公耗材

信息化管理可以使很多工作无纸化，节省办公耗材，减少流通环节的差错，使养老机构在服务成本大大降低的同时保证工作质量。通过系统可掌握机构运作的动态信息，如院内的床位使用情况、院内老人的基本情况、等候入院老人的基本情况、老人年龄和护理等级的分布情况、老人的就医状况、老人的伙食状况、院内员工基本信息、能源使用情况、仓库物品库存及流转情况等。管理者还可通过系统对这些信息进行综合分析，使决策更为正确、管理更趋科学。

（二）有利于养老机构提供个性化服务，掌握床位变动，提高竞争力

1. 采用信息化管理，便于家属查询，并可以为老人提供个性化服务

养老服务管理系统除应具有一般 OA 办公系统处理公共事务的功能外，其业务管理子系统包括：街道管理、床位管理、医护康复管理、餐饮管理、后勤管理、财务管理、应急管理等项内容。入住时，要尽可能多地记录服务对象及家庭成员的信息，这都会为今后有针对性地提供个性化服务奠定好基础。个人的生活习惯与经历有助于合理安排房间，既往病史会为医护人员提供护理参考

依据，饮食喜好是餐饮部门提供餐饮服务的重要依据。有些老人由于身体原因或民族习惯，对饮食有特殊要求，这是入住服务评估的重要一环。能否满足老人的实际需要，是否接收有特殊要求的老人入住，这是机构事先已确定的，收集和记录这些信息将会使服务更加人性化和具有针对性，有效地降低和减少服务差别，提高服务水准，增进老人满意度。

从老人入住养老服务机构开始，到老人离开养老服务机构为止，老人及监护人的资料、老人的饮食、日常护理及夜间护理、康复训练、心理疏导、老人活动安全，全方位纳入信息化的管理、服务，不仅可以方便老人及其亲属了解机构服务和管理，而且促进和加强了老年人及其亲属与养老机构的互动和联系，更重要的是增强了机构的影响力和竞争力。

老人家属可以通过网络在线查看老人在养老机构的饮食、用药、医疗护理，以及老人健康感知的信息，比如老人的体温、心跳、用氧浓度等。老人家属随时了解老人的各项生活和健康信息，能够使老人生活得更安心，家属更放心，从而可以为老年人及其家属提供全方位的优质服务。

但需要注意的是，通过信息化管理可以掌握老人及家属的诸多个人信息，可能包括老人及家属的个人隐私，这就要求机构工作人员要谨慎对待这些数据和资料，除用于为老人服务外，不得用作其他用途，更不得将老人信息泄露出去。要在保障老人权益和尊重老人个人隐私的前提下，合理利用信息。

2. 采用信息化管理，可以随时掌握床位变化情况

床位变化是管理层关心的重点，也是养老服务机构服务工作的核心。床位实现动态管理，无论规模多大，由于采用信息化技术方式管理，可以随时掌握床位变化情况，哪些床位容易闲置，哪些床位容易变动频繁，通过数据收集加工，分析原因，为决策提供第一手资料，为机构后续发展和规划提供依据。由于通过数据处理实现关联性，各部门之间的工作就会很好地衔接和互动。如医师处方有病号饭，立刻就会在餐饮部门"客户特种饮食"中显现出来，食堂在确认后会反馈给主治医师。如床位有变动，各相关部门的服务工作就会立即启动，如停餐、验房、退费、送行等。这种服务信息的有效整合和共享，将繁杂的事务性工作变得简单化。

3. 采用信息化管理，可以提升机构竞争力

养老机构的信息化是增强养老服务机构竞争力的重要途径。由于信息化管理，使得服务与经营方式发生变化，可增强机构快速适应市场需求的能力，降低机构的流通成本，提高流通效率，也可以促进机构实现流通方式的转变，提高机构的整体素质，从而提高机构的生存能力和竞争力。

（三）信息化管理为政府监管提供依据，有利于提高社会效益

养老服务体系信息系统的建立为养老服务的政府监管、行业管理和质量监督提供基础依据，有利于促进养老服务行业标准化管理的提升，也有利于加深对行业的认知，推动行业发展。网络时代的一些特征和优势已经深入到人们社会生活的方方面面，当然也包括养老服务机构。通过对养老机构内部信息资源进行组织、整合、开发和利用，既达到了提升管理方式和业务开展过程的目的，又达到了提升养老机构社会效益的效果。通过推进养老机构信息管理，还可以改善、整合目前机构内部的信息及资源，推进管理信息化，实现资源共享，提升办事效率，提高社会效益。

目前，我国养老机构信息化管理的使用率较低，大部分机构没有条件实行信息化管理，也有部分机构由于领导者受传统思想的影响等原因，没有意识到实行信息化管理的优长。针对我国目前养老机构的现状，认识实施信息化管理的重要性以及了解信息化管理的内容，显得尤为重要。

三、养老机构信息化管理内容

养老机构信息化管理涉及养老人员入院、护理、诊疗、膳食、出院、费用结算等多个环节。养老人员入院后，入院处安排居室、床位，确定护理等级，护理人员为老人订餐，医生对老人进行体检、建立健康档案、下达医嘱，护士核对医嘱、执行医嘱，这些都可通过系统按程序完成，人为差错得到有效规避。

因为管理内容比较庞杂，养老机构应该成立信息化管理专门部门。主要包括以下子系统的信息管理体系如图 4-16 所示。

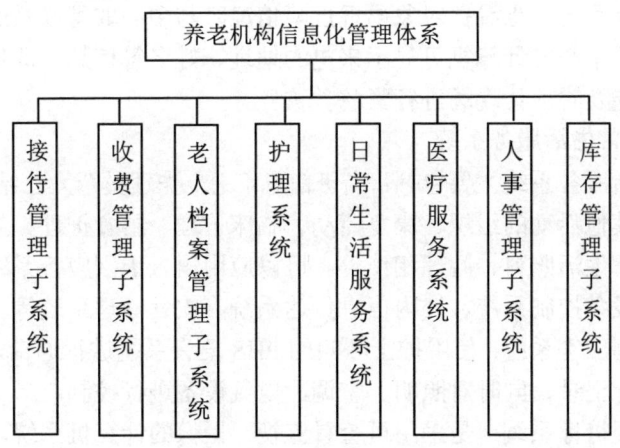

图 4-16　养老机构信息化管理体系

（一）接待管理子系统

接待管理子系统主要包括：来访登记、接待登记、看房登记、入住申请、床位状况查询、老人信息查询、员工信息查询、收费标准查询等。可以应用触摸屏信息系统等，进行相关的接待管理。

触摸屏信息系统：为来访者和职员提供信息，在楼内其与信息传达系统相连接，只需触摸计算机的屏幕，即可获悉所需信息。

（二）收费管理子系统

收费管理子系统主要包括：订房办理、入住办理、试住办理、退住办理、老人信息查询、安排房间床位、老人用餐登记、收费处理、催款、退费、存款管理、老人费用结算、收据管理等。

（三）老人档案管理子系统

老人档案管理子系统主要包括：老人健康档案、入住情况分析、满意度调查、试住老人分析、退住情况分析、入住老人分析等。

（四）护理系统

护理系统主要包括：评测老人的问题点、制定总体计划、制定护理方案、活动安排、临床护理、老人对计划的评价等。护理系统可以应用监护支持系统、护士呼叫系统、紧急报警系统等。

监护支持系统：记录老人的体温、脉搏、血压，管理饮食状况、房间信息，并制定相关申请、调查、管理等方案，评估实施的业务管理。

护士呼叫系统：在普通的护士呼叫系统基础上增加新的功能，可以自动登陆到监护记录上。此外，护士呼叫系统还可以显示在电脑屏幕上。

紧急报警系统：当看护对象出现危险情况时与中心取得联系的系统。若监护对象来电，中心的计算机可显示来电的地址、姓名等信息，即使对方无法说明情况，也能及时前往现场进行紧急救护。

（五）日常生活服务系统

日常生活服务系统主要包括：当班信息汇总、护理员个人总结、护理日志、休闲娱乐及其他活动的组织、康复活动、临床护理、膳食护理、身体清洁、排泄护理、日常生活照料、心理相谈等。可以应用语音识别应答系统、数字监视摄像系统、设备控制系统、楼内信息传达系统、饮食管理系统等。

语音识别应答系统：使用护士呼叫的 PHS 语音系统进行通话，对所监控的医疗信息进行记录，同时对照明、空调、电气设备进行控制。

数字监视摄像系统：是采用可查看监视、摄像的计算机系统，在计算机屏幕上进行户外监视，也可以摄像机进行监控。

设备控制系统：利用计算机对照明（开关灯具）、空调（运作、室温设定）

等进行监控，因采用网页页面，对设备符号不熟悉的普通操作人员也能轻易控制。

楼内信息传达系统：控制中心的墙壁上安装有信息传达系统，可显示楼内平面、合作医院、交通路线等画面，既可自动切换，也可同步播放 TV。

饮食管理系统：是饮食菜谱、计算营养值、配送食物的支持系统，并把有关菜谱的信息显示在触摸屏信息系统上。

（六）医疗服务系统

医疗服务系统主要包括：医疗管理、病志管理、入院病志管理、护理病志管理、日常配药、事故经验与教训总结等。

（七）人事管理子系统

人事管理子系统主要包括：员工入职、员工档案管理、员工离职、员工变动、员工升迁等。

（八）库存管理子系统

库存管理子系统主要包括：出入库处理、退回处理、有效期管理、库间调拨、库存查询等。

此外，还有报表管理子系统、基础管理子系统等。

【案例 4.3】松下的 IT 养老院"真心香里园"

2001 年，日本著名的电器厂商松下全资创办的收费型养老机构"真心香里园"在大阪开张，半年间申请入住的老人已经超过了定员。"真心香里园"的信息化管理特色内容如下：

1. 老人夜晚睡觉不慎掉下床，探测器会自动报警

"真心香里园"和普通养老机构最大的不同之处在于，"香里园"充分使用了数字技术，使老人们的一举一动都受到真心关怀。说着他掏出一个拇指粗细的塑料装置挂在胸前说，这既是一个开关，也是一个定位仪。老人只要带上它，无论走到哪儿，控制中心都能知道。如果老人遇到危险，只要一摁开关，护理人员马上就可以赶去帮忙。

类似的传感器无所不在。床脚处装有一个探测器，老人夜晚睡觉不慎掉下床，探测器会自动报警，通知控制中心；床单夹层也有探测器，探知老人是否大小便失禁、床单浸湿；厕所内的探测器更多。马桶盖和马桶座漆成不同颜色，防止老人弄错；老人入厕时间过长或有异常反应，头顶上的探测器会智能分辨，通知控制中心；抬手可及之处，是一个拉环，一旦需要时老人可直接呼叫。

远程医疗终端便于医患交流

书桌上放着一台传真机大小的液晶显示器，机器右上方装着一个摄像头，原来这是个远程医疗终端。触动液晶画面，老人就可进行简单的自我测试，比

如量血压、测脉搏等。测量的数据会自动记录在机器内，老人只要一摁发送键，数据就发送到了医疗中心。医疗中心的大夫看完报告后，老人可以和大夫进行可视电话通话。老人哪里碰伤了，不用出门就能让大夫看到外伤情况。

在餐厅的一个柜子上放着一只玩具熊。玩具熊约40厘米高，浑身毛绒绒的，会说360多句话，懂2000多个词组。玩具熊会唱歌，还会给人出谜语或算术题。和玩具熊猜谜是老人们最大的爱好。松下目前只生产了5只这样的玩具熊，它们每天到各屋轮流做客。

2. 未来社会服务模式的大胆尝试

IT化的养老机构费用不便宜。"香里园"提供的标准价格是首批入住缴纳1800万日元，以后每月25万日元，一直到老人去世。但是多数老人选择了更昂贵的缴费计划：首批2481万日元，以后每月17万日元；或者首批2987万日元，以后每月11万日元。医疗费、个人消费、理发等费用另算。"香里园"的定员是106人，目前申请入住的老人已有120多位，超过了服务能力。提出申请的老人先进行身体检查，没有发现传染病后和"松下介护公司"签订合同。目前已经正式入住的老人有40位，其中年龄最小的64岁，最大的91岁，平均年龄为82岁。

几年前松下就提出了"网络养老机构"的概念和"IT养老机构"的服务模式。"网络养老机构"指的是融合养老机构控制网络和多媒体信息网络于一体的信息化平台，在养老机构范围内实现信息设备、通信设备、娱乐设备、家用电器、自动化设备、照明设备、监控装置及水电气热表设备、求助报警设备等的互联和管理，以及数据和多媒体信息共享的系统。"IT养老机构"是指将先进的电子科技引入养老机构的服务中来，通过探测器、远程通话系统等最新技术成果，提高老人生活的安全性、便捷性和趣味性。"IT养老机构"充分发挥科技在服务业中的作用，突出了人性化的特点，满足了经济条件好、护理需求强烈的老人需求。

四、养老机构信息化管理流程

养老机构信息化管理遵循信息采集、汇总、分析、处理和反馈几个环节，从而做出科学判断或决策，为养老机构的管理和服务提供指导或作为依据，为老人及其家属和机构在尽可能短的时间内提供最优的服务或帮助。

对于老人入住、护理、诊疗、出院、费用结算等工作流程及内部行政管理等诸多环节，按照工作流程和具体操作规范进行系统构思和设计，满足机构的日常管理需要。老人入住后，由入院处为其安排房间、床位并确定护理等级，护理人员为老人订餐，医生对老人进行体检、建立健康档案、下达医嘱，护士核对医嘱、执行医嘱，这些工作都可以通过系统按程序完成，避免人为差错。以下以老人办理入住养老机构信息系统和养老机构员工人事管理信息系统为例，说明养老机构信息化操作的一般流程。

如图 4-17 所示，老人初次入住养老机构时，首先由接待部门负责将老人的相关信息进行数据的录入，然后核对录入信息正确与否。信息确认无误后，由负责人审查老人是否具有入住资格。如老人情况符合机构要求，需要进一步为老人安排房间，然后办理缴费和入住手续，最后确认手续无误后进行信息汇总，并将老人情况反馈给相关部门。

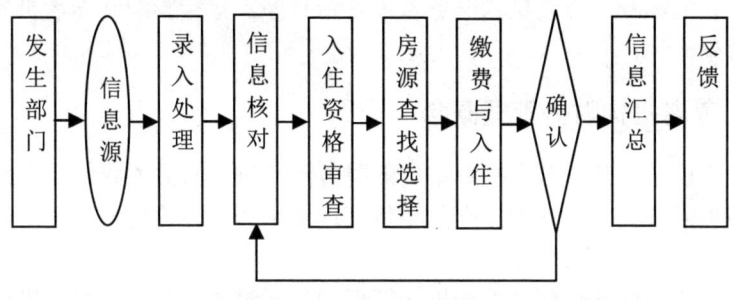

图 4-17　入住老人管理流程

如图 4-18 所示，关于养老机构对员工的信息化管理流程，首先将员工的信息进行登录，包括基础信息、部门信息和工资待遇等。录入、调动、辞退员工时，需要对相关信息进行修改并保存。

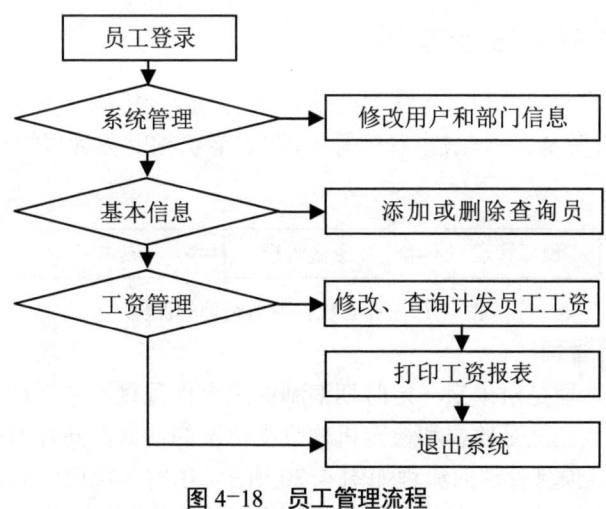

图 4-18　员工管理流程

总之，养老机构通过对其服务网络化、模块化、现代化推动养老机构工作决策的科学化、管理规范化,以信息化带动机构管理的现代化,通过信息系统,可以整合、优化养老机构资源,降低管理成本,提高养老机构服务质量和工作效率。

第七节 养老机构财务管理

养老机构的财务管理是一项非常重要的管理内容,对规范养老机构的管理行为有重要的影响。养老机构财务管理是否有序,直接影响到养老机构管理的质量和效果。

一、养老机构财务管理概念

财务管理是对某一独立核算单位的财务活动进行有效的组织,正确处理好内外部各项财务关系,并为提高其整体管理水平和整体价值服务的一项经济管理工作。

养老机构的财务管理是养老机构管理的重要组成部分,是养老机构根据有关财务法规制度,按照财务管理的原则,正确组织财务活动,处理财务关系的一项经济管理活动。财务管理是养老机构为实现良好的经济效益,在机构的财务活动、处理财务关系过程中所进行的科学预测、决策、计划、控制、协调、核算、分析和考核等一系列经济管理工作的全称。

二、养老机构财务管理内容

根据财务管理制度和财务管理的基本要求,养老机构财务管理的主要内容包括预算管理、资金管理、成本管理等方面。养老机构财务管理的流程如图 4-19 所示。

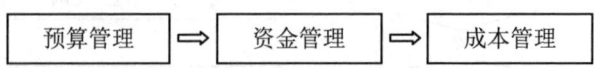

图 4-19 养老机构财务管理的流程

(一)预算管理

财务预算管理是对未来一定时期编制的综合性预算,它既是机构经济活动的起点和出发点,又是监督和检查机构收支情况的依据,同时也是考核机构经济效益的标准。预算管理的流程如图 4-20 所示,由财务部门汇总各部门预算执行情况,然后根据实际情况修改预算,并上报给上级部门审批。

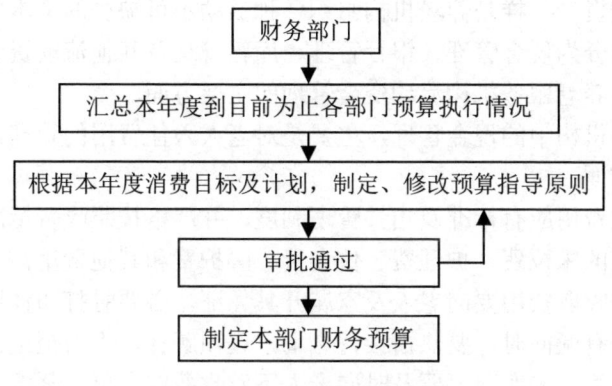

图 4-20 预算管理流程图

由于各养老机构性质不同，经费开支渠道不同，在资金的管理方式上也应有所不同。常用的管理方式有以下几种。

1. 全额预算管理

全额预算管理是指单位的收入和支出全部纳入预算，养老机构支出全部由上级拨款，收入除预算收入外，全部上缴上级主管部门或财务部门，不实行以收抵支。

2. 差额预算管理

差额预算管理是指本机构的收入抵补支出后，不足部分由预算拨款，并将收支差额列入拨款预算。

3. 自收自支管理

自收自支管理是指机构收入不需要上缴，其支出也不由预算拨款，而是以其收入按指定用途用于相应的支出，结余不上缴，差额不补助，只求收支平衡。这种管理方式有利于自立自强，调动员工的积极性，有利于提高单位的经济效益。

（二）资金管理

主要包括固定资金管理、流动资金管理和专项资金管理等。

1. 固定资金管理

固定资金是指养老机构所有的主要劳动资金和耐用消费品的形态，包括房屋、运输工具、医疗设备、其他建筑物和福利设施等。

固定资金管理应重点抓好固定资金设账立卡及登记工作，以保证固定资金的完整无缺。此外，还应该提高对固定资金的使用和提取折旧基金。

2. 流动资金管理

流动资金是指养老机构垫付给员工的工资和其他业务支出的消费周转资

金。它与固定资产一样是养老机构组织各种活动不可缺少的基本条件之一。流动资金管理可分为现金管理、银行管理、库存管理及其他流动资金管理等。其中现金管理是养老服务机构流动资金管理的主要方面。

养老服务机构中的现金管理，主要是对老人入住费用的管理，因此应该做到以下几个方面：

（1）入住费用应有标准及相关管理制度，并严格按照收费标准和收费管理制度收取老人的床位费、护理费、伙食费、医护费和其他费用；

（2）每次收取费用要向老人及家属开具凭证，必要时打印详细收费清单。老人对收费存有疑问时，要热情接待查询，逐项解释，不得拒绝；

（3）老人逾期未缴费，要及时向老人下发收费催交单，督促老人及家属及时缴费；

（4）老人出院、转院或去世，要及时为老人和亲属办理结账业务；

（5）开办老人现金代保管业务的养老机构，应当面点清，辨别钱币真伪，并向老人开具代保管凭据。老人支取现金，不论金额大小都要予以办理，并当面点清；

（6）已建立养老机构信息化管理系统的养老机构，财务人员要及时将老人入住和服务费用录入养老机构信息化管理系统，以备老人及家属上网查询；

（7）库存现金不得超过银行核定的限额，也不得两人同时保管，金库钥匙、密码不得让第二人掌握，限额以上的现金必须及时存入银行。

3. 专项资金管理

专项资金又叫专用资金，是指各种具有特定来源和专门用途的资金，包括专项拨款、大修理基金、职工福利基金、职工奖励基金和失业发展基金等。专项资金一定要区分与其他资金的界限，不能互相挪用，保证有计划地专款专用。

（三）成本管理

成本管理是养老机构通过对产品和服务成本进行分析、计算，找出较低成本的有效途径，并实施控制成本的管理。

养老机构的成本可以包括总成本和单项成本。例如，经营100张床位的养老机构每月或每年需要多少钱，这是总成本；新建200张床位的养老机构实际投入了多少资金，这也是总成本（建造成本）。单项成本种类繁多，例如不同等级的护理成本、每位老人每月的伙食成本、医疗服务成本和行政管理成本等。成本甚至还可以细分到一项具体的操作、服务项目，例如注射成本、换药成本，等等。

成本管理的目的一是为制定、修订服务价格提供依据，二是寻找生产、服务和管理上存在的问题和漏洞，即找出降低成本的有效途径，其最终目的是提高机构的经济效益。

通过成本核算分析，可以很清晰地看出上月财务支出情况，进一步分析，可以发现在服务、管理上存在的问题。第一，是否做到收支平衡，是否还存在提升空间，因为床位利用率的大小直接影响利润率的高低；第二，分析水电、燃气、电话、电视收视费等杂费的实际支出数额，计算平均每位老人均摊的各项杂费，比较每月杂费支出，分析本月是否存在浪费现象，是否需要督促员工节约水电等的使用。然后根据图 4-21 所示的成本管理流程图，详细分析成本的实际支出与计划的差异，进一步分析出现差异的原因，形成报告上报给相关部门，并调整下期成本预算方案。

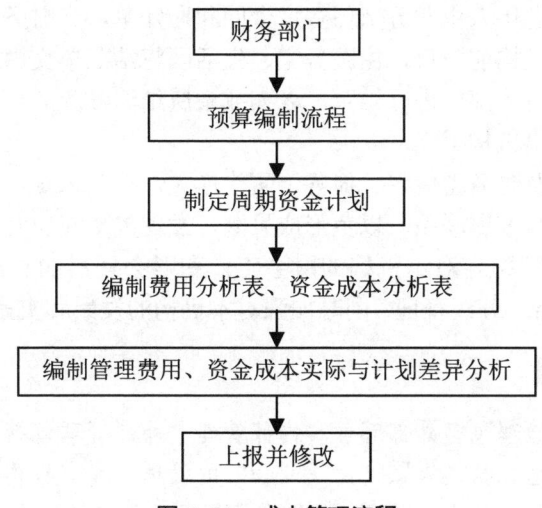

图 4-21　成本管理流程

三、养老机构财务管理方式

（一）加强财务交接监督与审计

养老机构财务管理应加强内部财务监督与审计，同时接受上级有关部门的监督，使养老机构财务管理更加规范，经济运行效果更好。

例如，加强财务人员交接班管理应做到：

会计人员工作调动或离职，必须与接替人员办理交接手续，没有办理交接手续的不得离职；

会计人员离职前，必须将本人所管辖的会计工作全部移交清楚，接替人员必须认真做好接管移交工作，并继续办理移交未了的事；

会计人员移交手续前，必须做好以下工作：已经受理的经济业务，尚未填制的会计凭证应填制完毕；尚未登记的账目，应登记完毕，并在最后一笔金额后加盖印章；整理应移交的各项资料，对未了事项要写出书面材料；编制移交清单，列出移交的凭证、账表、公章、现金支票、文件、资料和其他物品；

会计人员办理移交，必须有监督交接人员负责监交；

接替的会计人员逐项核对后盖章，并继续使用移交账本，不得自行另立新账，以保持会计记录的连续性。

（二）加强财务管理制度建设

财务人员应增强工作的责任心和原则性，遵守财务制度和财经纪律，主动接受有关部门的监督检查，及时向有关领导汇报违法违纪行为，正确、及时编制预算计划和年初决算报告，及时、正确、全面地报告会计月报和年报。

出入机构的老年人由业务部门签订合同和通知单，交财务部门办理出入机构手续。老人出机构前一日，由医务室、生活区将结账单交由业务部门，再由业务部门报送至财务部门进行结算。老人或亲属结清账款后，将收据或账单交回业务部门办理出机构手续。

财务人员应及时清理债权、债务，防治拖欠，控制呆账，应定期到生活区结算费用，随时与家属联系，以免形成呆账，发现欠账应及时催收。

养老机构主管领导对本机构的财会工作和财会资料的真实性、完整性负责，实行统一领导、分级管理，同时加强对本机构的发票和支票的使用与管理。

【本章小结】

养老机构的管理包括外部管理和内部管理，外部管理包括政府和行业协会的管理，内部管理包括"人"、"财"、"物"的管理。养老机构"人"的管理包括工作人员管理和入住老人管理。工作人员管理主要包括健康管理、培训管理、服务管理、薪酬管理、考核管理、行为管理等内容；入住老人管理主要包括对老人的入住程序管理、护理管理以及出院程序管理。养老机构"财"的管理包括预算管理、资金管理、成本管理。养老机构"物"的管理主要强调软件管理，即规章制度管理、安全事故管理、信息化管理及质量管理等。养老机构规章制度的建立，可以规范员工行为和各项工作的准则，使员工有章可循、有法可依。规章制度的管理主要包括规章制度的制定方法、规章制度的内容，以及相关文书的管理。常见的养老机构安全事故包括自然灾害、社会安全事故、医疗事故和意外伤害事故这四大类。导致事故发生的原因各不相同，总体上可以概括为内在因素和外在因素。针对不同事故的类型，应采取不同的应对措施，包括配置安全防范设备、强化事故预防、加强政府和行业监管、建立事故处理的预案机制和应急处理流程、建立事故赔偿的社会化机制等。养老机构质量管理中，应分别从机构内部的质量监督和外部质量监督着手，尤其应该贯彻"5S"管理。

养老机构信息化管理涉及养老人员入院、护理、诊疗、膳食、出院、费用结算等多个环节，概括起来包括接待管理、收费管理、老人档案管理、护理系统管理、日常生活服务系统管理、医疗服务系统管理、人事管理、库存管理等几方面的内容。

【复习思考题】

1. 养老机构的内部管理与外部管理包括哪些内容？
2. 简述养老机构规章制度管理的方法、类型及内容。
3. 简述养老机构常见事故的类型及防范措施。
4. 养老机构工作人员管理的内容。

第五章 养老机构的服务

学习目标

1. 了解：养老机构的服务理念，养老机构主要服务内容。
2. 熟悉：养老机构服务管理内容，护理等级的界定，护理内容及护理注意事项。
3. 掌握：养老机构服务存在的问题，如何规避养老机构服务风险。

作为服务行业，向服务对象提供满足其需求的产品及服务，是企业赖以生存与发展的必要条件。为顾客提供满意的服务是服务的宗旨。对养老机构而言，为入住老人提供安心和安全的服务是机构管理运营的核心内容。而服务理念作为养老机构服务的导航，掌控和贯穿了整个养老机构服务的始终，决定着养老机构服务质量的高低。因此，不断推动服务理念的创新，对于服务质量的提高起着非常重要的作用（见图5-1）。

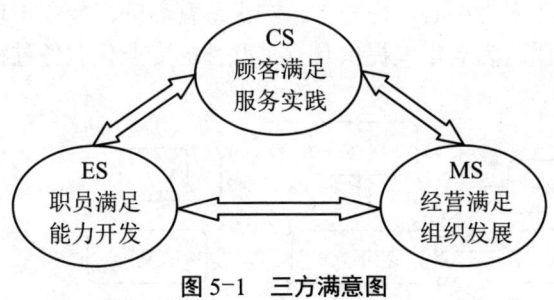

图 5-1 三方满意图

经营理念的转变。养老机构的经营要由传统的提供式服务方式逐渐转变为竞争性选择式，即由卖方市场转变为买方市场。随着我国老龄化的不断深入，老人及其家人消费观的日益成熟，对养老机构软硬件要求也随之提高，传统的服务理念下所提供的服务已经不能满足服务对象的需求，服务要实现公平化、公开化、等值化，这样才能适应未来日益激烈的养老产业竞争格局。

管理理念的转变。养老机构服务管理从传统的行政化管理转变为制度化管理。管理的方式打破传统意义上的简单上下级命令与服从，而是根据具体的服务内容及要求，合理进行团队分工协作，根据员工所提供服务的质与量进行评价反馈。服务管理过程应将现场管理制度化、数据化、可视化以及工作过程手册化，进而做到机构内的信息共享，实现管理的公开、公正、透明。

服务理念的转变。养老机构服务要以服务对象为中心，具体表现为：必须由持有相应专业资格证的工作人员，包括医生、护士、护理员、营养师、社会工作者、作业疗法师、语言听觉师、心理咨询师等专业人员为老人提供专业化的整体化服务；服务过程要实现依据相应具体化的服务指导手册进行标准化服务，关注老人的个性化需求，专注于服务而非个人情感；坚持无差别对待，尊重人的尊严，服务过程以老人的生活自立和实现人生价值及实现正常人生活为目标。

养老机构服务的主要内容大体包括饮食服务、护理服务、健康管理服务、心理慰藉服务、娱乐服务、日常生活服务等。因此，养老机构经营者及管理者的经营服务理念直接决定或影响老年人在养老机构内的生活质量。养老机构不仅仅是为老年人提供服务的场所，更是为老年人提供可选择性服务的场所。应赋予老年人自我选择与自身决定的权利，在让老年人发挥残存能力的基础上，确保服务的公平性、公正性与中立性，同时还要维护老年人的尊严，保护老年人的个人隐私。

养老机构应由具有资格的人员提供专业化的服务。老年人的生活质量是由每一天的生活内容细节构成。生活在养老机构中的每一位老年人所接受的服务不是单一的，它是以老年人为中心，由医生、护士、营养师、专业护理人员等所构成的养老机构服务团队为老年人提供具有关联性的专业化服务过程（见图5-2）。

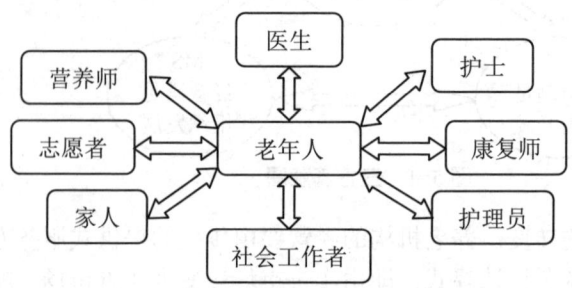

图5-2　养老机构护理服务团队示意图

第一节 膳食服务

膳食服务作为养老机构服务的基础服务之一，起着重要的作用。生活在养老机构的老年人，生活范围变得狭窄，远离亲人，很容易产生寂寞感。由于每天封闭在机构里，每一顿的膳食成了他们心中的期盼。规律而又均衡的膳食有利于老年人身体健康，因此饮食的安全性、饮食的科学性、饮食的周到性服务对老年人显得尤为重要。共同进餐为老年人相互之间快乐进行沟通交流、增进情感提供了契机。色、香、味俱佳而又营养均衡的膳食，不仅能给人美的感觉，促进老年人的胃液分泌，增加食欲，而且也使得其对于生活充满信心，成为老年人愉快生活的动力。

一、膳食服务目标

（一）生理方面
1. 满足维持个人生命的基本生理需求。
2. 通过合理膳食，调节、维持身体的健康。
3. 提供满足老人日常活动的营养能量。

（二）心理方面
1. 通过共同进餐获得在日常生活中的快乐。
2. 保持心理与身体的协调性与安定性。

（三）社会方面
1. 在进餐过程中获得与他人交流的机会。
2. 构建老年人机构生活的支持网络。

二、膳食服务原则

（一）专业化服务

由于老年人胃肠功能衰退，防御能力相应降低，故配餐时要保证膳食与营养均衡，特别注意饮食卫生，提供专业化饮食服务。配餐时要遵循老年人的饮食调配原则，科学安排饮食，采购烹饪时讲究"三低"（低脂肪、低糖、低盐）、"两多"（多蔬菜、多豆类）、"一适量"（蛋白质适量），注意磷、钙、铁、无机盐和微量元素的供给；老人的饮食应荤素搭配，以清淡为主，粗细搭配，宜软忌硬，且多样化；烹调方式以蒸、炖、烩为主。另外，由于老年人的吞咽能力下降，对老年人饮食的安全性应尤为加以注意。基于上述专业化标准的要求，应尽量由持有专业资格与护理资格的专业人员为老年人提供适合老年人的营养配餐与服务。

对于已经失去吞咽能力的老年人需要特殊饮食护理。出于安全的考虑，应提供打磨和乳化饮食。

对于鼻饲和安装胃瘘的老年人，根据老年人的实际需求，要通过外部设备将相应的营养物质输送到老人的胃部，进行营养输送，以使老人获得生命的尊严。

为鼻饲和安装胃瘘的老人提供饮食，由于构成医疗行为，应由具有护士资格的专业人员来进行饮食护理工作，预防护理事故的发生。

【案例 5.1】

年已 8 旬的王大爷体弱多病，77 岁的老伴儿也因患病需到医院进行手术治疗。王大爷的儿女们由于不能两头兼顾，便把父亲送到一老年公寓并签订了全护合同，办理了入住手续。过了三个多月，临近端午节的某一天，老年公寓的工作人员突然给王大爷儿女打电话，说王大爷吃午饭时呛了一下，正在送往医院的途中。等到儿女们赶到医院，老人已经窒息死亡。

【案例分析】

原因分析：粽子是糯米作的，吃粽子时本应细嚼慢咽才不至于噎住。护工让老人躺着进食，而且让老人躺着吃的是粽子，发现噎呛时又给老人喂水，明显是护理人员缺乏护理知识造成的，也显示出养老机构对现场护工培训工作欠缺。因此，老年公寓应承担全部责任。虽然养老机构强调自己一方不是医院，不能治病，而且事发后，老年公寓及时派车将老人送到医院抢救，已尽心尽责，行为并无不当，但还是要承担责任。

对策分析：加强对护工基本护理常识的培训。有些机构对护理员的培训不够重视，认为培训既要增加经济负担又要花费时间。事实上，护理工作是一项直接为人服务的工作，对护理人员来说，不仅需要爱心，也需要掌握熟练的服务技能。加强对护理人员的培训，一方面可以提高服务质量，同时也可规避护理服务风险。

（二）科学配餐

营养师应根据老年人的生理需求并尊重其饮食爱好与习惯，科学配餐，以保证营养合理均衡。一般而言，老年人每天消耗的热量为：60~70 岁 1700~2000 千卡，70 岁以上 1500~1800 千卡，对于其能量补充应不超过最高消耗限量。因此，在为老年人制定食谱时，应坚持按照以下比例进行配置：粮食 25%、薯类 5%、蛋类 3%、鱼肉类 5%、豆类及豆制品 15%、蔬菜 25%、水果 10%、海藻 2%、鲜奶及奶制品 10%。同时，也应该根据食物的具体营养标准进行仔细核算，进行科学配餐。

（三）自理自立支援

在养老机构中，提供饮食服务要坚持以老年人为中心，但是并不意味着代替老年人做所有的事情，让老年人安逸空闲地享受着工作人员提供的所有服务，而是要以让老年人饮食生活尽量自理自立为目标，鼓励并协助老年人充分利用现有能力，尽可能地为老年人创造自己动手做饭吃饭的机会，并根据老年人的残存能力提供相应的辅助工具支持或人员辅助，维持或促进现有的生活能力，以显示老年人的自我存在感，增强老年人生活的自信，展现其人格魅力，提高其在养老机构的日常生活质量。

（四）个性化服务

饮食服务的个性化是指根据每位老年人的身体健康状况，由营养师进行科学配餐，并根据其进食能力提供相应的辅助工具，尽可能地为老年人保持或促进自立饮食服务。鼓励并支持所有老人到公共餐厅共同进食。对于完全失去行动能力的老人，同样也应尽量坚持共同进食的原则，但要根据情况采取措施给予相应关照。可将不能共同进餐的老年人安排在有透明的玻璃相隔的房间，让老人能清楚地看到大家共同进食的情景，对其进行特殊饮食护理。

养老机构除了为老年人提供正常的饮食外，还要根据老人的身体情况对患有疾患的老年人提供疾病治疗饮食。

除此之外，还要根据老年人的身体健康的具体情况，使用专门为老人设计的吃饭用勺等（见图 5-3）。

 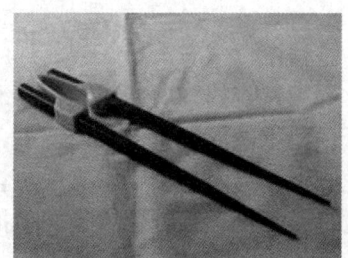

图 5-3　辅助餐具

三、膳食管理内容

1. 饮食安全管理

养老机构的饮食服务必须坚持"安全第一"的原则，具体应做到如下几方面：

（1）食品的采购、储存、加工、制作和服务都应严格遵守《中华人民共和国食品卫生法》，预防食品中毒和人为投毒，预防火灾发生，确保食堂饮食安全。采购员在采购过程中不得采购腐败、变质、过期食品，采购结束时接受营养师的验收，确认其符合配餐需求。

（2）工作人员：所有人员必须持有健康检查合格证明，并定期进行身体健康体检，阻断服务全过程的工作人员病原传播的可能；工作人员根据卫生法的具体要求，严格饮食服务着装（即白工作服、白帽、白口罩），杜绝使用不符合卫生条件的用具。

（3）食品储存：储藏室应保持卫生，不在其中堆放杂物，不在其中进行其他与存储食品无关的活动；对于易变质的食物应冷藏，并且熟食与生食、肉类与菜类分开存储。

（4）食品加工：食物要煮熟烧透，防止内生外熟；不提供生拌冷菜，从源头抑制病原传播；一般而言杜绝外购食品，如必须供应的话，应有相应卫生安全资质。

（5）配餐过程：所用的器皿宜采用不锈钢或陶制器皿且必须洗净消毒，生熟器皿严格分开，且标识清晰；配餐员必须戴口罩，使用经过严格消毒的专用饮食用具。

（6）饮食服务：保证饮食环境整洁卫生，区域内空气清新流畅，地面无油污、积水，不湿滑，服务环境无障碍。

2. 工作流程管理

（1）专业化、标准化、制度化

专业化、标准化、制度化的管理是养老机构提高饮食服务质量的重要手段。在食堂工作的过程中，工作人员在营养师的指导下，确认每个人的工作职责，并根据标准化的工作流程开展相应的饮食准备工作（见图5-4）。

①营养师：负责做成菜单、菜谱审批、科学配餐指导、整改意见。

②厨师：制订菜谱、细加工、烹饪、售餐、服务、清扫卫生。

③食堂主管：负责预算制作、预算审批、填写计划单、食堂领料、成本核算。

④采购员：根据菜谱预算采购、选择供应商、采购员初验、退货、采购协调、长期供应商档案归档、成本核算、对账结算、报表上交。

⑤仓管员：公司验收、进仓、物品分类、出仓、填写出仓单、对账结算、报表上交、报表存档。

⑥杂工：清洗消毒、粗加工、售餐、服务、清扫卫生。

（2）工作时间流程

06:00～09:00　　　准备早餐、早餐时间

09:00～09:30　　　理菜、准备午餐
09:30～13:00　　　烹饪午餐、午餐时间
13:00～16:30　　　准备晚餐
17:00～18:30　　　晚餐时间、厨房清扫及整理工作

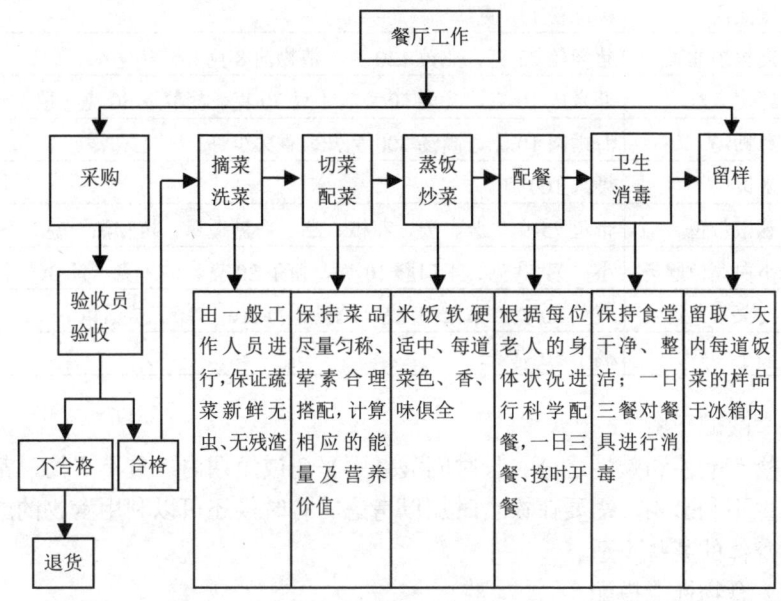

图 5-4　餐厅工作流程

3. 营养配餐管理

膳食应由谷类、杂豆类、动物性食品（包括鱼、肉、奶、蛋类等）、豆类制品、蔬菜与烹调用油，以及水果这六类食物构成，各类食物各有其营养特点，都要经常食用（见表 5-1）。

（1）热量平衡

一般而言，1 克蛋白质可以产生大约 4 千卡的热量，1 克脂肪大约可生产 9 千卡，1 克碳水化合物大约产生 4 千卡。粮食中大约含 7%～10% 的蛋白质和 75% 的糖类，瘦肉中大约含 15% 的蛋白质。动物油或植物油是高热量食物，而糖类是补充热量最快的食物。

表 5-1 营养配餐表

餐食	菜名	标准配料
早餐	花卷	标准粉 50 克
	牛奶	牛奶 200 克
午餐	发面饼	标准粉 150 克
	肉丝炒韭菜	猪肉丝 25 克、韭黄 120 克、植物油 8 克
	虾皮三丝	虾米皮 10 克、菠菜 50 克、土豆 70 克、胡萝卜 80 克、植物油 5 克
	海蛎汤	海蛎肉 10 克、高汤 300 毫升、香菜少许
晚餐	米饭	粳米 100 克
	葱椒带鱼	带鱼 75 克，葱、姜、花椒、醋、白糖适量，植物油 6 克
	小白菜口蘑汤	小白菜 70 克、干口蘑 10 克、粉条 20 克、油 1 克、汤 300 毫升
	菠菜紫菜汤	菠菜 50 克、紫菜 10 克、鸡汤、料酒、味精、盐适量
晚点	橘子	橘子 50 克

（2）酸碱平衡

食物有酸性和碱性之分。长时间酸碱不平衡或短期内严重不平衡，都会对健康产生不利影响，需要在饮食时加以考虑。有时候还可以利用食物的酸碱性来调整身体的某些不适。

（3）食物性能搭配

在吃较肥的肉类时，与具有清血脂、降胆固醇作用的洋葱头、海带等食物一起食用，可以减轻高脂肪带来的危害。精制米、面与豆类、玉米面等粗粮搭配食用，可以使营养价值大为提高。鱼肉等动物性食品很容易生痰上火，若与植物性食品搭配食用，既能避免这些弊病，还能起到营养互补的作用。

四、膳食服务内容

（一）用餐准备

（1）就餐环境的安全化

餐厅应彻底实施无障碍化：地面地板应有防滑作用，安装标准的扶手，使用无棱角的桌椅，以防止意外事故的发生；保持通风换气，温度适宜；就餐的座位要固定，使老人能够安心进食。

（2）就餐用具的个性化

在保证餐具卫生的基本前提下，用餐工具也要视老人身体健康能力而定。为了让老人能够尽量自己进食，帮助和促进老年人自身的残存能力及相应特点，准备各种特殊的饮食器具（见图 5-5）。

图 5-5　特殊餐具

考虑老人的用餐特点与心情，尽量保持餐具的完好与完美。盛食物的器皿颜色应与食物的颜色相配；尽量使用老人喜欢的器皿。

"完好"是指出于对老人的安全及尊重，不要用有裂痕的餐具。"完美"是指尽量为老人使用美观一些的餐具，让老人用餐愉快（图5-6）。

图 5-6　餐具完美

（3）就餐环境的舒适化

就餐场所的整体和谐美感是就餐不可缺少的条件。灯光应尽量采用属于暖色调的颜色，不刺眼的灯光照明让人感觉温暖。餐桌的布置要根据老年人的身体健康及特点设置。对于神志清醒的老年人而言，柔和的灯光、带有图案的桌垫以及随时节而变化的室内外装饰品，不仅显得餐桌华丽大方，还可活跃就餐气氛，对于提高老人的饮食质量起到很好的作用；对于患有脑部疾病（如认知症，也称痴呆症）的老年人而言，餐桌的布置要尽量简洁，避免使用带图案的盘子和桌布。就餐场所应做到干净整洁，确保饮食环境的美感与舒适。

（二）饮食种类

在保证膳食营养的基础上，要尊重老人饮食习惯及其风俗，应该尽可能地选用新鲜的、充分体现季节感的食材，并采用保留食材本身颜色的烹调方法。配餐时坚持味道要淡，注意避免脂肪、盐分、糖分的过量摄取。在某些色彩单调的食物上添加一些色彩明快的辅料，同时用具有对比色的盘子盛放食物。餐食要趁热吃。应提供个性化就餐的服务。如对于有糖尿病的老年人而言，饮食应避免直接使用糖，而使用脱糖后的饮食；对于吞咽有困难的老人而言，在老年人的饮食中应加入便于下咽的润滑剂，以帮助老年人自助进行饮食。

（1）正常饮食

为没有特殊需求的普通老年人制定以副食为中心的饮食，注重以鱼肉、瘦猪肉等肉类以及豆类制品这些含有优质蛋白的食品的摄入，应控制盐量。食物应以细软为宜，以减轻其胃肠负担，促进消化。饮食温度应以适宜入口进食为佳。

鼓励并支持老年人之间的参与和交流。通过语言沟通能提高老人的食欲。鼓励老人与家属、朋友共同进食。愉快的饮食气氛对于食物的消化及营养的补充等都起到很大的作用。

（2）疾病饮食

养老机构的治疗饮食是指对由于慢性疾病或者是有必要进行治疗饮食的老年人，工作人员根据医师的指导适当调整总热能和某些营养素或以治疗为目的的一种饮食。对于养老机构治疗饮食而言，主要分为：

软质饮食：对由于轻微疾病、手术后恢复、因口腔疾患而影响咀嚼能力、消化能力较弱以及尚拥有一般性吞咽能力的老年人，应提供软烂、无刺激性、易消化的膳食。

半流质饮食：对发热、因消化道疾患而消化不良、由于口腔疾患而严重影响咀嚼能力、手术后恢复期的老人提供半流体食物，或者在老人的饮食中加入便于下咽的润滑剂，以帮助老人自助进行饮食。

流质饮食：对高热、暂时或永久失去吞咽能力、胃肠道手术后恢复饮食者、重危或全身衰竭的老人而言，应提供呈液体状食物。待其恢复到一定的程度后，可尝试进行半流质饮食或者软质饮食。

（3）起居室的饮食

因为得病或瘫痪等缘由不能在食堂就餐的老人，工作人员要将饮食免费送到起居室。但是只要老人身体条件允许，应尽可能地鼓励老人到餐厅就餐，享受共同进餐的乐趣。

（4）访客饮食

对老年人的亲朋好友的探望，养老机构餐厅要注意以下服务：

如果有亲朋好友到养老机构探望老人并与其共同进餐，食堂应询问来访人员的饮食期望及需求，提供以老人健康为中心的相应的合理饮食。

如果来访者自带食品到养老机构探望老年人，来访者应从老人的健康角度出发，主动询问负责该老年人的工作人员，是否适合老年人的营养需求，以预防外来食品给老年人带来的伤害。

食堂对来访者要提供和入居者相同的饮食。

（三）就餐时间安排

07:00～09:00　　　早餐时间
12:00～13:00　　　午餐时间
17:00～18:00　　　晚餐时间

（四）就餐注意事项

随着年龄的增加，老年人的生理功能逐渐减退，身体器官都有不同程度的老化。具体体现在咀嚼能力与消化功能降低，脏器功能衰弱，对营养物质消化吸收利用能力减弱，组织再生修复能力下降和对热能的需求减少。因此，为了维持老人的正常功能，满足老年人机体的特殊需求，提供老年人维持健康需求所需的营养供给的科学膳食尤为重要。老年人就餐时应考虑和注意以下因素。

1. 老人自身

（1）有规律饮食生活，一天三次的饮食不可欠缺。
（2）尽量地离开床，在欢快愉悦的氛围中饮食。
（3）发挥自己残存的技能，尽量自己完成就餐。
（4）不要挑剔食物，摄取以副食为中心的饮食。
（5）适度摄取水分。

2. 餐厅调理

（1）提供符合和保持健康状态的合理饮食。
（2）根据老年人的健康机能状况，提供个性化饮食。
（3）要注意避免脂肪、盐分、糖分的过量摄取。
（4）要尊重老年人的嗜好与生活习性。
（5）要使用新鲜并能体现出季节感的食材。
（6）要提供温热的膳食。
（7）要在色彩和盛摆上有所考究。
（8）餐具器皿尽量美观，不要有裂痕。

3. 就餐环境

（1）餐厅开阔可视，氛围温馨，空气流通，温度适宜。
（2）入座饮食的场所要固定，使老年人能够安心进食。
（3）为了让老年人能看清食物，应注意照明等条件。

(4) 尽量安排老年人和熟悉的人在一起用餐，使其能愉快地进食。
4. 护理协助
(1) 督促老年人提前在就餐前完成排泄。
(2) 选择合适的进食方式，鼓励并支持老人尽量地离开卧室，共同进餐。
(3) 尽量发挥老人自己的能力，协助老人自己就餐，提高或保持自理能力。
(4) 对身体有残障如握力下降的老年人，要鼓励其借助工具努力锻炼。
(5) 尽量让老年人保持坐姿进餐。

第二节　护理服务

护理服务的理念与护理技术对于保证和提高老年人的生活质量，最大限度实现老年人的人生价值发挥着至关重要的作用。护理服务管理是养老机构经营与发展的重要环节。

养老机构的护理服务的目的是以照顾老年人日常生活起居为基础，辅助入住在机构的老年人尽量维持和保存现有的生活能力，延长自立自理生活的时间，尊重老年人的基本需求、心理需求以及自我实现的需求和老年人的自我选择。因此，提高老年人生活质量不仅应该充分满足其在生理和安全方面的基本需求，同时也要尽可能地满足其心理需求以及社会参与和自我价值实现的需求。而要满足这些需求，在很大程度上依赖于老年人日常生活和社会活动的正常化。

一、护理理念与特点

（一）服务目标

1. 日常生活方面
(1) 维护老年人现有的生活自理自立能力。
(2) 辅助老年人促进或维持其残存能力。
(3) 协助老年人实现自我人生价值，激发对于生活的热情。
2. 心理方面
(1) 对有心理障碍的老人给予必要的介入和辅助。
(2) 保持心理的安定。
(3) 提升老年人心理素质及生活幸福感。
3. 社会活动方面
(1) 帮助老年人改变其在社会活动中的障碍。
(2) 满足老年人合理的社会活动的需求。

(3) 协助老人构建、维护和发展其社会支持网络。

(二) 服务理念与原则

1. 尊重人格与尊严

所谓尊重老年人的人格与尊严是指无论入住的老年人处于怎样的状况以及具有什么样的个性差异，都要尊重其宝贵的生命，维护其人格尊严，使其享受无差别的公正的护理服务。工作人员在服务过程中应保持服务提供的中立性，即应尊重老年人对于服务的自决权，以实现老年人的生活自立自理和自我实现，提升老年人的人生价值。

2. 专业服务

养老机构提供的护理服务一般应由具有资格的护理员提供的护理服务、康复师提供的康复服务、医生和护士提供的普通医疗服务、社会工作者提供的心理及社会服务构成。专业化的服务需要专业化的人才，而相应的资格是专业人才的较好评定方式。因此，养老机构中的护理服务必须由持有相应的专业资格证且健康检查合格的专业人员进行。同时为了保证服务质量，必须对员工不断进行培训，以保证服务的持续高效。应制定细致的工作流程，以保证服务质量不会因为人员流动而降低。

3. 日常生活的自理与自立支援

在养老机构护理服务的过程中，应视入住老年人为服务主体，在老年人的能力和需求的基础上，让老年人做自己力所能及的事情。同时工作人员在服务的过程中也要时刻关注老年人，鼓励、支持、引导老年人做自己能做的事情。要以老年人的生活自立为目标，鼓励并协助老年人充分利用现有残存能力，尽可能为老年人创造自理生活的机会及提供相应的用具辅助，以促进或维持现有能力，以体现老年人的自我存在感，激发他们对生活的热情。

4. 协助实现自我

协助实现自我是指养老机构应充分认识并重视老年人内在的参与社会生活以及自我发展的愿望和要求，帮助老人实现自我人生。因此，工作人员应注意发掘他们的潜能，帮助他们主动地选择和利用社会资源，寻找机会或提供机会，促进他们实现人格的自立，并充分体现自我价值。而对于有障碍的老年人而言，尽可能地为老年人提供相应的用具辅助，从而参与生活、学习和娱乐，体现自我人格独立和人生价值，激发对生活的热情，提高生活质量。

(三) 老年护理的特征

1. 高风险性

养老机构的护理服务本质上要求要在安全的环境下满足老人自身护理需求，因此做好护理安全管理工作是满足老人的护理需求、提高老人的生活质量以及最大限度实现老人的人生价值的重要前提。老人身体机能的退化、机构设施的缺陷以及护理过程的失误，都有可能导致老人入住期间发生诸如跌伤、骨折、走失、坠床、烫伤、误食、噎食、压疮、自伤、自杀、猝死等事故，这些事故的发生不仅给老人带来痛苦，也易引发事故纠纷，进而造成经济损失和不良的社会影响。

【案例 5.2】

入住在某养老院的王大爷71岁，二级护理，平时身体尚可。有一天凌晨4点左右，护理人员发现他的脸色异常，面部浮肿，满头虚汗。由于凌晨人手少，护理员没有及时告知院总值班，早晨6点多，护理员再到房间看老人时，才发现他已去世。护理员说不清老人具体的死亡时间，这让家属实在难以接受。想到父亲临终前身边一个亲人都没有，子女不由黯然，家属对老人的死提出了质疑，并要求赔偿。

【案例分析】

原因分析：此案例的发生，老人应该是因病死亡，但死亡过程缺乏证明其因病致死的材料。老人在凌晨所出现的症状，应该引起护理员的警惕，告知行政值班人员送医院或者请医务室医生来就诊，并及时与家属联系告知情况。但该护理员在老人出现情况时没有任何处理，直到2小时后才去看老人，发现老人已经死亡。由于护理员的疏忽，致使老人在应该得到治疗的时候未能及时救治，从而延误了抢救的时间，家属要求赔偿。

对策分析：作为养老机构，一要加强护理员的培训，护理人员的工作责任心和护理技能，决定了养老机构的服务质量。该案例中发生的问题，很明显是该护理人员责任心不强，发现情况未能及时沟通、及时处理，没能避免事故的发生。对老人出现的症状观察力不够，以至于延误了抢救的时机。

另外，要建立老年人健康档案，针对每位入住老年人必须建立健康档案，以便了解老人以往病史，并指导工作人员在服务过程中因人因病注意观察，出现症状时及时采取措施。

2. 护理技术的身心合一

护理服务只有建立在以人为本、以老年人为服务中心、辅助老人日常生活的自理与自立、实现老年人自我人生价值的理念基础上，运用包括饮食护理、排泄护理、个人卫生护理、移动护理和护理器具、日常生活护理以及心理护理与协助参与社会活动这些专业护理技术，才能满足老年人的护理需求，激发老人对于生活的热情。护理服务不仅包括身体的护理，还应包括心理的护理以及协助参与社会活动。因此，护理服务除了对专业的护理技术的要求以外，还需要对老年人护理过程中的细心观察，了解老年人的心理，帮助老年人解决心理问题。护理工作是对老年人身心护理相结合的护理。

【案例 5.3】

薛某某，男性，90 岁，耄耋之年，心思清明，性格开朗，与老伴住进养老院多年，身体一直很硬朗，生活能够自理，平素经常与工作人员开玩笑。近一年出现腿脚活动不便，但还能借助轮椅自行出入。最近，排尿困难，经医院诊治后，需带着留置导尿袋。此时，由于该老人生活上需要照料，老伴无法协助，所以要给予介助，老人搬进了介助区域。自进入介助区后，老人心理出现了问题，整天精神萎靡，表情呆滞，护理上不配合。

【案例分析】

原因分析：因进入介助区，老人心理出现的问题：无法适应护理区，晚间有吵闹声，睡眠障碍；心理上不接受身体的变化，焦虑、忧郁；对疾病的不了解，恐惧、无望。

对策分析：修正环境因素，改善睡眠；根据情绪状况，适时讲明身体的问题和我们针对的措施方案，并和家属配合解决问题；注重他的个体需要，观察和不间断疏导，面对困难，建立信心。

效果评价：

经过一系列应对措施，该老人逐渐坐起，配合一些能在床上进行的护理工作，精神明显好转，开始交流，并逐渐开始下地活动。

该老人在生理上出现变化以后，心理上也同时有了变化。这需要细心观察和精心照料，才能让他感觉踏实、可靠、安全。另外，老伴虽然身体还好，但由于他自己的身体变故，对老伴的未来也有所顾虑。我们一并对老伴进行了生活照料，渐渐地老人自身身体好转，一切都明显有了好的变化。在近期还需要更细心地跟进生活照料及心理观察，一些力所能及的事情自己做，注意保护他现有的状态，建立自信。

3. 团队全程护理

对入住老年人而言，很大程度上意味着其将在养老机构中度过余下的生命时光，因此护理服务具体内容也会随着老年人个体的自理自立能力以及身体健康状况而改变，直至老年人个体生命的终结，这就是全程护理。养老机构中的全程护理需要团队共同护理，这其中的护理团队包括医生、护士、护理员、康复师、社会工作者等。同时保证 24 小时都有指定护理人员值守，密切关注老人各方面的变化，做好记录、合理的处理以及应急工作。机构应保证老人从入住开始到生命结束这段期间的全方面的服务，配合医疗机构及家属做好临终护理工作。

二、护理人员管理

养老机构的护理工作是养老机构服务中的重中之重,因此对护理人员的管理工作显得尤为重要。护理人员的言行、品行、护理技术直接对养老机构的经营产生影响。

(一)人事劳务管理

1. 面试

把具有良好的道德水准又热爱护理职业的人才吸引到护理队伍中来,这是面试的主要目的。可在很短的时间内把握和判断不太容易,因此面试应注意以下事项:

(1)面试顺序

①在确认姓名、住所的基础上,倾听应试者从事此项工作的目的。

②确认本人可能出勤的时间以及对工资待遇的要求。

③如果应试者有护理工作经验,可询问在原来养老机构工作的感想,特别对频繁更换工作的应试者要引起注意。

④可询问应试者如何度过节假日等休息时间,以便了解个人兴趣爱好。

(2)注意事项

①尊重应试者的个人信息(个人隐私、宗教信仰)。

②人品(表情、态度、姿势、语言、服装、发型等)。

③性格(积极性、协调性、行动力、忍耐力等)。

④态度(热情、对护理工作的看法、对老年人的爱心、对工作的认识)。

⑤现场经验有无、各种资格的具有、专业技能等。

2. 工作管理

对护理人员的管理工作,不是简单在行政级别意义的上下管理层面。以往的单纯的"权威—服从"管理模式已不符合时代要求。要获得护理人员对现场工作的热爱与忠诚,培养工作人员发自内心的荣誉感,就要让护理人员充分发挥主动性,尊重他们的创造意识和主人翁意识。与其重视如何追究事故责任,不如更重视为何出现事故、如何规避事故的再发管理上,并做到信息共享。

【案例 5.4】

入住在某机构的王大爷由于患有老年痴呆症,一天上午,在大家没注意的情况下,独自一人走出养老院的大门,等中午吃饭时才被发现。于是包括王大爷亲属在内的寻人队伍开始寻找工作,直到晚上 10 点终于在几公里以外的郊区找到了王大爷。由于天冷,再加上王大爷已经意识不清,身体多处受了外伤。随即养老机构将王大爷送到医院进行住院治疗。

【案例分析】

原因分析：老人患有老年痴呆症，没有正常的认知和辨识能力，独自一人能走出养老机构的大门，说明养老机构的日常管理有疏忽和漏洞。养老机构对痴呆的老人要尤为注意、关照，并对其走失等要有足够的防范意识。

对策分析：除了服务之外，养老机构对入住老年人还有相应的管理和保护义务，尤其是痴呆等行为能力差的老年人。针对老年人出走问题可采取一些必要的措施加以预防，如安装电子门或在门上安装响铃等，尽量避免老人走失造成的损失。

除此以外，为护理人员创造良好的工作环境，提供对等的待遇也是必不可少的条件。对员工的管理大体包括以下内容：

(1) 出勤考核管理
(2) 健康检查管理
(3) 行为规范管理

（二）培训研修

工作人员的工作能力和工作态度决定了养老机构的服务水平和服务质量，而工作能力的提高与定期的培训密不可分。人员素质的提高是一个过程。因此，培训需要定期举行。

1. 培训目的

(1) 提高综合能力及协调能力

提高综合能力和协调能力，学会站在多方立场考虑问题，养成多方位、多角度的周密的思考问题和解决问题的能力（见图5-7）。

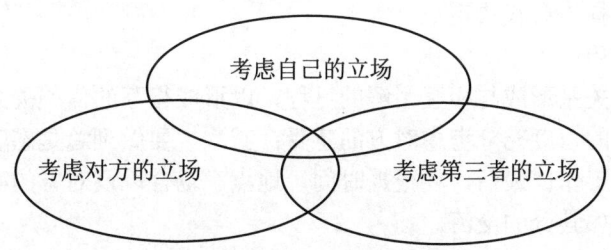

图5-7　多方位思考示意图

(2) 学会工作方法，提高服务效率

养老机构的服务的特点是高风险而低回报，稍有疏忽就有可能造成护理事故。因此，护理现场的信息周知与共享会在很大的程度上规避风险。现场保持纵向的上下级与横向的各部门之间的沟通联络不仅可以避免事故的发生，还能提高现场的工作效率（见图5-8）。

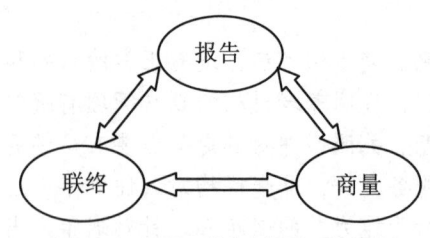

图 5-8　报告 联络 商量 联络图

（3）提高护理技能，确保顾客满意度

老年护理工作是养老机构服务的主要内容之一，护理工作需要的不仅仅是体力，还需要护理的技巧。通过护理技能的培训，使护理工作人员提高护理技能的同时提高老年人的生活质量，提高老年人对机构服务的满意度。

2. 培训类别

培训可分为现场工作人员培训和管理人员的培训。

3. 培训内容

培训每年应定期进行，主要内容为：护理理念的理解、护理技巧、护理沟通、风险管理、应急处理、记录的填写方法、制作护理计划等。

①护理理念的理解

要理解以人为本及自立援助的理念。不论老年人身处怎样的状态，不论自身的残障程度，能做到的事情要尽量让老年人自己去做。要尊重每一个人的生活习惯，赋予老年人作为决策人的决定权力。要尊重其生活方式、生活节奏等。即使生活节奏与思考模式不同，每一个人都有自己独特的存在价值。要尊重老年人的自我选择与自我决定。

②沟通技巧

就是人际关系形成与相互了解的过程，以形成相互的信赖关系。首先，要做到站在对方的角度充分考虑对方的感受；其次，要做到总是态度亲切，微笑着应对身边的工作；最后，要根据时间、地点、场合以及对方的心情，进行相应的沟通与恰如其分的交流。

③对中间管理层人员培训要在现场基础管理之上，进一步进行培训教育。聘请讲师进行培训学习，包括风险管理、应急处理、制作护理计划等内容。

④护理技能

为了提高护理工作人员的护理技能，对护理工作人员要进行理论知识和护理技能的教育培训。

为了保障养老机构护理服务质量，应对工作人员进行持续的反复的培训。不间断研修教育学习是不可欠缺的。可在每个年度事先做好培训计划及教育内容。下面是某养老机构对工作人员的培训内容（见表 5-2）。

表 5-2　培训研修内容表

月份	培训研修内容
1月	护理理念的理解与护理
2月	老年心理　老年生理
3月	护理现场的语言使用　护理技术培训
4月	护理现场安全意识　护理风险的规避
5月	对认知症的理解与护理
6月	与家属信赖关系的建立
7月	对于投诉的分析与处理
8月	自理帮助和护理管理
9月	护理现场管理者必备素质
10月	关于虐待、身体束缚及维护权利
11月	个人信息的保护与隐私权
12月	业务改进及服务指南研讨

三、护理过程管理

（一）等级的确定

1. 护理等级确定标准

日常生活自理能力（activities of daily living, ADL）指日常生活能力，反应了人们在家庭（或医疗机构内）和在社区活动中最基本的能力。ADL 在童年期逐步形成，并随着实践而发展，最终趋于完善。这些活动对健康人来说是简单易行的，但对老年人来说，则可能变得相当困难和复杂。老年人无力去完成日常生活活动，就可能导致自尊心和自信心的丧失，进而又会加重生活能力的丧失。在日常生活活动中受挫，常可损害个体形象，亦可影响到整个家庭和社会。要改善老年人自理能力，首先就必须进行 ADL 的评定。

ADL 分为基本的或躯体的日常生活活动能力和工具性日常生活活动能力。基本或躯体 ADL（basic or physical ADL, BADL or PADL）是指每日生活中与穿衣、进食、保持个人卫生等自理活动和坐、站、行走等身体活动有关的基本活动。工具性 ADL（instrumental ADL, IADL）是指人们在社区中独立生活所需的关键性的较高级的技能，如家务杂事、炊事、采购、骑车或驾车、处理个人事务等，大多需借助工具进行。

日常生活能力评分表如表 5-3 所示，其中满分为 100 分，评分大于 60 分能基本自理，60~41 分需要半护理服务，40~20 分需要全护理服务，小于 20 分需要特别护理服务。

表 5-3 日常生活能力评分表

ADL	0 分	5 分	10 分	15 分
大便	失禁	偶尔失禁	能控制	
小便	失禁	偶尔失禁	能控制	
修饰	需帮助	独立洗脸、刷牙、梳头、剃须		
用厕	依赖别人	需部分帮助	自理	
吃饭	完全依赖	需部分帮助	全面自理	
转移	完全依赖，不能坐	需大量帮助（2 人）能坐	需少量帮助（1 人）或指导	自理
活动	不能动	在轮椅上独立活动（体力或语言指导）	需 1 人帮助步行	独自步行（可用辅助器）
穿衣	依赖	需部分帮助	自理	
上楼梯	不能	需帮助（体力或语言指导）	自理	
洗澡	依赖	自理		

2. 护理定级过程

护理定级是为了能够让入住老年人享受机构提供的安全、安定的生活，同时也为养老机构合理收费提供依据和基准。护理定级主要包括个案评估、制定护理级别、制定护理计划、提供服务以及监督评估等。

（1）个案评估

就是对即将入住的老年人的原生环境、社会保险情况、个人身体及心理状况进行信息收集，并以此为后来的护理定级做好充分的准备。

（2）服务等级的确定告知

根据老年人的身体健康状况、生活自理能力、年龄等信息，同时征求家属的意愿，判断出老年人的护理等级，并以书面的形式告知老人本人及托养人，内容应包括护理等级、收费标准等事项。

（3）制定服务计划

结合入住老年人及家属的服务要求，制定老人的服务目标，做出书面的包括服务的参与人员、服务时间、地点、方法、预期结果以及各自责任与义务的服务计划表，并与入住老年人及家属商谈确认。在制定护理目标时必须给予一定的期限，分为短期目标和长期目标，短期目标一般指 2 周，长期目标一般指 3 个月。另外如果老人或者家属提出其他护理要求，则再分别依次进行评估，在原计划基础上进行相应修改。

（4）提供服务

在基本确立服务计划以后，由护理管理的负责人召集相关人员召开团体会议，以确定护理目标及建立相应的护理团队，实现信息共享以便共同进行护理。

按照前期制定的护理服务计划开始提供服务。实施的步骤主要包括：

①护理负责人与老人及其家属对服务计划表再次确认。

②为入住老年人创造一种安全舒适的氛围，其中需要考虑地点、环境、室温、设备等因素。

③在团队护理的过程中，注重各个工作人员的分工协作及相应的责任问题，共同完成护理计划。

④在计划的实施过程中，要及时、如实、准确地记录护理计划实施的情况以及老人与家属的反应，以便为交接班、新人交替及今后护理工作质量的提升提供参考。

⑤现场工作人员对于服务现场发生的事件应及时反馈给所在的护理团队，机构同时保持与入住老人的家属的沟通与联系，让老人的家属更多地了解，也增进老年人与家人的互动。

⑥制定详细、准确、可行的文字化的工作流程，以便于现场服务工作的准确开展。

（5）建立监督与评估基准

护理评估指的是将实施护理计划后所得到的老年人护理状况的信息与预计的护理目标逐一对照，按照评价标准对护理团队执行的护理程序的效果、质量做出判断的过程。护理服务的评估主要包括护理程序评估及护理效果评估。护理服务的评估标准及方式可按以下步骤进行。

①护理程序评估
- 护理评估时收集的资料是否真实、准确。
- 在制定服务计划时目标是否可行、可测量与规范。
- 护理服务是否专门针对该老年人进行，服务措施是否全面行之有效。
- 护理记录是否及时、准确与完整。

②护理效果评估
- 对于老年人的心理活动的观察是否及时、准确，对策是否得当。
- 对老人自身疾病及保健知识的了解程度，对护理活动参与及合作程度。
- 护理目标是否按照护理计划实现，健康问题是否有效解决或部分解决。
- 执行护理操作是否安全、有效与舒适。
- 老人对于护理团队成员的工作态度、工作质量是否满意。

(6) 检查确认

护理评估人员主要是通过记录表、与老人及工作人员的交谈、观察及家属的反馈意见等途径，收集包括老人资料完整度及对于护理服务的效度、健康目标的进展情况、家属意见、护理活动的效果及效率、护理计划的执行情况的具体资料，与服务标准进行对照检查。

(7) 分析修改护理计划

将护理计划目标的有关指标与实施计划后取得的工作成绩进行比较；计划实施前与计划实施后老人身心健康进行比较，做具体分析，找出目标实现以及有缺陷的原因。

运用以上方法和手段对护理效果做出全面的评价，同时对老年人的健康状况做出重新评估，为下一步的护理计划提供信息资源，评估接近目标的程度、结果是否满意，最后决定是否继续实施。

3. 护理等级

对入住养老机构的老年人进行护理级别确定是为其提供相应护理服务的基础，在此基础上才能根据相应的护理标准，进行以满足老年护理需求为目的的护理服务。养老机构的护理等级主要分为以下四个等级。

(1) 自理等级护理

其主要表现为：身体健康；思维功能轻度障碍，举止言行有自制力；年老体弱，但饮食起居等日常生活能基本自理。

(2) 半护理等级护理

其主要表现为：在护理人员指导协助下，饮食起居能基本自理；思维功能中度障碍，生活规律有时失常，自理生活有一定困难；患有多种疾病，但病情比较稳定，日常生活需给予相应护理。

(3) 全护理等级护理

其主要表现为：一日三餐需护理人员辅助方能完成；思维功能有较严重障碍，言行不能自控，大小便需他人帮助；视觉严重模糊不清或肢体功能障碍，行动困难；患有两种以上较严重疾病。

(4) 特别护理

其主要表现为：不能自行饮食，一日三餐需护理人员全程辅助；思维功能有较严重障碍，完全不能自控和料理大小便；各种原因长期卧床不起，不能下地行走；患有严重疾病而瘫痪在床；生命特征不稳定，随时会出现病变、恶化；双眼失明或肢体残疾，功能严重丧失；或自主要求提高护理等级，给予特殊照顾。

四、护理内容管理

护理工作是养老机构服务的主要内容之一，养老机构应为老年人提供具有公平性与中立性的服务。养老机构的护理服务内容大体上包括：饮食护理、排泄护理、口腔护理、洗浴护理、移动护理等。

养老机构的护理服务的质量与提供服务内容的细密度直接影响养老机构的经营前景（见表5-4）。

表5-4 护理工作流程表

班次	时间	序号	项目	备注
白班	05:30	1	白班护理员到岗，与夜班护理员交接工作	
		2	检查老人全身皮肤情况，有无褥疮	
		3	照顾老人的穿衣、洗漱	
		4	晨起空腹饮水250ml（温水）	
		5	倒刷痰盂、便盆、尿壶	
		6	整理房间卫生（有卫生间的包括卫生间）	
		7	收送需洗涤的被服、衣裤、尿布等	
	07:00	8	老人用餐、喂饭、餐后漱口，刷洗餐具，送食堂集体消毒	
	07:30	9	喂药，喂水	
	08:00	10	护理员用餐	
	08:30	11	喂水、翻身、简单按摩、更换污染被服、整理床铺，倒便盆、尿壶，安排部分老年人功能锻炼，日光浴，周四为入住老人洗澡	
	11:00	12	餐前为老年人洗手，老人用餐、喂饭、涮洗餐具，送食堂集体消毒	
	11:40	13	喂药，喂水	
	12:00	14	护理员用餐	
	12:30	15	喂水、翻身、简单按摩、更换污染被服、整理床铺，倒便盆、尿壶，安排部分老年人功能锻炼，日光浴	
	15:00	16	打开水，收被洗物品	
	16:30	17	餐前为老年人洗手，老人用餐、喂饭、涮洗餐具，送食堂集体消毒	
	17:20	18	喂药，喂水	
	17:30	19	护理员用餐	

续表

班次	时间	序号	项目	备注
夜班	18:00	20	喂水、翻身、简单按摩、更换污染被服、整理床铺，倒便盆、尿壶，给老人洗漱，打倒洗脸水，老人准备就寝	
	18:30	21	白班与夜班交接	
	19:00	22	夜班开始工作，每2小时给老人翻身一次，简单按摩，及时更换污染被服，倒尿壶、便盆	
	03:00	23	打开水	
	05:00	24	呼叫白班护理员起床上岗	

（一）护理内容

1. 饮食护理

（1）协助饮食流程

饮食是维持生命的来源，也是防治疾病和恢复身体健康的重要一环。因此，保持正确的有规律的合理饮食有着重要意义。另外，老年人可以通过饮食保持相互间的交流，促进老年人的身心健康。因此，工作人员应耐心护理与协助老年人度过饮食这段愉快的时间（图5-12）。

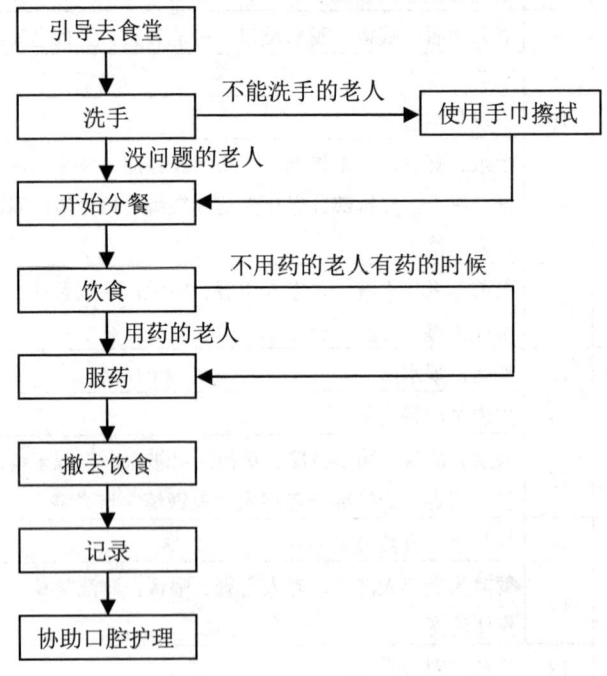

图5-12 饮食护理过程

（2）饮食护理注意事项

①调节好老人用餐桌椅高度，保持容易进餐的坐姿。

②为有需要的老年人提供辅助餐具和器皿。

③注意对没有食欲的老年人要给与特殊关照，探究其原因。

④考虑老年人的饮食嗜好，不要强迫饮食。

⑤协助饮食时，要主要根据老年人的饮食速度进行，不应从养老机构的角度出发考虑而督促老年人加快饮食速度。

⑥发生噎呛等异常情况时应马上终止饮食并与护士取得联系。

2. 口腔护理

（1）口腔护理流程

口腔护理的目的是为了使老年人保持口腔清洁，防止口腔炎症及牙齿疾病。牙齿和牙龈的健康，可促进和维持食欲，防止口臭。因此，对老年人的口腔护理也是护理的重要内容之一（见图5-13）。

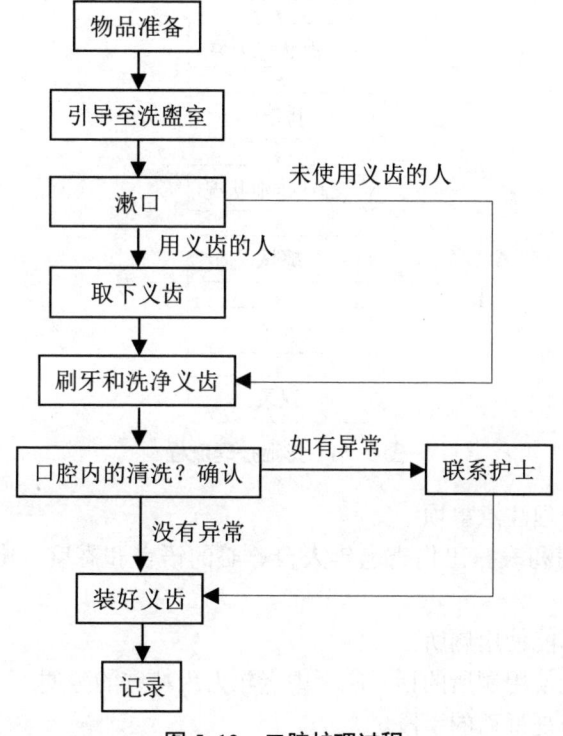

图5-13 口腔护理过程

（2）口腔护理注意事项

①口腔护理作为技能恢复的环节之一，尽量让老年人利用自己的残存能

力，督促老年人主动做护理。

②为防止口腔有压迫感，保证睡眠的安全性，指导老年人夜间尽量摘除义齿。

3. 排泄护理

（1）排泄护理流程

护理工作人员必须清楚地认识到，排泄是维持生命的重要行为。一般来讲，出于自尊，多数人不愿意别人协助排泄的愿望很强烈，所以一旦连排泄都要由别人进行协助时内心就会感到绝望和无用。因此，在进行排泄护理时，工作人员要耐心、细心给予言行上的关注，让老年人能在心情放松的环境下完成排泄过程（见图5-14）。

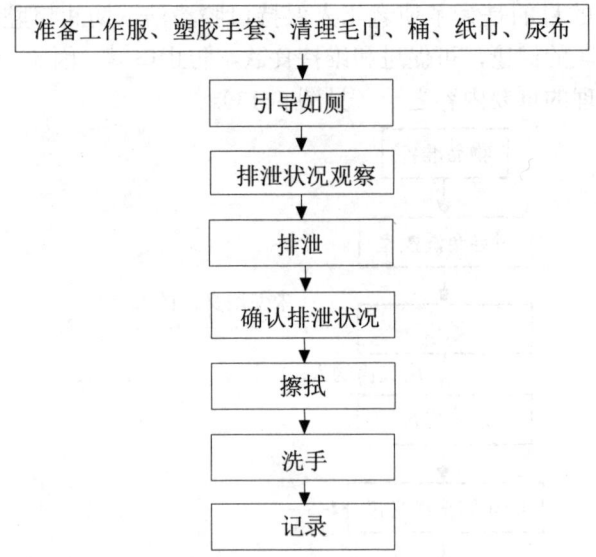

图5-14　排泄护理流程

（2）排泄护理注意事项

①不要使用和表露出伤害老年人自尊心的语言和态度，维护老年人的自尊。

②排泄尽可能使用厕所。

③实在不能使用厕所的话，应考虑老年人用特殊的坐便。

④使用尿布是最后的手段。

4. 洗浴护理

（1）洗浴护理准备

洗浴对入住机构的老年人而言，是一项快乐的事情。洗浴一方面可以缓解疲劳，促进身心健康，增加食欲；另一方面，通过洗浴可以观察老年人皮肤的健康状况。洗浴可能涉及隐私的部位，因此洗浴的护理与协助应考虑性别等人际关系（见图5-15）。

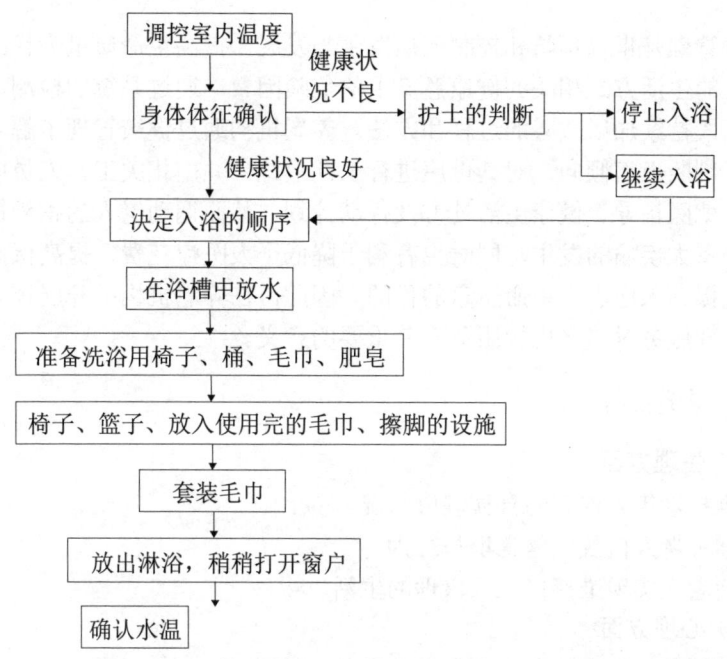

图5-15 洗浴护理准备

（2）洗浴护理注意事项

①洗浴室是最容易发生摔倒事故的地方，因此要对地板防滑工作尤为重视。

②入浴前一定要对老年人的身体健康状况进行确认。

③护理人员要亲自用手试探水温，水温最好在38℃～41℃之间。

④不要让老年人空腹入浴。

⑤注意老年人的隐私部位的洗浴，不要伤害老年人的自尊心。

5. 自立支援

- 体位交换：协助老人达到每日3次对尿布进行更换。
- 日常身体活动：协助老人借用拐杖、助行器或者轮椅进行移动。
- 穿衣与脱衣：每天早晚以及洗浴时进行部分护理。
- 仪表整理：每天早晚以及洗浴时进行部分护理。

第三节 健康管理服务

健康管理是指以预防和控制疾病发生与发展、提高生命质量为目的,针对入住老人的生活方式相关的健康意义上的危险因素,通过系统的检测、评估、干预等手段持续加以改善的过程和方法。养老机构通过健康管理了解老人的身体年龄,判断患病倾向,对其健康进行长期追踪,并由相关工作人员向老人提供及时的就医指导、健康生活处方及行动计划,从而调动老人的积极性,最大限度减少重大疾病的发生,同时也有利于降低个人医疗花费,提高保健效率,最终实现提高入住老人生命质量的目的。因此,在养老机构中开展针对老年人的健康管理服务对养老机构服务有着重要的意义。

一、服务目标

(一)生理方面

1. 维护老年人现有的身体健康状况。
2. 增强老人自我保健意识与行为。
3. 使老人实现维持自立、自理的生活。

(二)心理方面

1. 保持老人的人际交往及自我方面的心理健康。
2. 保持老人心理的安定。
3. 协助老人构筑良好的自我心理管理的意识。

(三)社会活动方面

1. 维护老年人良好的人际关系。
2. 满足老人合理的社会活动的需求。
3. 协助老人构建、维护和发展其社会支持网络。

二、服务理念

(一)现代健康理念

根据国际卫生组织对于健康的最新定义,健康不但是没有疾病和身体缺陷,还要有完整的生理、心理状态,良好的社会适应能力以及道德品质,即健康包括生理的健康、心理的健康、社会性的健康。

(二)健康管理理念

健康管理是指一种对个人或人群的健康危险因素进行全面管理的过程。其宗旨是调动个人及集体的积极性，有效地利用有限的资源来达到最大的健康效果。在我国，健康管理服务由具有执业资格的健康管家或健康管家服务机构来提供。

（三）现代保健概念

保健重于预防，预防重于治疗。应帮助人们具体地了解常见疾病的病因、病症和保健、预防、治疗方法的相关知识，从而有目的地做好自我保健、自我防治工作，达到强身、健体、愈病的目的。

（四）康复理念

康复应包括所有措施，以减少残疾的影响，使残疾者达到自立，回归社会，有较好的生活质量，能实现其抱负。在养老机构中，康复不仅仅是对有障碍的老人进行康复训练，而且还应包括社会大系统所采取的各种措施，如对环境的改造与保障人权等。

（五）个性化理念

在养老机构中的健康管理是以个体生理的健康、心理的健康和社会性的健康三个方面为基础进行的支援辅助的过程，然而由于个体先天性以及后天社会经历的差异，相应的健康状况不尽相同，这就要求养老机构专门针对入住老年人个体提供相应的健康管理服务，以促进老年人的自我保健与康复，从而为老年人的自立生活奠定基础。

三、健康管理内容

（一）身体健康管理

身体健康是自立的生活基础，在养老机构中的身体健康管理要求：一方面养老机构与其所在地域内符合相应医疗资质且能较好地满足老人医疗服务需求的医疗机构进行合作，签订合作协议，以形成区域医疗网络，为入住老人创造良好的医疗环境；另一方面养老机构要配备专业的医护人员，开设专门的身体健康讲座，对入住老人在面临身体衰老时出现的各种变化进行及时科学的指导，对他们的各种生活习惯进行规划，从而保障入住老人的身体健康，维护入住老人自理自立生活的能力以及生命的尊严。

身体健康管理内容大体包括：

1. 定期健康诊断

①定期全面的健康体检（每年 2 次）。

②定期进行内容包括问诊、血压、体温、脉搏等测量的健康检查（每周 3 次）。

2. 慢性疾病管理

①对入住老人采取鼓励、支持及辅助等方法，干预或控制老年人慢性病患病率，其中包括吸烟情况、体重指数、精神状况、体育锻炼等因素，从而有效地预防慢性疾病的发生发展。

②建立专业的慢性病防治医护小组，根据慢性病管理规范，为患有慢性病的入住老人提供健康服务，如按摩、针灸、水疗、瘫痪预防等。

3. 日常医疗支援

①门诊。在进行门诊治疗时要介绍老人经常就诊的医生、医院或者是与养老机构有良好合作关系的医疗机构或者专门医师。

②住院。在有必要住院的情况下，养老机构应协助老人到其经常就诊的医生、医院或者是与养老机构有合作协议的医院进行住院治疗；住院时由机构工作人员单独办理或协同家属共同办理手续，机构工作人员需协助医院做好关于该老人的配药管理。

4. 紧急情况

①工作人员根据了解到的情况，根据事先制定的应急预案指引手册准确、迅速地做应急处理。

②根据状况和医生取得联络，用医疗机械做急救治疗或者送往附近医院进行抢救。

③养老机构记录急救情况下的老人的相应表现以及所采取的抢救措施，并将老人健康档案随急救老人一起送至就诊的医院。

（二）心理健康管理

老年心理健康是指个体内部心理过程和谐一致，与外部环境良好一致的状态，具体表现为：认知功能正常、情绪积极稳定、自我评价相当、人际交往和谐、适应能力良好。在养老机构中，入住老人在其生理需求得到满足的同时自然也要追求心理需求的满足，然而由于自身衰老以及后天各种因素造成老年人心理上的压力，相应的心理需求并未得到满足或部分满足。其具体表现为黄昏心理（即心理空虚问题）、心理自卑、安全感缺失等。因此，养老机构在针对老年人开展心理健康管理服务时，除了进行必要的心理护理之外，应注重运用以下四种心理疗法以促进入住老人的心理健康。

1. 音乐疗法

优美悦耳的音乐可以调节体内血管的流量和神经传导，改善神经系统、心血管系统、内分泌系统和消化系统的功能，促进身体健康。此外，良性的音乐能改善情绪、激发感情以及振奋精神，同时也有助于消除心理、社会因素所造成的紧张、焦虑、忧郁、恐怖等不良心理状态，提高应激能力。因此，养老机构在服务过程中应注重音乐在提升老年人生活质量方面的作用,如在大厅、餐厅、康复室都可播放一些老人爱听的民谣等歌曲,以唤起老人记忆,并保持身心的安定状态。

2. 回想疗法

回忆不仅是一项有趣的消遣,它还能通过强调过去生活中正面积极的事,重塑消极不好的事来帮助老人原谅、遗忘以及重塑过去经历的违背心愿的事和令人失望的事。回忆有助于提高老人的自尊心,重塑骄傲并减少沮丧感。回忆过去有助于健康,尤其是一个倾听者在旁边指出老人受人喜爱、受人羡慕,并特别提到他的成就以及其他优秀品质时效果会更好。这种使人精神振奋的对过去的重视,心理学上称为"生命的回顾"。

3. 园艺疗法

园艺疗法(Horticulture Therapy)也称园艺治疗,是一种辅助性的治疗方法,是指借由实际接触和运用园艺材料,维护美化植物或盆栽和庭园,接触自然环境而疏解压力与复健心灵。人们通过盆栽花木、花坛制作以及庭园花卉种植等各种园艺活动,在身体方面不仅能刺激感官、强化运动机能,在心理方面还能在消除不安心理与急躁情绪、培养忍耐力与注意力、增强美感、树立自信心等方面起到重要的作用,更能通过与他人共同行动来提高社交能力和增进公共道德观念。因此,养老机构应建立园艺活动的场所,开展园艺疗法活动,为入住老人提供以自然、园艺作物为核心的交流平台。同时,护理人员及社会工作者要从旁鼓励、支持并协助老人开展园艺活动,保证老年人在园艺活动中的安全。

4. 沟通交流

工作人员应该经常跟老人沟通交谈,以排解老人的寂寞感和负面情绪,促使其尽可能地将内心的苦闷讲出来。同时工作人员与入住老人之间应该尽可能地建立一种信赖关系,并帮助老年人实现某些愿望或自我价值,例如鼓励和支持老年人参与其感兴趣的事业。其中,沟通交谈被认为是对老年人健康管理的最有效的途径。因此,工作人员应当注意以下几点。

首先,当好倾听者。当入住老人想要找人倾诉他的情感或是回忆时,要洗耳恭听,并在理解谈话背景的情况下适当给予老人相应回馈。

其次,关注言语的技巧。比如言语尽可能采用肯定式的而非否定式的;又如同感的表达,所谓的同感就是指完全理解对方的经验和感情以及主张,也就是站在对方的立场上考虑问题,同感对于拉近彼此之间的距离感以及建立信赖关系都具有重要的意义。

最后,注重非言语的交流。这里的非言语是指交流时的身体姿势、面部表情等。例如,在与老人交流时,目光视线要尽量保持平衡,避免交谈时俯视老人；尽可能地用温暖的、柔和的目光与之接触交流；交谈过程中援助人员要有耐心并适当给予反馈的动作等。

（三）生活方式管理

所谓生活方式管理是指通过健康促进技术，比如行为纠正和健康教育，来保护人们远离不良行为，减少健康危险因素对健康的损害，预防疾病，改善健康。生活方式与人们的健康和疾病息息相关，良好的生活方式可以消除或减少健康危险因素，从而减少许多疾病的风险。因此，通过生活方式管理塑造良好的生活方式也就显得十分重要。

在实践过程中，可以综合或单独运用健康教育、激励、训练和推广健康行为等方式来促进人们生活方式的改变。在养老机构的服务过程中，健康管理的目的在于恢复和实现老人自立、自理的生活，因此养老机构应根据每一位入住老年人的不同身体情况，与老人及其家属一起制定不同的健康生活方式，并支持、鼓励与辅助老年人去实现。

在实际应用中，生活方式的管理可以以多种不同的形式出现，也可以融入到健康管理的其他策略中去。例如，生活方式管理可以纳入身体管理项目中，用于减少疾病的发生率或降低疾病的损害，帮助人们更好地选择食物，提醒人们进行预防性的医学检查等。不管应用什么样的方法和技术，生活方式管理的目的都是相同的，即选择健康的生活方式，减少疾病的危险因素，预防疾病或伤害的发生。

（四）健康管理的安全问题

养老机构在提供健康管理的过程中，要以保障入住老人的安全作为首要考虑的问题，因此要从以下几个方面做起：

1. 及时沟通

养老机构对入住老人的健康评估结果、相应的健康管理措施以及相应的变化情况，随时与老人及其家属进行沟通，对于需要家属配合的内容提前告知。

2. 动态评估

要定期对入住老人进行评估，内容包括专科疾病及并发症、过敏史（食物、药物）、生活自理能力、认知理解能力、吞咽功能、感知觉、视力、听力、相应的心理状态及生活方式等，并及时告知入住老人的家属。

3. 事前防范

养老机构应针对不同的安全隐患制定相应的防范措施，如改善环境、防止跌倒、防压疮、郁抑症的疏导、对记忆力下降的老人加强标识提醒以及配备电子追踪仪等，并给予切实实施。同时加强对实施情况的及时文档记录，形成动态电子数据，在院内服务过程中实现信息共享，并与院外相应的医疗机构合作共同组建老人健康的信息网络，以最大限度地遏制意外事故，避免纠纷。

【案例 5.5】

某养老院从入住的老人的身心健康角度考虑，在院内设置了活动室，配备健康娱乐的体育器材，并且在活动室中安排专职人员指导和保护老人活动，并规定凡是需要健身的老人必须经过登记方可入内。陈妈妈身体不怎么好，医生禁止其进行剧烈活动，但是她看到同住的老人在活动室中锻炼得很开心，就趁着看护人员不注意的时候进入活动室锻炼，活动中摔倒受伤，家属要求养老机构进行赔偿。

个案焦点：导致老人摔倒受伤的原因是什么？

【案例分析】

原因分析：老人系具有正常认知、辨识能力的自然人，并已由医生告知其禁止剧烈运动。但老人仍趁着看护人员不注意，进入活动室锻炼，导致受伤。老人受伤结果系因自己行为所致。老人活动室的服务对象是老人，所以活动器械的配备一定要适合老人，尤其是要注意老人活动时的安全性。

活动室配有专职人员管理，专职人员要恪尽职守，发生老人"趁看护人员不注意的时候进入活动室锻炼"的情况，属看护人员工作疏失，故养老院有一定过错。

活动时除了需配备专职人员实施指导、看护，还要在醒目处张贴告示牌。

对策分析：老人的摔倒估计不是"剧烈运动"所致，而是站立不稳、人体重心偏移或被器械阻碍。事件发生后，要敢于面对，并积极地寻找事故的真正原因，消除隐患。

康复锻炼可提高老人的身体质量，改善和提高老人的生活自理能力，增强老人对未来生活的信心和勇气。但有一个前提：确保安全。医护人员要针对每一位老人的身体状况，制定合理的康复计划，指导老人参加适合于他（她）的康复活动。

四、健康管理的实施

健康管理的宗旨在于调动个体、群体及整个社会的积极性，充分而有效地利用有限的社会资源达到最大的健康效果。其具体做法是为个体和群体（包括政府）提供针对性的科学健康信息并创造条件采取行动来改善健康。健康管理的服务流程包括五个方面。

（一）个人健康信息收集

养老机构与地域内符合资质的医疗机构合作，定期为老年人提供健康体检，以收集入住老人的个人生理健康信息，同时养老机构通过与老人及其家属的交谈、观察及做心理与生活方式相关问卷，获得即将入住老年人的心理与生活方式的健康情况。通过以上方式收集的有关入住老年人的生理、心理以及社会生活方面的健康状况的信息可为健康管理提供必要的判断依据。

（二）健康评估

从收集到的入住老人的健康信息，并与相应的健康标准作比较分析，可发现入住老人在生理、心理以及社会适应方面的问题及其健康需求，在与入住老人及其家属详细商谈之后，做出与之相对应的健康管理计划，并取得入住老人及其家属的最终确认，若有相应的改动也应与入住老人及其家属积极沟通，且这一过程应在入院合同中加以明确说明。

（三）建立健康档案

养老机构的医护人员要从老年人入住养老机构开始就建立动态、连续、如实且全面记录的个人健康档案，作为入住老人指导就医以及自我保健康复的重要信息凭据。健康档案是用来记录一个人的生命特征变化以及自身所从事过的一切行为与事件，具体内容包括：个人的生活习惯、过敏史、既往病史、诊断治疗情况、家庭病史及历次体检结果等。同时，应注意保护个人隐私，不要将关于入住老人健康的个人或机构档案信息泄露。

（四）个人健康咨询

养老机构在提供服务的过程中，相应的工作人员应对入住老人进行包括健康饮食、运动健身、心理健康、日常生活以及人生经营的综合性指导。

（五）专项健康与疾病管理服务

在养老机构中，除了为老年人进行个人健康咨询之外，还必须为老年人量身定做一系列的健康计划，在与老年人及其家属商榷之后，再由专业人员在保障其安全的情况下支持、鼓励与辅助入住老人来实施健康计划，以维护老年人的自立能力，提高其对于生活的热情。

五、康复服务管理

在养老机构内开展的康复服务是指养老机构综合应用各种措施，与其他养老服务相互配合，以入住老人自我康复为中心，改善因伤病、衰老、致残或生活功能减退者的生理和心理的整体功能，达到其残存的功能和能力得到恢复、最大限度地恢复其生活活动能力及实现正常化生活的目标。在养老机构中开展针对有相应需求的老人的康复服务是机构服务不可缺少的内容。

（一）康复服务对象

在养老机构中开展的康复服务主要对象包括残疾老人；虽无明显病残，但由慢性疾病引起的功能障碍的老人，如慢性心、肺疾患；虽未患病，但由年迈体衰引起的耳目失聪、咀嚼困难、活动受限等的老人。同时，当入住老人出现以下状况时，应考虑辅助老人进行康复训练。

1. 当具有多重疾病的病患出现新的病况时。
2. 当入住老人出现无法解释的失能或功能受损时。
3. 非预期的身心功能快速下降时。
4. 当护理资源出现无法解决的困难时。
5. 当病患发生多次住院、跌倒等异常情况时。

（二）康复程序

1. 康复预估

养老机构通过入院谈话及体检，确定护理等级的同时，收集关于入住老人何种残疾、康复的程度、并发症可否预防、可能影响康复的障碍因素等信息。一般影响康复的障碍因素有：自身因素，包括年龄、性别、职业、家庭、经济、营养、性格等；原患病及致残情况；原发性残疾，如脑卒中偏瘫需进一步分析有无失语、失行、失认等；继发性疾病，有无新的残疾如关节挛缩、肺炎、压疮等。最终确定发病前的活动水平和需要为之康复的水平。

2. 制定康复计划

首先成立康复治疗小组共同探讨老人的康复情况及制定康复计划，一般由康复医师作为组长来组织，根据现场实际需要选择相应的组员，如护理员、医生、护士、作业疗法师、物理疗法师、心理治疗师、社会工作者等。其次制定康复目标，根据老人的实际情况制定相应的短期目标及长期目标。再次，以康复评定会为形式，主要了解问题点，确定康复治疗目标，制定康复计划。最后确定康复方法，目前的康复方法主要包括作业疗法（OT）、物理疗法（PT）、语言治疗（ST）、康复工程（PO）、社会康复、康复护理、心理康复等。

3. 计划实施

养老机构设立专门的康复室，根据老年人的康复需求引入平衡杠、肋木、假肢、胸腰椎矫形器、矫形鞋等各种康复用具器材。同时，在康复师的总体指导下，作业疗法师、物理疗法师、语言治疗师、社会工作者等康复团队成员的指导下，以入住老人自我康复为中心，促使入住老人能力的提升，充分发挥其自主能动性。康复主要针对 ADL 量表中处于半护理等级及以上等级的入住老人，由工作人员协助指导老人在养老机构内的康复训练室进行机能康复训练。

4. 评估反馈

在对老人实施的康复过程中，应在相应的康复阶段进行必要的康复评定，即要求康复小组以评估会的形式，总结前一阶段治疗的情况，定量、定性地分析原因，再重新审定目标和计划。在计划实施的末期再进行相应的康复评定，对整个康复治疗过程进行总结，根据老人的实际情况做出相应的建议或者做出下一周期的康复计划。

（三）康复内容

1. 日常生活活动能力训练

日常生活活动能力训练主要是以肢体运动为中心，训练时需遵循先易后难、循序渐进的原则，有计划地长期训练，不可心急。在由护理人员或家人替代训练的过程中，只能在进行康复训练的老人力所不能及的情况下，给予必要的辅助。在康复过程中工作人员要特别注意对老人的保护，防止意外的发生。

①饮食动作训练：包括平稳的坐姿；餐具的使用及进餐动作模仿；送食物入口、咀嚼、吞咽等动作。

②转移动作训练：指导、帮助下肢功能障碍的老人掌握卧床、椅子或轮椅之间的转移，包括床上翻身、坐起、穿衣、梳洗、下床自己站立、床和轮椅之间的转移以及轮椅的使用等训练。

③穿脱衣的训练：肢体损伤及瘫痪的老人在穿脱衣方面存在着障碍，必须给予相应的衣裤款式的选择以及过程的辅助，并保证过程的安全。

④个人卫生活动训练：工作人员要协助入住老人进行必要的洗漱，如梳头、拧毛巾、剃胡子、剪指甲，以及上厕所、洗澡等训练。

⑤家务劳动：在老人愿意且符合进行相应活动的身体及心理条件的情况下，给予老人力所能及的院舍内的家务劳动，如折叠衣服、洗菜、清洁自己的房间以及共同做饭等。过程中必须注意对老人的保护，防止意外事故的发生。

2. 心理康复

在养老机构中的心理康复是指应用心理学的理论和方法对各种心理障碍开展咨询和治疗，帮助入住养老机构的老人改善功能和不良情绪以及矫正不良行为和异常行为，使他们摆脱各种心理的困扰，建立起具有适应性的行为方式。养老机构康复工作人员直接接触入住老人的各种情绪反应，要密切注意老人的心理动态和潜意识活动。社会工作者应经常采用个案工作方法，即让社会生活功能失调的老年人个人通过心理治疗及训练最大限度地发挥其潜力，使其在生理上、心理上趋于健康，使其对周围环境有良好的适应性，实现正常生活的目标。

3. 社会方面的康复

面对来自家庭以及社会的压力和打击，老年人在心理或行为上往往会发生变化，甚至出现严重的心理障碍。这就要求社会工作者与心理治疗师相互配合，根据个案情况制定出具体的治疗方案，缓解压力，使他们恢复健康心态，心理得到最大限度的康复。

(四) 康复管理注意问题

1. 以自我康复为中心

即调动老年人的治疗欲望和配合积极性。要通过对老年病人的了解，告知他一些疾病的相关知识和康复的相关知识，争取老年人积极主动地配合，激发老人自主康复意识。

2. 注重整体康复

康复服务在很大程度上是与饮食服务、护理服务交叉进行的，因此必须作为整体来对待；同时康复服务同样包括身体方面的康复、心理方面的康复以及社会方面的康复，因此在进行康复服务过程中要注重全方位的康复。

3. 量身定制康复计划

养老机构要根据老年人自身的特点，选择适量的治疗和方法。

4. 确保康复安全

康复治疗有适应症和禁忌症，所以应该检测老年人各个脏器的功能，避免发生危险，确保治疗安全。

5. 持之以恒

康复治疗是一个需要长期坚持、定期评估、有效跟踪的过程，只有在养老机构持续治疗才能使大多数老年人得到真正的全面康复。

第四节　娱乐服务

老年人除了希望健康长寿以外，更希望精神愉快、心情舒畅，更渴望精神文化生活的充实与满足，活得年轻而精彩、愉快而有尊严，实现自我人生的价值，因此在养老机构中提供满足老年人的精神文化生活需求的娱乐服务应当作为养老机构服务的重要组成部分，这也是实现"老有所养、老有所医、老有所用、老有所教、老有所为、老有所乐"的必然要求。

一、服务目的

（一）生理方面

1. 维护老年人现有的生活自理自立能力。
2. 增进身体健康。

（二）心理方面

1. 保持身心的安定。
2. 提升老年人生活幸福感。

(三) 社会活动方面

1. 满足合理的社会活动的需求。
2. 协助老年人构建、维护和发展其社会支持网络。
3. 协助老年人实现自我人生价值,激发对于生活的热情。

二、服务实施

(一) 入住老人的需求

一般而言,养老机构中的入住老人的需求包括情感需求(包括夫妻情感的相互扶持、亲情慰藉、友情支持等)、社会交往的需求、政治需求(包括对于时事政治的了解以及与其他老人交流自己的政治观点和见解等)、继续教育的需求(包括如何检索信息、常用电子产品的使用及如何面对死亡等)以及自我实现的需求。因此,养老机构的娱乐服务要以入住老人为活动主体,社会工作者及其护理团队从旁鼓励、支持与辅助,注重对入住老人相应需求的满足。

(二) 社会工作者的介入

实施娱乐服务计划,老年社会工作者的引入是必要前提。同时,也要注重社会工作的价值观、方法和技巧在养老机构服务中的运用,整体而言即是在养老机构中运用"花圃模式"和"社会工作模式"。所谓"花圃模式"是指启发老年人能动性和潜力,提供照顾时本着"以人为本"的照顾理念,重点满足老年人的社会和心理需求;所谓"社会工作模式"是指帮助老年人在机构生活中保持身份、自主和自我选择。"花圃模式"和"社会工作模式"的运用可最大可能地提高老年人机构生活的自由度,充分发挥其能动性和潜力。

具体而言,可以用以下方法来帮助老年人重塑积极的人生观、价值观和世界观,使他们愉快地、有尊严地安度晚年。

1. 让老人自己安排一些日常生活来增强他们控制生活的感受,如让他们装饰自己的空间,供给有选择和有变化的饮食等。
2. 为老人提供成长与发展的机会。机构可以安排各种学习小组、技能培训班、健康讲座、社会新事物小组等。
3. 建立老年人之间的友谊,如举行宿舍会议以解决宿舍人员之间的纠纷。
4. 培养老年人对机构的归属感,鼓励老年人按个人兴趣参与机构生活的义务工作,如协助机构向新入住的老年人介绍机构生活、参加园艺小组等。
5. 给予老人"临终关怀",消除老年人对死亡的恐惧和焦虑。
6. 建立老年人与社区生活的联系,鼓励老年人参与社区为老年人举办的各种活动。

三、服务内容

表 5-5 娱乐活动内容一览表

	活动内容
1 月	文体比赛（卡拉 OK、象棋、扑克等）
2 月	春节联欢
3 月	疾病预防讲座
4 月	与小学校进行交流活动
5 月	劳动节郊游活动
6 月	与幼儿园进行交流活动
7 月	外出就餐
8 月	中秋节
9 月	重阳节
10 月	国庆节
11 月	亲子大会
12 月	健康讲座

（一）体格锻炼

运动对老年人的神经系统、心肺功能、骨骼系统等都起到很大的作用。例如，长期进行有氧运动如健身跑、骑自行车、游泳等均能改善骨骼系统的功能，同时进行骨骼锻炼时，肢体不断地移动，肌肉急剧地收缩，强有力地牵拉所附着的骨骼，刺激了骨细胞的生成，不仅减少了骨质的流失，另一方面也能使骨质厚度增加。因此，养老机构应经常组织有活动能力的老人参加户外的有氧运动或在机构内康复健身房进行运动，以维持或促进其骨骼的良性发展。还有，在建筑地上或屋顶平台上设立门球场地，开设对老人有益的体育运动，这样做的话，能够使其发现新的兴趣爱好和好友，还能打破其封闭的观念，使之积极参加社会活动，有着不可估量的意义和作用。

（二）游戏互动

随着年龄的增长，老年人脑部的各项功能逐步衰退，近年来患有阿尔茨海默病（即通常所说的老年痴呆）的老年人的数量更是大大增加，因此养老机构要积极带领老年人进行脑部机能的锻炼，如让老年人多做一些数学类的相关游戏，或者组织开发智力的脑筋急转弯等互动游戏，不仅可以锻炼脑部技能，还可以增加彼此之间的互动，让老人更加融洽地融入到养老机构的大集体之中。

（三）休闲娱乐活动

根据老人的喜好，养老机构可以组织开展如书法、绘画、养花、舞蹈、乐器等兴趣小组，鼓励入住老人积极参与其中，为老人提供与其他老人交流的平台。不仅如此，养老机构还可以为有能力、有技巧的老人举办专场，让他们的技能福利于更多的人，同时对有技巧的老人来说，也满足了其内心的成就感，激发对生活的积极性。定期举办养老机构整体性的舞会等，不仅可以活跃养老机构的气氛，而且能够加深入住老人彼此之间的交流。

（四）寓教于乐的老年教育

养老机构可以实行与学校结合、与社区结合的方式，有条件的养老机构甚至可以在机构内开办老年学校，为老年人开设包括身心健康、相关的法律法规等课程，以满足不同老年人的教育需求，使老年人通过学习，排遣孤独寂寞，驱除烦恼失落，提高社会适应能力，促进参与社会，实现社会和家庭中角色的转换，调适人际关系。而且，养老机构也可以充分利用活动中心阅览室功能，增订一些老年人喜欢看的报刊、书籍和杂志，促使老年人通过读书看报获得知识和信息。通过老年教育，可实现老年人"学、乐、为"三结合的良好效果，丰富精神文化生活，促进老年人生活质量的全面提高。

（五）社区交流

养老机构本质也是一个区域社会，并与所在的社区紧密相连，同时，老年人入住养老机构并不意味着完全与外界脱离，而是互动方式的改变。因此，养老机构要与附近中、小学校乃至幼儿园加强交流，如举行节日联欢活动等。同时，充分发挥志愿者力量，让志愿者进入养老机构与老人进行聊天、为老人表演节目或者举行大联欢活动等。

（六）援助自我实现

老年人拥有丰富的资源和经历，能够发挥其潜能，克服衰老过程中的各种危机。因此，养老机构应该致力于发现并满足老年人的需求，为其物质、精神生活等提供条件，并消除老年人因退休、衰老、疾病等所带来的焦虑与困扰，促使其更加积极健康地生活。工作人员可以鼓励老人积极加入兴趣小组活动，如开展棋牌竞技大赛、读书报告座谈会等，在参与集体活动的过程中感受自我价值的存在。同时，可以鼓励有特长的老人带领大家一起开展活动，例如让会打太极拳的老人教大家太极拳，在展现自我的同时得到成就感与满足感。

第五节　日常生活服务管理

养老机构提供的日常生活服务是指养老机构向入住老人提供除饮食服务、护理服务、健康管理服务以及娱乐服务以外的其他日常生活服务的总称，其内容主要包括联络、个人财产管理、代办代买、居室清扫等服务。作为机构五大养老服务之一的日常生活服务，在提升入住老人生活质量及实现在机构正常化生活等方面发挥着不可替代的作用。

一、联络服务

养老机构应提倡和坚持"始终以入住老人为中心，以满足入住老人的需求为目标，充分发挥入住老人的能动性，提供能令入住老人满意的服务"这一根本服务理念，进而推动养老机构整体服务质量的提升。为了预防服务过程中的各种事故以及养老纠纷的发生，养老机构开展准确而又及时的联络服务显得非常必要。联络服务必须建立在相应的软硬件配置上，开展包括机构内部联络和机构外部联络的服务。

（一）软硬件配置

为了更好地进行联络服务，必要的软硬件配置是不可缺少的。为此，养老机构应做到以下几点：

1. 仿照医院护理模式设置呼叫装置，固定于如床头等老人易于拿取的地方，同时每一名与老人直接接触的工作人员都应随身配备呼叫机，一方面可即时接收老人发出的信号，另一方面也方便与需要的工作者之间的互相联系。

2. 引入生活异常感知装置，如生活节奏敏感器，主要功能是当入住老人的行动超出预定的行动时向工作人员发出提醒，如坠床等。

3. 不断寻求建立完善的机构内联络系统。

（二）机构内部联络服务

机构内部联络服务是指养老机构以向入住老人提供满足其需求的服务为中心，不断促进养老机构内各职能部门、相应职能部门及团队内部各个工作人员之间的信息交流与共享的过程。具体措施包括以下方面：

1. 养老机构内各职能部门、相应职能部门及团队内部各个工作人员之间的信息交流与共享，同时根据详细的工作指引手册来切实认真地履行相应的工作职责，注重分工与协作。

2. 向老人发放依据老人喜欢的样式而专门制作的"紧急情况联络卡"，卡片内容包括入住老人的姓名、照片、性别、出生年月、血型、现患有的疾病、护理责任人及其联系方式、护理等级、习惯的医院以及常年主治医师等基本信息，以实现当入住老人遭遇意外事件时能得到及时救助，将紧急事件造成的损失降到最低。

（三）机构外部联络服务

机构外部联络服务是指养老机构在向入住老人提供满足其需求的服务的同时，不断促进与入住老人的家属及其亲朋好友的沟通与交流的过程。这一过程不仅包括养老机构与入住老人的家属及其亲朋好友的沟通与交流，还包括入住老人与其家属和亲朋好友之间的沟通、联系与交流。具体服务内容包括：

1. 每名入住老人的家属及其亲朋好友的联络方式都应记录在案，关键时刻便于联系，同时要将相应的联络方式周知老年人。

2. 养老机构关于入住老人的入住状态，随时与老人的家属保持紧密沟通，定期向家属报告相应的情况，同时也要让老人的其他亲朋好友了解知晓，满足入住者自身的联络需求。

3. 在入住老人的症状发生变化或者发生紧急事故等情况时，养老机构应立即联络老人的家属，在联络不上的情况下，根据机构与入住老人及其家属的合同协定，以保护入住老人为根本出发点，根据机构指定的应急救援指南采取相应的应对措施。

二、个人财物管理

老人由于记忆力衰退，大多具有健忘的特点，对自己放置的物品忘记放什么地方，对发生了的事情记忆模糊等常有发生。因此，协助老人妥善保管好个人财物，对保障老年人财产权益、避免纠纷的发生十分重要。特别是对于患有阿尔茨海默病的老人而言，协助保管、处理好他们的财物，对处理好养老机构与家属的关系、树立养老机构的良好信誉都有重要的意义。

（一）管理章程

管理章程是养老机构关于入住老人的金钱管理等涉及入住老人个人财产的规定，适用于入住老人及其法定监护人。

1. 原则上不涉及入住老人的个人财产管理

入住老人的现金及银行卡的信用凭据由入住老人自己保管，原则上养老机构不受理寄存及管理。

2. 金钱管理特例

当出现以下两种情况之一时，养老机构可受理金钱等的管理：

（1）入住老人本人向养老机构提出委托；

(2)由于入住老人本人痴呆等原因被确认为没有足够的判断能力而不能恰当管理金钱,得到送养人等许可。

3. 委托手续

养老机构在符合上述两项条款的情况下可接受涉及入住老人个人财产的委托,同时申请方应依照规定的样式向养老机构提出书面的委托许可。

4. 定期报告

在养老机构代管涉及入住老人个人财产的情况下,一方面应使所有收取过程都经由银行,做到存款账簿透明,另一方面实行每月1次向入住老人本人及其法定监护人等提交定期报告。

5. 费用承担

在养老机构代管涉及入住老人个人财产的情况下,使用金融机构所产生的手续费用,由财产所有者也就是入住老人来承担。

(二)贵重物品的保存

老年人的贵重物品是否接受养老机构的代管和协助保管,要尊重有完全民事行为能力老人的真实意愿。对于无完全民事行为能力的老年人,也要与家属或代理人做好配合,签订保管代理合同。

【案例5.6】

张老太73岁,孤老,入住养老机构已有三年,护理等级为三级。老人入住期间,外甥前来探望。某天,张老太突然在房间里大呼小叫,哭哭啼啼,经询问得知老人的一根金项链不见了。张老太说:这根项链是她母亲留给她的,一直放在床头柜的抽屉里,从来没丢过,昨天整理抽屉时还在那里。护理员一边安慰老人一边帮助翻箱倒柜寻找,但没有找到。院方很重视,对此情况作了全面了解;这两天出入张老太房间的除了同室二位老人、护理员外,其外甥昨天来探望过她,当时张老太正在整理抽屉,外甥边与她闲谈,边帮她一起整理了抽屉、柜子、衣柜等。张老太认为外甥对她挺好,不可能私自拿她东西。同室老人和护理员也表示没有看到过项链,更不可能拿老人的东西。院方又让护理员再次帮她寻找,但始终没有结果。

张老太为此茶饭不思,并天天找院长要求找回她的金项链。院方认为:张老太是三级护理,有能力保管好自己的物品,项链遗失的原因现无从查实,院方不予负责。在不断地做好老人的思想工作的同时,院方也感到十分无奈。

【案例分析】

原因分析:一般来讲,入住老人的贵重物品不宜带入院内,带入院内的贵重物品,机构应提供贵重物品的委托保管手续,存取自由。如老人不予托管,一旦遗失,机构不承担由此造成的后果。老人入住养老机构,经常会将一些自己心爱的贵重物品带入院中，包括存折等，由于养老机构的特殊环境和老人记忆力下降等因素，如无恰当的措施和制度，会给机构带来不必要的麻烦。

对策分析：为入驻机构的老年人提供贵重物品保管服务，必须考虑建立管理制度，首先必须通知入住老人带入机构内的贵重物品由自己保管的情况下养老机构没有管理责任，一旦丢失责任自负。如果由养老机构保管，要签订保管协议。机构制定的贵重物品保管制度，要在老人入住机构时及时告知。如老人不予委托，应明确告知，一旦遗失后果将自负。同时，制定的保管制度必须规范，执行必须严格，否则也会因保管不当而承担责任。

三、其他生活服务

1. 物品收发登记
①来访者的受理与传达；外出时的口信传达与邮件收管。
②报纸杂志或其他快递物品的受理、保管和直接交付等。

2. 代办代买
①为老人买东西，如在附近的商店购买生活物品。
②帮助公共文件的填写和制作以及协助相关手续的办理等。

3. 居室服务
①对于由于疾病或者高龄的原因无法完成个人居室整理的入住老人，工作人员要给予必要的帮助。
②当入住老人不在居室时，工作人员要得到老人的允许后方可进入老人的居室，同时根据入住老人的意愿，提供为盆栽浇水、简单的室内清扫、防盗防灾检查等服务。

4. 清扫服务
①定期进行室内的大扫除、消毒并逐一检查，其中大扫除的清扫时间和内容根据实际情况而定。
②每日垃圾要注意分类，并丢到户外的垃圾收集场。

5. 信息服务
①为入住老人介绍日常生活中必要的商品及服务，如附近的公园、休闲茶馆、公交站台、饰品店、花店等。
②在养老机构的公示栏上公布本机构服务日程表及其内容等。

6. 其他相关服务
宗教仪式、葬礼等。

【本章小结】

在服务产业迅速发展的今天，向服务对象提供满足其需求的产品及服务，是企业赖以生存与发展的必要条件。对养老机构而言，向以入住老人为中心的服务对象提供满足其需求的养老服务，是养老机构管理运营的核心内容。而服务理念作为养老机构服务的"心脏"，掌控着整个养老机构服务的始终，决定着养老机构服务质量的高低。因此，不断推动服务理念的创新，对于服务质量的提高起着非常重要的作用。

养老机构服务的主要内容大体包括：饮食服务、护理服务、健康管理服务、心理慰藉服务、娱乐服务、日常生活服务等。因此，养老机构经营者及管理者的经营服务理念直接决定或影响老年人在养老机构内的生活质量。养老机构是为老年人提供服务的场所，更是为老年人提供可选择性服务的场所。应赋予老年人自我选择与自身决定的权利，在让老年人发挥残存能力的基础上，确保服务的公平性、公正性与中立性。同时还要维护老年人的尊严，保护老年人的个人隐私。

养老机构应由具有资格的人员提供专业化的服务。老年人的生活质量是由每一天的生活内容细节决定的。生活在养老机构中的每一位老年人所接受的服务不是单一的，养老机构服务团队应该以老年人为中心，由医生、护士、专业护理人员、营养师等构成。养老机构应为老年人提供具有关联性的专业化服务。

【复习思考题】

1. 简述老年人膳食服务原则。
2. 如何进行老年护理定级？
3. 简述对新员工的培训包括的内容。
4. 简述如何对老年人进行健康护理。
5. 简述日常生活服务包括哪些内容。

第六章 养老机构服务的延伸与辐射

学习目标

1. 了解：我国社区养老服务的发展历程；常用老年福祉用品的种类与功能。

2. 熟悉：社区养老服务的优势；居家养老服务的优势；我国老年福祉用品的现状。

3. 掌握：我国社区养老服务的发展现状；居家养老服务的主要内容；我国居家养老服务存在的问题及对策；针对我国老年用品问题的应对策略。

随着人口老龄化进程的加快，老年人的社会服务需求不断增长，如何解决数量庞大的老年人群体的养老服务需求，正成为制约一个国家经济和社会发展的重大问题之一。然而，任何单一的养老方式都不足以完全满足老年人的养老需求。因此，需要建立一种顺应福利多元化趋势的养老方式。把家庭、社区和机构三者有机地结合起来，建立以居家养老、社区养老、机构养老相互补充的养老服务体系，已逐渐成为各国解决养老问题的共识。可以说，政策支持、社会参与、专业运作的养老机构服务延伸社区新模式，是积极有效应对老龄化的创新举措和发展方向。

第一节 社区养老服务

一、社区养老

社区养老这一概念是相对于家庭养老和机构养老而提出的。

随着社会的发展和人口老龄化的冲击，应该把社区作为养老模式的载体进行研究。

社区养老是指具有政府的宏观指导和扶持，通过对社区的科学组织管理，以社区为依托，以社区资源充分利用为基础，有更广泛的团体和个人积极参与，为整个社区的老年人提供社会化的养老服务，满足老年人多样性需求，以实现老年人保障目标的一种养老模式，其实质是居家养老与机构养老的衔接与结合。社区养老所关注的重点在于老年人基本的生活照料和高层次的精神心理需求等方面的问题，其核心是解决老年人需求的范围都是以社区为中心，其关键点是社区通过合理组织提供完善的社会化服务，其根本目的在于在老年人仍然居住在家里的前提下，实现老年人在生活照料、精神心理需求等方面的要求，从而实现"老有所养"。

社区养老的具体实践模式在于老年人生活在熟悉的社区环境里，由专业工作人员进行全方位的照顾。老年人不必离开熟悉的生活环境、熟悉的邻里，避免在陌生的环境接受照顾，充分体现了以人为本的理念。在收费方面则以福利性服务为主，根据老人的生活条件适当收取一定的费用，对于生活十分困难的老人则实行无偿服务。

二、养老服务需求与社区服务

确认老年人的受助需求并据此提供相应的服务，是实现社区养老的基础。老年人的养老服务需求是多方面的，满足老年人的基本需求是社会养老保障的重要目标。

结合不同社会养老服务模式的供给，我们可以将养老服务需求分为日常照料需求、医疗保健需求、文化娱乐和精神慰藉需求、社会参与需求（见图6-1）。

（一）日常照料需求

日常照料需求是老年人的基本需求，它主要指老年人在日常基本活动中面临困难时需要获得的帮助。老年人的日常生活能力体现在基本的日常活动中，具体内容有吃饭、穿衣、洗澡、上下床、上厕所、自主大小便、室内活动、短途步行等。不同身体状况的老年人对于该类需求所需程度不同，生活完全不能自理、生活半自理、生活自理老年人分别对应的此类需求程度是总是需要、经常需要、偶尔需要。针对老年人的该类需求，家庭、机构和社区可提供的服务内容主要包括：做饭、日常护理、代买生活用品等。

（二）医疗保健需求

医疗保健需求是老年人对于医疗服务的需求，这类需求是所有年龄阶段人群共同的需求，但在老年人群中具有需求量大、需求集中、持续时间长的特点，这是年龄增长带来身体机能衰退的正常表现。老年人的医疗保健需求一方面指

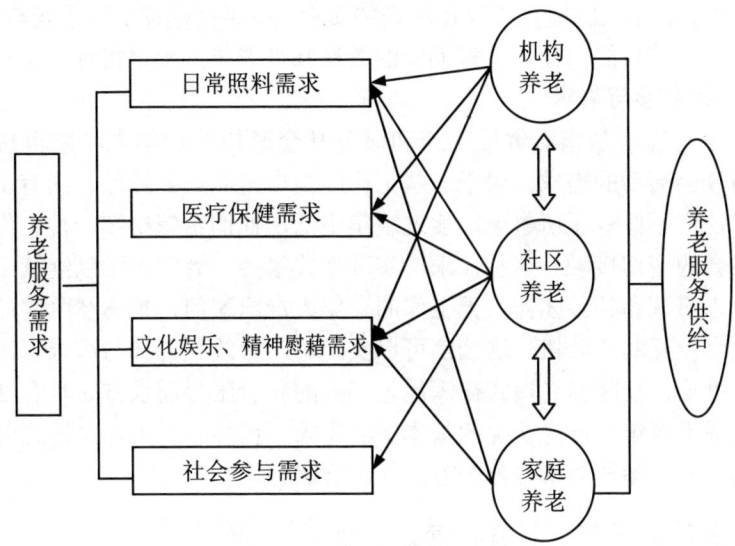

图 6-1 养老服务供需分析

在老年人生病时需要及时有效的医疗服务，这是因为老年人自身抵抗能力下降，很多慢性病和突发性疾病在老年群体中发病率高。另一方面，老年人对于预防保健知识也非常渴望，正是由于老年人面临疾病的风险加大，他们更加看重身体健康的重要性，所以对于预防疾病、促进健康的保健知识有很大的需求，他们希望通过日常防护一方面缓解已有的疾病，另一方面防止新的疾病。

（三）文化娱乐和精神慰藉需求

文化娱乐和精神慰藉需求在传统的老年人需求中并不被强调，但是随着经济社会的发展，生活节奏的加快，人们开始更加注重生活的质量，意识到生活不仅应该有物质支撑，也要有精神享受，这种观念在老年群体中也逐渐得到认同。老人退休后从社会走向家庭，生活也由职业型转变为休闲型，社会活动范围相对缩小，从而容易出现心理失衡。随着年龄的增长，老年人心理发生变化，思想问题多，情绪不稳定，时常被失落、孤独、焦虑、猜疑笼罩，如果缺乏健康的心理素质和及时的环境调适，很容易产生古怪离奇、悲观厌世的情绪，他们渴望情感关爱，期盼心灵慰藉。另外，由于家庭小型化和核心化，使得陪伴在老年人身边的人越来越少，时间越来越短。这种困境可以通过为老年人提供一个共同活动和交流的平台来解决，在丰富多彩的文娱活动中，在有共同语言的老年人大家庭里，老年人的孤独和寂寞可以得到缓解。适合老年人的文娱活动形式多样，目前很多社区都提供此类服务，包括老年人活动中心、各种老年人活动团队、老年人交流中心等。当然，精神需求的满足肯定离不开家人的关心,子女对于老年人的赡养不仅体现在物质上,还要在精神上给予老年人关注,日常的关心、节日的问候、生病期间的关怀都是老年人希望得到的精神慰藉。

(四)社会参与需求

社会参与需求是指有继续工作和服务社会愿望的老年人希望再次投入社会,参与社会活动的需求。对于一些工作经验丰富而年龄较低、尚有工作能力的老人,他们不愿意无所事事地度过晚年生活,他们希望持续一种工作状态,保持和社会的密切接触。这种需求的实现形式很多,老年人可以继续工作,参与老年人志愿队和各种团体,无工作的老年人走出家门,参与社区的活动,加入老年人交流互助的队伍,这些都可以实现老年人的社会参与需求。

由此可见,社区养老模式在满足老年人的养老服务需求方面具有独特的优势,它是基于老年人自身状况的基本生活需求、精神心理关怀、情感归属、医疗保健以及社会参与需求等各个方面的综合服务。

三、开展社区养老服务的意义

作为新型的养老方式,社区养老是一种既符合社会发展潮流,又实用方便的养老服务模式。它充分发挥社区的优势,使老年人不离开自己原来的生活环境依然能享受到全方位周到的服务。社区养老是一个社会不可或缺的一种养老模式,它是机构养老和家庭养老的重要补充。

(一)满足老年人养老意愿

随着一个社会经济的发展和精神文明程度的提高,老年人的生活水平也不断提高,他们在追求正常物质需求的同时,越来越注重提高自己的生活和健康质量,对养老有了更高的要求,从过去的"温饱"上升到了"精神享受"。而社区养老可以使老年人在相对熟悉的环境中,和比较熟悉的人相处,不脱离原有的社会关系网络,具有地缘上的亲切感、归属感。通过社区养老服务,老年人就可以白天在社区里依据自己的具体需求得到相应的服务,晚上回家仍可以享受天伦之乐。社区内的医疗保健站可以很好地解决去大医院"看病难"、"看病贵"的弊病,使老年人可以很方便并且以很低的价格就能接受到专业的医疗服务。同时社区养老服务基础设施中有一大部分是为老年人提供的体育、保健器材,以及开设例如"老年茶室"、"聊天室"、"老年人活动中心"等适合老年人的专门设施,老人们在身体没有疾病的时候可以依据个人兴趣爱好适量参加一些活动,既锻炼了身体,又丰富了老年生活。通过为老人提供丰富的体育、文化、娱乐活动,周到、全面的亲情化服务,使老年人的生活不再孤独和单调,使老年人真正能实现"老有所养"、"病有所医"、"老有所乐"、"老有所为"等理想的生活状态。

【案例 6.1】
张奶奶，63 岁，家住北京某社区，有两个儿子、一个女儿，在谈到她愿意选择哪种养老方式时，她说："我现在能自力更生，当然愿意在家里面养老了，我在家里面养老，舒服，又不受人限制，想吃就吃，想睡就睡，没事的时候就去社区打打麻将、看看电视、聊聊天，至于以后自己实在是老得动不了了，那以后再说吧。"

【案例 6.2】
胡奶奶，60 岁，原来是一家工厂的工人，后来退休之后和儿子住在一起，在上海某社区居住了十多年了，现在每天就在家带带孙子，在社区打打麻将。她怕将来给子女添麻烦，认为如果有一天年纪大了，生活不能自理的话，如果社区有养老院，就用每个月的退休工资去住养老院。她觉得现在养老院的条件也在不断改善，在社区离家也比较近，既可以享受到社区服务也可以感受到家庭的温暖，是一种比较好的养老方式。

【案例 6.3】
张爷爷，74 岁，家住沈阳某社区，一直住在这个老城区里面。他说这个社区虽然比较小，人口却非常多，虽然大清早就能听到卖东西的声音很吵闹，不过倒也很方便，一出门就可以买到东西。他说在这里已住习惯了，出门见到的都是些熟悉的面孔，没事的话可以到处走走，聊聊天，话话家常，一天一下子就过去了。都这么大年纪了，也不想再挪窝了，就在这里过一辈子吧。

从案例 6.1、6.2、6.3 中可以看出，老年人普遍倾向于在熟悉的环境中养老，而由于其身体各项机能逐渐衰退、患病几率增高，故尤为需要一个长期护理的体系来支撑。社区养老使得老年人既可以在熟悉的家庭环境中获得家庭支持，还可以通过上门服务、日托服务、短期入住服务、医疗保健服务等享受更多形式的社区养老服务。然而，我们应该看到，在数量庞大的老年群体和"未富先老"的客观现实下，目前我国的社区养老服务状况并不乐观，为老年人提供的服务项目少之又少。因此，在中国更需要大力发展社区养老服务，以社区为平台来为老人提供长期护理支持，以满足老年人的养老需求，提高老年人的生活质量。

（二）符合现代家庭发展需求

随着我国计划生育政策的实施，传统的家庭结构受到冲击，大家庭模式已经被越来越多的小规模家庭取代。子女逐步走向社会并组建自己的新家庭，他们不仅面临着要抚养下一代的问题，还要赡养夫妻双方的四位父母，甚至有些家庭还有祖父母，这种家庭结构给晚辈带来了沉重的经济和生活负担。

【案例 6.4】
丁婆婆，78 岁，初中文化程度（夜校），老伴去世 20 年了，有四个儿女，现在一个人住。以前先是在一家针织厂工作，37岁时又转到针织厂的幼儿园做阿姨，49岁退休，现退休金1500元/月。退休金基本可以维持日常开支，女儿逢年过节也会给一二百块钱，有时老人不会要，因为儿女都下岗了，老大和老小困难一些，老人有时还会补贴他们一点，多数是喊他们一起吃个饭。平时老人也会攒点钱，以备生病住院急需用钱。2008年初曾住院，共需住院费3000元，政府拿了2000，自己拿了1000。老人担心生病时没有人照顾，一般生病到医院看病的话会叫女儿陪同，但是有时女儿也会抱怨，怎么不叫儿媳妇来照顾。老人觉得平时和儿媳之间沟通较少，所以不适合叫儿媳妇来照顾。要是去医院看病时女儿没空，老人就只能等女儿有时间再去看病。老人认为，这人一老了，就是多余的。儿女平时都各忙各的，还要照顾孩子，所以不能太指望他们。有时身体有些不舒服，老人就一个人在家，有苦有罪只能自己受着。目前老人能够自己买菜做饭，但是随着年龄大了，加上身体不是很好，老人很希望有人帮自己做家务。她希望社区能够提供一些服务，每周一次或者半个月一次到家里为自己洗洗衣服，做点清扫卫生。当然，如果要是收费的话，每个月100~200元还是能够接受的，再多了就接受不了了。老人孤独感较强，主要是没有人聊天谈心，没人交流，经常一个人在家里对着电视。所以，老人希望社区能够提供一个场所，让她在这里能够谈谈心，交流交流，说说话什么的，这样能减少孤独感。

【案例6.5】

廖爷爷，今年63岁，有一个儿子，他以前是医生，退休了之后继续在一家诊所帮忙。在谈到以后由谁照顾的问题时，他说，现在的养老不像过去了，现在儿女都要上班，而且竞争压力很大，负担太重了，既要想着自己在事业上有所发展，还要为小家庭而努力奋斗，我也不想给子女添麻烦。要指望他们来照顾我们是不可能的了，除非他们不要工作。指望老伴的话，也还不知道谁会走在谁前面，所以靠老伴也不现实。所以希望以后最好还是社区能够发展好一点，给我们提供照顾。

像案例6.4和6.5中所述的情况在当今的我国社会中是比较常见的。随着市场经济的发展，社会生活节奏的加快，年轻人面临越来越多的工作压力，不仅要积极上进，做好本职工作，还要抽出时间学习、进修，以免被职场淘汰，回到家中还要照顾老人和孩子，以及承担大量的家务劳动，这就使很多年轻人力不从心。因此，家庭照顾功能逐渐减弱，已经无法满足老年人的需求。另外，有一部分年轻人为了事业需要在外地工作，很长时间都不能回家看望父母，更谈不上日常照料父母，形成"空巢老人"问题。通过发展社区养老服务，能更好地减轻现代家庭的经济和生活负担。

（三）有效整合社会养老资源

目前我国城市老年人养老模式主要有家庭养老、机构养老及社区养老。社区作为社会化养老的基础平台，可以有效整合政府公共服务部门、社会养老机构、家庭、社区四个方面的资源（见图6-2），其中政府公共服务部门主要政策、资金支持及基础设施建设等基础性服务，养老机构可以为社区养老提供专业性服务（包括老年福祉用品及设备的硬件支持、专业服务人员的软件支持），家庭成员为老年人提供家庭照顾，社区广大志愿者为老年人提供辅助性服务。

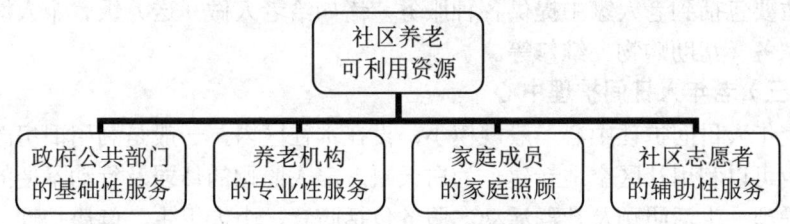

图6-2　社区养老服务的可利用资源

四、社区养老服务体系

社区养老服务体系是指由老年人生活的社区向其提供各种形式的照顾服务，使老年人尽可能延长社区生活的时间和机会的社区服务系统。社区养老服务在整个社区服务体系中具有独特的地位，是保证老年人生活质量强有力的服务保障，也是社区服务体系中最有发展前景的一个部分。社区养老服务体系的结构主要包括老年人医疗保健中心、老年人家政服务中心、老年人日间护理中心、老年人综合服务中心、老年人应急支援中心和社区老年之家（见图6-3）。

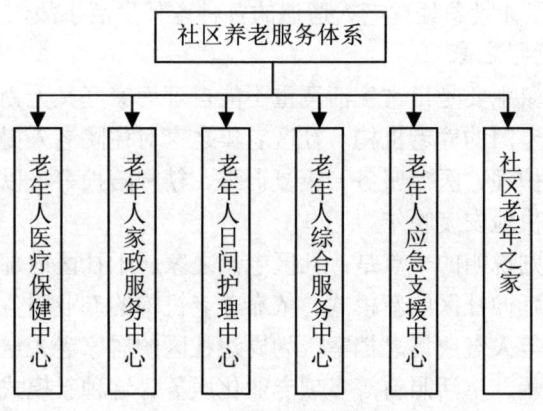

图6-3　社区养老服务体系

（一）老年人医疗保健中心

在老年阶段，老年人生理机能下降、患病几率增加，考虑到自身的身体状况，老年人更倾向于就近看病，免除在大型医院看病的麻烦和在路途上的周折。所以老年人都希望能够及时得到方便周到的医疗保健服务和咨询。在社区为老年人建立健康档案，定期为老人进行健康检查，发现疾病及时治疗，并且开展防病、心理、保健方面的教育。

（二）老年人家政服务中心

主要包括到老人家中提供各种服务，诸如给老人做（送）饭、个人清洁、料理家务、帮助购物、维修等。

（三）老年人日间护理中心

老年人日间护理中心一般规模小，设在本社区内，一般是利用旧房改造而成，也可以利用社区空地新建，为白天缺乏家人照顾的体弱及行动不便的老人提供护理、生活照顾及社群活动，服务包括膳食、个人卫生、健康护理、护送看病等。

（四）老年人综合服务中心

这是集文体、教育、社交与日常生活辅助于一体的服务场所。中心除了提供各种娱乐运动设施和组织老年人开展丰富的符合老年人需要的文艺娱乐活动外，还提供多样化的辅助服务，比如老人食堂、浴室、洗衣房等，协助有困难的老人，此外还提供个人辅导及老年教育、设立护老者组织及志愿者小组等。

（五）老年人应急支援中心

开通 24 小时老人服务热线，如果有家庭需用服务，求助电话打到应急支援中心，中心会马上派出服务人员上门服务。应急支援中心应建立事故预警系统，以便及时发现并紧急处理老人遭遇的各种意外生活事故，有效地进行救助。

（六）社区老年之家

其收住的对象主要是日常生活严重不能自理而家庭又无力照顾的老年人，服务的提供者是专门的养老机构。社区老年之家对住院老人提供身心各方面的照顾，包括生活护理、医疗服务、康复训练、精神陪护等，以帮助老年人在养老机构中健康愉快地安度晚年。

这里需要特别说明的一点是，社区老年之家属于社区内部的养老机构，它是养老机构服务延伸社区的新模式。依靠养老机构的专业服务设立社区养老服务平台，建立老年人健康信息档案，为周边社区的居家老人送去医疗保健、老年餐饮、心理慰藉、生活照料等多项专业化服务。这种新模式不仅是对传统家庭养老模式的有效补充，更是改变养老理念、拓宽养老渠道、解决养老难题的有效办法，既保持了老年人与社会接触、进行正常社会生活的条件，又可以使老年人经常与亲人、朋友、熟人见面，同时也方便家人探望，提高了老年人生命和生活质量，为社区老人解决了实际困难。

【扩展阅读】英国的社区照顾

早在 20 世纪，英国就已经进入老龄化社会，到目前为止，英国年龄在 65 岁及以上的老人超过 1000 万，占总人口比例超过 18%。人口老龄化给社会、政府、公民等带来压力，迫使其在养老社会保障领域进行创新。早在 20 世纪 50 年代，英国就采取"社区照顾"模式来实现社会养老。"社区照顾"主要是在生活照料、物质支援、心理支持、整体关怀等方面对老年人进行照顾，在实现老年福利保障方面取得了不错的成效。

在英国，社区照顾使被照顾者能够像正常人那样在自己熟悉的社区环境里生活，而不再产生被抛弃感，从而受到了普遍欢迎。它的目标是在"自己的家或像家似的环境中供养人们"。具体形式主要有：一是由地方政府出资兴办社区服务中心。社区服务中心设有老年人服务等项目，工作人员大都是政府雇员，活动经费主要来自政府拨款，基本上属于无偿服务。二是开办社区老年公寓。这是政府为社区内有生活自理能力但身边无人照顾的老年人提供的一种服务设施。三是家庭照顾。这是政府为使老人留在社区、留在家庭而采取的一种政策措施，具体表现为由家庭成员进行照顾，但政府发给适当的津贴。四是设立短期护理机构——暂托处。主要是为了解决因家庭其他成员有事外出或离家度假而得不到照顾的老年人的问题。暂托处的照顾服务可以是几小时，也可以是几天或几星期。五是上门服务。这是对居住在自己家里，但生活不能完全自理的老人提供的一项服务。如上门送餐或做饭、洗衣、洗澡、理发、打扫卫生、购物、陪同上医院等。六是开办社区老人院，集中收养生活不能自理又无家庭照顾的老年人。

此外，"为社区服务"已成为英国学校教育和青少年教育计划中的组成部分。地方政府提倡"好邻居计划"，社区工作者已经把领取退休金的老年人组织起来进行互助。"关心老人"的社区志愿服务人员定时探望老年人，并为他们担任顾问，提供咨询。就老年人而言，社区照顾已成为区别于传统养老的一种新型模式。社区照顾实际上包含"在社区内接受照顾"和"由社区负责照顾"两个概念。"在社区内接受照顾"就是运用社区资源，在社区内由专业工作人员进行照顾；"由社区负责照顾"就是由家人、朋友、邻居及社区志愿者提供照顾。这些服务或免费，或收费低廉，一般收费由地方政府决定，在老年人能够承担的范围之内，不足部分由政府支付。

英国的社区照顾在财政出资上完全体现了以政府为主的特点，很多服务设施都是由政府资助的，社区、家庭和个人的支出不多。英国开展社区照顾的经验对许多国家和地区都产生了相当大的影响。

五、我国社区养老服务发展现状与问题

（一）我国社区养老服务的发展历程

我国社区养老起步比较晚，是从20世纪80年代中期开始的。随着改革开放及经济的快速发展，城市人口急剧膨胀，人民生活水平的提高和消费结构的多元化，"单位办福利"的单一模式无法满足庞大老年群体日益增长的养老服务需求。1983年，第八届全国民政工作会议提出了"社会福利社会办"的基本思想，要求充分发挥社会各方面的力量，积极兴办社会福利和服务事业。民政部在1987年初率先公开提出了"社区服务"的概念。1989年召开全国城市社区服务工作经验交流会，要求在全国的街道和居委会普遍开展社区服务。1991年在北京召开全国社区服务工作研讨会，将社区服务的本质界定为社会福利工作，主要内容包括老年人服务、残疾人服务、优抚对象服务和便民利民服务。1992年7月，在《中共中央、国务院关于加快发展第三产业的决定》中，要求社区服务向产业化和行业化方向发展。截止到1992年底，全国已有70%以上的街道开展了社区服务的工作。1996年颁布的《中华人民共和国老年人权益保障法》第35条规定："发展社区服务，逐步建立适应老年人需要的生活服务、文化体育活动、疾病护理与康复等服务设施和网点，为社区养老服务提供法律支持。"2000年，全国社会福利社会化工作会议提出：努力建设居家为基础，社区为依托，福利机构为补充的老年人福利服务体系。为了进一步促进养老服务的发展，民政部又提出《关于支持社会力量兴办社会福利机构的意见》（2005年），全国老龄委办公室、民政部等10部委联合下发《关于加快发展养老服务业的意见》（2006年）和《关于全面推进居家养老服务工作的意见》（2008年）等一系列文件，为老年人服务开始从家庭走向社会、走向社区，服务对象从特殊群体面向所有老年人，服务方式、服务内容也在不断拓展，城市社区养老的发展得到了社会的广泛关注和大力支持。

（二）我国社区养老服务现状

1. 政府相关宣传不力，尚未形成社区养老氛围

目前，我国大部分地方政府对于社区养老的概念和社区养老的重要性、迫切性认识不够，并没有把社区养老服务事业提高到反映一个社会文明进步水平和人民生活质量的高度来认识，服务意识较差。思想认识上的滞后必然会造成在实际工作中对发展社区养老服务的重视不够，投入不足，造成相关政策法规、机构组织、资金设施投入等各方面工作得不到很好的落实，因而导致目前的社区养老服务仍然是一种分散的、小规模的服务，许多项目不配套，一些服务领

域仍然是空白。

另外,从整个社会舆论氛围来讲,传统养老观念根深蒂固,居民参与社区养老的积极性不够、参与率不高,很多老人对社区养老服务认识不够,没有意识到自己与社区关系的密切性和社区养老服务对满足自身需求的重要性。因此,加强了解和认识、转变传统的养老观念至关重要(见表6-1)。

表6-1 老年人对社区养老服务的了解程度(%)

养老院	老年公寓	老年人康复中心	老年大学	不清楚
17.2	11.1	17.2	10.1	64.6

2. 政府职能界定不清,社区行政化管理倾向严重

正在发生的我国的社会转型,是一个由传统社会向现代社会、计划经济向市场经济转变的过程。在今后的时间里,政府只能也必然要发生根本性的转变。简而言之,政府的职能转变要从统治型逐步转向服务型,从一个全能型的政府转变为一个有所为有所不为的政府。

现阶段政府在职能上的界定不清,极易带来不利的影响,在我国社区养老方面的主要表现为:目前我国的社区养老服务的发展总体上仍属于政府推动型,带有非常浓重的行政管理色彩。政府对社区养老服务工作大包大揽,直接向社区街道办事处或居委会布置任务。而由于社区居委会承担了过多的行政职能,使得其在某种程度上成了政府在基层的代言人,在这种被动工作的状态下,很难达到它们的自我发展与自我完善,特别是不能够独立自主地按照社区居民实际需要提供最有效的社区服务。此外,部分地方政府在社区养老服务中还存在较为严重的职能失位现象,主要表现在对社区养老服务发展的关注和资金支持明显不足,相关政策保护较为缺失,远远不能满足老年人个性化、多元化的要求。因此,给予社区更多自由发展的空间和权力,实现政府与社区权力的逐渐分离,这才是健康发展社区养老模式的关键所在。

3. 基础设施建设薄弱,服务经费严重不足

目前,我国城市社区养老服务尚处于初级阶段,各地的社区养老服务基础设施建设仍然存在许多问题和不足,譬如公共设施设计忽视了老年人的生理特征,不能充分考虑老年人的实际需求,本来应该具备的防滑、防碰撞、防摔跤等功能没有得到重视。社区内无障碍设施的建设更是严重缺乏,使老年人在社区中的行动、生活很不方便;社区的医疗保健机构设施简陋,无法满足老年人医疗保健的需求。另外,我国大多数城市社区都是仅仅建立一个老年活动中心,功能单一,只能打牌、打麻将,缺少适合老年人的文化体育设施和娱乐设施,如社区图书馆、老年餐厅、老年康乐中心、老年学校、老年日托中心、社区家

政服务中心等专业化养老服务机构,老年人精神生活枯燥乏味,无法实现老有所乐、老有所为、老有所学,老年人生活幸福指数偏低。

社区养老服务经费严重不足。社区养老是非营利性质的公共服务项目,需要有一定的资金作保障。目前,我国城市社区养老服务的经费主要由政府出资,具体表现形式为直接的财政专项拨款,无偿提供场地、设施和税收减免等,投资主体和来源渠道单一。虽然现在政府补助在逐渐增加,但是相对于社区需求来说,还存在很大缺口。在现有的经济条件下,政府财政无法为所有有需求的老人及家庭提供服务。以上海为例,社区养老服务的经费主要由市民政局投入。市民政局用于全市社区养老的经费补贴2000年为36万元,2001年为552万元,2005年、2006年为1000万元。这些经费对社区养老工作的启动,为一部分老人购买社区养老服务起到了一定作用。但是,对于上海市240多万老年人来说,这些经费无疑如同"杯水车薪"。

4. 社区养老服务内容单调,需求和供给存在较大差距

目前,我国社区福利机构不断开展了满足老年人需求的服务项目,但是从实质上来讲,社区养老服务进步缓慢,服务缺乏人性化,内容单调,较少涉及医疗健康状况的咨询和照顾,精神慰藉更是缺乏。尤其是志愿者服务内容形式单调,虽然可以起到一定作用,但是对老年人而言,这些服务程式化,并没有充分考虑到老年人的真正需求,缺乏人性化的理念。据调查,老年人认为现阶段的社区为老服务方面仍存在诸多问题(见表6-2)。

表6-2 社区养老服务缺陷

	频次(人)	百分比(%)
服务内容单一	96	23.0
服务形式单调	76	18.2
服务人员自身素质低	30	7.2
服务技能缺乏	40	9.6
服务费用高	56	13.4
服务态度差	11	2.6
服务人员积极性不高	27	6.5
服务时间短	21	5.0
服务设施少	28	6.7
服务连续性不强	24	5.8
缺乏服务评估机制	8	1.9
合计	417	100.0

随着老年人对社区的依附性越来越强,他们对社区养老的需求也日趋多样化。不少老人对至少一项或以上的社区养老服务有需求,但是相对于老年人的需要,社区养老服务与之还有很大程度的差距(见表6-3)。

表6-3 社区养老服务的需求和满足程度

服务项目	已接受服务(%)	需要服务(%)
定期体检	7.6	57.8
应急服务	4.0	45.1
家庭病床	14.6	42.4
传授保健知识	9.3	36.8
托老所	0.5	18.9
入户家庭照料	3.2	18.7
热线咨询电话	0.8	17.4
老年饭桌	0.7	13.9

另外,目前老年人对现有的社区养老服务的满意度不高(见表6-4)。

表6-4 某社区老年人对社区养老服务的满意度

	频数(人)	有效百分比(%)
非常满意	9	5.0
比较满意	55	30.6
一般	75	41.7
不太满意	20	11.1
很不满意	21	11.7
合计	180	100.0

【案例6.6】

杨奶奶,家住大连市某社区,今年71岁。她说,社区开展了一些服务项目,主要是组织一些老年人搞一些简单的活动,但是我们这个社区场地太窄了,也没有其他的地方来建娱乐设施,大家平时就在社区里看看电视、打打牌,至于其他的服务还是比较少。

通过案例6.6可以看出,我国老年人需求与社区提供的服务之间存在显著的差距,一方面体现了社区在养老服务上没有一个整体的发展思路,服务的种类和内容单调,没有明显的主次之分;另一方面,也说明社区养老在供给方面有很大的发展空间。

5. 服务人员整体素质不高，专业人才严重不足

社区养老并不是单纯地把老年人留在社区里，而应该是使老年人能够得到更周全、更专业的服务和照顾。目前我国城市社区养老服务工作不尽如人意。从提供服务的人力资源方面来看，我国从事社区服务的人员大都未接受过相关的专业知识教育或有关老年服务的技能培训，专业化程度低，很难保证养老服务的质量，在一定程度上制约了我国社区养老服务业的发展。

另外，城市社区养老服务工作人员在职培训缺乏系统性和连续性。长久以来，人们对城市社区养老服务的认识存在一个误区，就是认为只要善良、热心、健康，无论是谁都能胜任这份工作，忽视了服务工作的专业技能培训，这些专业技能应该包括了解老年人的生理、心理特征，掌握基础的医学护理知识及技巧，了解相关的法律法规，熟练使用养老服务设施等。

6. 法律法规不健全，老年人权益得不到保障

在我国，社区养老服务试点工作已开展了多年，许多省市已开始全面推行。目前，用于指导全国社区养老服务工作的政策依据有：民政部于2000年颁布的《关于在全国推进城市社区建设的意见》，2005年颁布的《关于支持社会力量兴办社会福利机构的意见》、《关于开展养老服务社会化示范活动的通知》，全国老龄委办公室、民政部等10部委2006年联合下发的《关于加快发展养老服务业的意见》，2008年颁布的《关于全面推进居家养老服务工作的意见》等一系列文件。与此同时，地方也相继出台了一些政策文件，但是这些"意见"、"通知"的权威性不够、强制力弱，很难满足养老服务发展的要求，在实际工作中并不能对社区养老服务起到切实有效的保障作用。社区养老仍然亟需强有力的政策支持和法律保障。

六、国外社区养老服务发展及经验借鉴

发达国家较我国而言，进入老龄化社会比较早，养老早就成为发达国家关注的问题。他们在应对老龄化问题、保障老年人基本权利的过程中，在社区养老、多元化养老方式等方面做了诸多有益的探索和实践，已经有几十年甚至上百年的发展经验，社区养老的发展也已经相对完善。可以说，发达国家的养老服务多元化发展模式为我国提供了有益的借鉴和帮助。

从先进国家的社区养老服务发展来看，社区养老服务从建立到发展呈现出以下几个特点：第一，服务资金采取政府补助、社会筹集、个人捐赠、适当收费相结合的办法解决。第二，组织形式采取政府机构与民间机构相结合，政府指导与民间机构的创造性相结合，专业服务人员与志愿人员、社区居民互相服务相结合，充分发挥"义工"的作用。第三，服务设施按社区实际需要合理布

局。第四，服务项目以社区居民社会生活需要为目标，福利性与服务性相结合。

例如日本社区养老服务：

（1）日本社区养老护理服务

日本政府于 2000 年 4 月正式启动了 1997 年出台的《护理保险法》。该法规定，凡 40 岁以上的人都必须加入"护理保险"，每月交纳一定的保险费，成为被保险者。被保险者在需要时可向有关部门申请享受保险。申请之后，经过"护理认定审查会"的审定，在确认了符合提供保险的资格，并且核定了"护理等级"之后，便可得到国家提供的相应的护理服务。日本政府通常为保险者提供全方位的服务。日本的养老护理服务总的可以归纳成"在宅服务"和"机构服务"。日本政府更为鼓励以居家养老为主的"在宅服务"，并为之提供了非常全面系统的援助。

目前，日本老年人大部分愿意住在家里，因此社区老年人服务中心一直是提供养老照顾的主要渠道。通过社会化的老年人看护制度的建设，合理配置养老资源，并将老年人的护理从家庭中转移分化出来，使子女摆脱日常照料老年人而背负的沉重包袱。日本的护理制度很好地解决了子女的负担问题，并以强制性的制度来贯彻实施居家养老社区服务。日本目前正快速进入少子高龄社会，以收容为目的的医疗机构、福利机构的工作重点已转移到家庭护理上，这一现状促进了日本老年社区护理服务体系的发展与完善。

（2）日本社区养老服务的特点

第一，充分发挥社区在养老中的功能和作用。日本在解决老年人的养老过程中，十分注重立足社区，将各种福利设施建立在社区内，专业人员定期入社区入户提供服务，发挥居家养老社区服务组织的作用。这种以社区为依托的照顾方式与传统的家庭养老和机构养老相比，更被人们所接受，更经济便利。目前，居家养老已成为解决日本日益严重的老龄化问题的一个切实可行的方法，并已形成了操作规范的制度体系。

第二，政府发挥主导作用。在日本的居家养老社区服务体系中，政府扮演了主导角色。日本居家养老社区服务组织是以政府力量为主，服务人员由政府人员与民政人员组成，该类组织占到社会养老力量的 60%～70%。同时，政府还积极鼓励民间组织、企业参与居家养老社区服务，注意引进市场竞争机制，采取各种措施吸引民间组织、非营利福利组织加入到居家养老社区服务领域中，改变政府直接提供养老服务的模式，从而扩大了服务范围，提高了服务质量，降低了服务成本。

第三，从业人员职业化。在日本，1987 年规定看护福利者应具备的工作能力和专业技术知识能力，并推出资格证书制度。1992 年制订《福利人才确保法》，从法律上对福利人才的培养及其应有的经济、社会地位予以保障。这样，日本的社区老年服务在具备技术知识及能力的专业人员的大力推动下顺利地开展，服务质量不断优化。

第二节　居家养老服务

近年来，我国人口老龄化趋势日趋严峻，养老问题成为社会各界普遍关注的热点问题，传统养老模式已明显不适应新时期的要求。人口老龄化所带来的问题，现阶段单纯依靠国家的力量是无法解决的，单纯依靠家庭的力量也是力不从心的。在市场经济条件下，研究适合我国国情的新型居家养老模式，具有深刻的理论意义和现实意义。

一、居家养老

居家养老是指老年人在家中居住，但养老服务却是由社会来提供的一种社会化养老模式，它是福利社会化的一种体现，政府、社区、机构、家庭共同投入，实现了养老服务投资主体、服务对象、服务内容等的多元化，减轻社会养老负担的同时满足了老年人的养老需求。

其定义包括几层含义：就其提供养老服务的主体来看，既有家庭成员的照顾，也有社会的帮助，尤其强调社区照顾在居家养老中的重要作用；就其享受服务的客体来看，主要是在家里居住的众多老年人，而这部分老年人目前几乎可以囊括老年群体的全部；就其提供的服务内容看，门类众多、丰富多彩，既有养和医等生活方面的服务，也有文化娱乐、情感慰藉、心理疏导等精神文化方面的服务；就其提供的服务形式看，是全方位、多角度、多层次的，主要有派专业服务人员走进家庭为有需要的老人提供的多种上门服务。因此，可以说居家养老服务实际上是在社区建立一个支持家庭养老的社会化服务体系，它具有服务主体多元化、服务对象公众化、服务方式多样化、服务队伍专业化等特点。

（一）居家养老与家庭养老

居家养老与传统家庭养老是有着本质区别的。居家养老是老年人在家中居住，但由社会提供养老服务的一种养老方式，实际上居家养老是家庭养老和社会养老的有机结合。居家养老中的"家"指的是一种养老载体，它与建立在家庭经济基础上的家庭养老有着本质的区别。居家养老与家庭养老的主要区别在于家庭养老的实质是养老服务完全由家属来提供，而居家养老中的"家"只是一个居住地点选择问题，部分养老功能从家庭向社会转移，是一种社会化养老模式。欧美国家在长期的养老实践中经常喊出"回到家庭中去"的口号，他们并不是指要回到家庭养老的模式中去，而是要回到老年人所居住的"家"中养老，其实质是提倡一种"居家养老和社会服务"相结合的养老模式。这种居家养老已经不是原来以血缘关系为纽带、以经济关系为基础的家庭养老了，而是指老年人在家居住但是养老服务却是由社会来提供的社会化养老模式。

（二）居家养老与机构养老

居家养老与机构养老也存在诸多不同，具有其自身的特点（见表6-5）。

表6-5 居家养老与机构养老的比较

	机构养老	居家养老
主要对象	主要为生活自理能力差的老年人	有各类需求的老年人
老年人居住方式	集中居住	分散居住在自己家中
服务提供者	全职护理人员	专业服务人员、家庭成员、朋友与邻居、志愿者
服务功能	综合性服务	分门别类服务
服务内容重点	医疗/护理/照料	日常生活照料/医疗/护理/照料
服务给予持续时间	24小时	不同类别，24小时/非24小时
服务覆盖人数	低	高
老年人生活自由度	低，集中管理，制度化生活方式	高，个性化生活方式
社会成本	高	低
社会资源利用率	低	高

二、居家养老服务的基本内容

随着养老模式日益完善，将逐渐形成以居家为基础，社区为依托，机构为支撑，投资主体多元化、服务内容多样化、满足不同老年人实际需求的社会化养老格局。上门访问服务、短期入住服务和日托养老服务是居家养老服务的基本内容，可以满足不同老年人的个性化需求，具有灵活、便捷、专业化的特征，可以推进养老服务事业的健康发展，让老人享受高质量的晚年生活。

（一）上门访问服务

上门访问服务是一种由工作人员为居住在自己家中并有需要的老年人提供的多元化服务形式。如购物、送餐或做饭、打扫卫生、洗衣、维修家电、陪同上医院等服务，方便老年人生活。在日本，较为普遍地实施了一种医疗上门服务，主要是由医生和护士针对每个老年人具体的健康状况，上门对其进行诊断,提供相应的医疗保健服务。另外,在生活不能自理的老年人家里安装"应急呼救按钮",老人感觉身体不舒服或者需要帮助的时候,可以按动装在家里的按钮,直接和医护人员取得联系,及时得到帮助。

上门访问服务可以为老年人生活提供极大便利,其服务内容主要包括:

1. 与身体介护相关的内容

由家庭护理人员探访服务对象的家庭,提供身体护理的服务。主要包括:

(1)饮食的介护(喂饭、喂水、水果加工等)

(2)排泄的介护

(3)衣物着脱的介护

(4)入浴的介护(对于家里没有浴室的老人,由入浴车提供浴缸进行上门入浴护理)

(5)身体的擦拭、洗头

(6)其他必要的身体介护

2. 陪同到医院或诊疗所治疗时的介护

在征得老人家属同意的情况下,由专业服务人员陪同老人到医院或诊疗所就诊,帮助老人挂号、预约,同时还包括对老人移动、换乘的介护,全程保护老人的安全。

3. 与家庭事务相关的内容

由家庭护理人员探访服务对象的家庭,提供有关家庭事务的生活援助。主要包括:

(1)做饭、配餐

(2)衣物的清洗

(3)理发、剪甲

(4)房间的打扫和清理

(5)生活必需品的购买

(6)与相关部门的联络

(7)其他必要的家庭事务(如家电维修、下水道疏通等)

4. 老年心理介护

护理员、心理师上门与老人沟通和交流,疏导老人不良情绪,帮助老人保持良好的心态。必要时按医嘱采取药物治疗。

5. 访问康复护理

在服务对象有必要进行提高居家生活能力的训练时,由理疗师或语言听觉师家访进行短期的集中康复护理。

6. 居家疗养指导

由医生、牙医、药剂师、营养师等家访进行预防和治疗方面的管理和指导。

（二）短期入住服务

短期入住服务是在护理人有特殊情况下老年人临时不能在家得到护理时，让老年人短期入住老年福利设施接受的一系列相关服务。主要适用于在老人的家人外出、患病、体力不支等情况时利用。利用期间可选择各种短期服务类型，享受常规生活护理及其他全方位的服务。原则上利用期限为1天至3个月，超过3个月即转为长期入住。

短期入住服务模式充分体现了养老服务设施使用的灵活性，通过老年人短期入住设施，进行生活协助、健康娱乐、康复修养、交流谈心等活动，可以充分利用养老机构专业化的服务资源，解决老人及其家属的燃眉之急，在维持老年人身心健康的同时，减轻老人家属在照顾方面的负担（见案例6.8）。

【案例6.8】

77岁的李老伯老伴去世多年，育有一子一女，儿子常年在国外生活，他平时和女儿居住在一起，女儿孝顺细心，对其照料无微不至。李老伯年老体弱，患有糖尿病、高血压和冠心病，每天需要服用药物和检测血糖、血压。今年七月，李老伯的女儿由于工作关系需要出差一个月，女儿不放心老人自己在家，因此将老人送到了离家不远的养老机构接受短期入住服务。老人来到机构后，工作人员详细了解了老人的身体状况并作出了个性化的服务计划，每天为老人安排健康的饮食，照顾老人起居，为其理发、洗澡，并根据身体状况由机构的医师每天给老人测量血糖、血压并督促其按时服药。另外，老人在入住期间和其他入住老人相处融洽，每天一起做操、散步，心情比较舒畅，性格也比以前开朗了。在机构组织的纳凉晚会中，他还和其他老人一起表演了节目。一个月后，女儿出差回来，将其接回家中居住。她对机构的这次服务比较满意，认为这种短期服务既解决了家里的燃眉之急，也让长期照料老人的自己有了一个喘息的机会。

通常来讲，短期入住服务的内容主要包括以下几个方面：

1. 饮食

合理安排短期入住老人的饮食，保证科学的营养供应和食物配制。老人每日规律进食，时间安排合理。

2. 沐浴

原则上来说，短期入住老人每周接受2次入浴介护，但如遇发烧等特殊情况时，可适当控制入浴次数，改用毛巾擦拭身体来代替。

3. 介护

根据服务计划及必要性，可进行如下介护：饮食护理（如喂水、喂饭、水果加工）、沐浴护理（洗澡、擦身、剪指甲等）、排泄护理（如导尿、抠便等）、尿布更换、衣物的着脱护理、口腔保健、移动护理（如散步等）、变换体位（如翻身等）、床单换洗、痴呆及各种病症的保健（如喂药、挂点滴）等。

4. 机能训练

可适当组织健身操等集体性的康复机能训练。若入住者想要参加个别的机能训练项目（如球类运动、慢跑等），应获得主治医师的认可，并在主治医师认为可以参加的康复项目范围之内，有选择性地参加。

5. 娱乐

可开展书法、手工艺制作、音乐等俱乐部等活动。短期入住者亦可参加每个季节的惯例活动或仪式。

6. 健康管理

掌握每位短期入住者的健康情况，定期实施必要的身体检查，例如每天为老人测量血压、血糖，要由专门提供健康管理服务的职员负责进行。

7. 生活交流

护理员与入住老人进行沟通和交流，彼此接近，建立情感关系，会收到介护的最佳效果。从生活中各种各样的小事谈起，到地区内可以被利用的社会资源和服务等都可以作为交谈内容。

8. 理发、化妆服务

每月一回，费用直接支付给从业者（理发者）。

9. 小卖店

提供点心、水果、烟、饮料、杂志等的小卖店。短期入住设施开设小卖店，除了可以满足老人对各种商品的需求，更重要的是可以为老年人提供外出活动的机会，让老人身心愉悦、心情舒畅。

10. 访问牙科

需要时可带入住者访问牙科，诊疗费直接付给诊疗医生。老年人患牙齿疾病会增加肠胃负担，影响营养的吸收，整体健康状况也会因此下降。因此，应尤为注意老年人的口腔保健。

（三）日托服务

日托服务的主要对象是在家中居住但其家属白天又无暇给予照顾的老年人，通常是指老人白天在养老机构接受全方位的照料，晚间回到家里，他们既可以享受专业化的服务，又满足了其居家要求。这种模式不仅可以使老年人扩大社交范围，使精神生活得到充实，缓解孤独感，又能有效地减轻其家属的负担。日托服务的内容主要包括以下几个方面：

1. 根据老人日常生活能力的程度，提供与身体相关的必要支援及服务
（1）排泄的介护
（2）位置移动的介护
（3）到医院和诊疗所治疗时的介护，以及其他必要的身体介护

2. 对于在家庭中入浴困难的老人提供必要的入浴服务
（1）衣物着脱的介护
（2）身体的擦拭、洗头、洗澡
（3）其他必要的入浴介护

3. 对于需要喂饭的老人提供必要的饮食服务
（1）饭前准备、饭后清理的介护
（2）食物摄取的介护（喂水、喂饭）
（3）其他必要的饮食介护

4. 每一位老人都有其生存价值，为了使其快乐、舒畅地度过晚年生活，进而提供必要的支援和服务
（1）娱乐
（2）小组活动
（3）惯例活动或仪式
（4）体操
（5）机能训练
（6）休养、养护

5. 对于有必要接送的老人提供必要的支援及服务
（1）位置移动、换乘、改乘的介护
（2）接送

【案例 6.9】

某市李女士是单位的技术骨干，平时工作繁忙，父亲去世后，她将 80 岁的母亲接到自己家中照顾。由于母亲患有轻度的老年痴呆症，自己白天又不在家，因此李女士花 5000 元雇佣了一名住家保姆。然而母亲的情况却越来越不乐观，记忆力等各种身体机能逐渐衰退，整天郁郁寡欢，情绪低落，认为自己是"老糊涂"了，脾气也变得越来越焦躁。于是，李女士将母亲送到了社区的老年人日托中心，在这里，老人除了得到吃饭、沐浴等生活照料外，还有针对痴呆老人的康复服务。日托中心有一个专门的供痴呆症老人康复训练用的多功能室，摆着各种大小型器材，有手臂或手指提拉运动的，有拼图认知、水果瓜蔬认知、投圈、数数的器具。工作人员让轻度老年痴呆跟正常老人一起做手工，也是为

了让他们融入生活，抹掉自己有病的阴影。于是，李女士的母亲每天参加各式各样的手工劳作，如剪纸、折纸、小石子粘画、编织，通过绚烂多姿的手工艺品，让老人本已消失的成就感重新拾起来。

【案例 6.10】日本某老年人接受日间护理的一天

9:00～9:30	有专门接送的车（载有可自动调节轮椅的专用车）	
9:30～10:00	到了日托所，护理员会根据客人的要求提供饮料（有茶水、果汁、咖啡等）。之后，护士给客人量血压、体温、脉搏等，根据客人的身体情况来提供入浴服务和康复护理服务。	
10:00～10:30	按客人的要求提供洗澡、入浴服务。浴缸里的水，每次都更换消毒。	
10:30～11:00	随着歌曲边唱歌边做体操。	

11:00～12:00	各种各样丰富的游戏	
12:00～13:00	品尝营养师调制的午餐，为了贴近与客人的距离，护理员一起进餐。	
13:00～13:30	每天有丰富多彩的娱乐活动。比如，圣诞节做圣诞树，准备圣诞节的文艺节目等。	
13:30～15:00	多种多样的锻炼身体的节目	

15:00~16:00	喝下午茶，吃小点心。	
16:00	用专门接送的车，送老人回家。	

三、居家养老服务的优势

（一）符合中国传统的道德观念

居家养老符合中国人的传统思想，符合人们的养老观念，体现了中华民族悠久的尊老敬老传统。老年人在家里得到家庭成员的照顾和赡养，得以安享晚年是我们国家延续几千年的传统养老模式。老年人对家庭和自己长期生活的环境有着深深的依恋和依赖感，家人的关心和爱护使老年人得到精神上的满足和慰藉。中国传统的伦理道德观念以及现实的老龄化状况都决定了中国适宜采取居家养老的模式。发达国家以及我国部分地区在养老实践中的经验也表明，结合家庭养老和社会养老优势的新型居家养老，能够最大限度地整合资源，让老人足不出户就能享受到家庭的温暖和社区的照顾，是一种最经济的公共消费和善用社会有限资源的养老方式。

（二）为老年人日常生活提供便利

细致周到的生活照料是确保老年人日常生活便利的一个重要部分，可以大大减轻老年人及其家属的生活负担，尤其是对于部分缺乏自理能力的老年人。

【案例6.11】

从 2004 年起，南京市某居家养老服务中心拉开了居家养老服务的序幕。该中心有固定场所和信息化的办公设施，有100名以上的专职管理人员和服务人员，有健全的管理考评制度，采用政府购买服务与发动社区志愿者参与的形式，面对社区300多名高龄、独居、困难老人提供居家养老服务。试点仅仅开展一年，就深受老年人的欢迎。以下是对部分老人的访谈记录：

独居老人 A：

我子女不在身边，钱又不多，身体又有些老毛病，要不是他们，我哪能得到这种照顾。以前我女儿老担心我，自从老伴走后，就一直叫我搬过去住，可是我在这里住习惯了，现在啊，隔天都可以有人打扫、做饭，闷了也有人聊天，住得开心，女儿也放心了。

独居老人 B：

现在年龄大了，身体状况大不如前了，连最基本的家务劳动之类的做起来都很吃力。现在情况好多了，琐事他们都帮我做了，自己相应地轻松了很多。小肖每次来都打扫卫生，扫地啦，擦玻璃啦，有次我摔手了，她还给我穿衣、洗澡，还陪我看病、买药的。

空巢老人 C：

自己和老伴在这里居住了好几十年，现在子女都长大不在身边，照顾起来也不太方便，而我们老两口又不愿意到别的地方去，所以子女们也总是放心不下，而且日常生活中也确实会碰到很多自己做起来吃力的事情，像灯泡坏掉啦，自己就根本没有办法。现在好了，有工作人员帮我解决。虽然只是很简单的事情，但我们却真的很需要。

通过案例 6.11 可以看出，对老年群体来说，伴随着个体年龄增长、体力状况不断下滑，其日常生活中碰到的问题也逐渐增多，很多对于平常人来说轻而易举的事情，老年人实施或解决起来却并不容易。如果得不到及时的解决，老年人的生活就会直接受到影响。而且，对于空巢家庭来说，老年人的日常生活照料不仅与老年人紧密相关，而且会影响到其他家庭成员。通过居家养老服务，直接帮助老人解决了日常生活中的困难，为老年群体的生活提供了诸多便捷，从而减轻了老年人对其他家庭成员的依赖，提升了老年群体的独立生活能力。

（三）实现养老资源的多元化

居家养老可以调动多方力量参与养老事业，个人、家庭、社区、政府作为一个照料体系共同参与居家养老服务，各方面共同发挥作用，实现养老功能有机结合，满足老年人在养老过程中各方面的需要，如物质经济上的供养需要、生活照料和护理上的需要、精神支持的需要等。居家养老的经济供养体系相应也包括个人储蓄自我供养、家庭供养、社会保险等几个层次，养老资源来源多样化，可以有效解决养老经费不足的问题。

四、我国居家养老服务存在的问题

（一）我国居家养老服务存在的问题

1. 居家养老服务经费严重不足

我国各地居家养老的资金来源主要有四个方面：一是政府财政拨款，二是彩票公益金的资助，三是社会捐助，四是市场化运作。这些资金的用途大致为三个方面：一是用来支持各级居家养老服务中心的建设，二是补贴接受服务的老年人支付服务费用，三是用来支付居家养老服务人员的报酬。目前，我国居家养老服务经费存在以下问题：

（1）居家养老政府投入不足

政府投入不足主要体现在居家养老投入资金数量普遍较少。另外，居家养老服务补贴覆盖的服务对象范围比较小。居家养老服务补贴的对象一般来说都是拥有当地户籍的困难老人、有特殊贡献的老人以及高龄需要护理的老人。以上海为例，2008年上海市60岁以上人口为300.57万人，享受居家养老服务补贴的人数为10.30万人，占总人口比例为3.43%，享受居家养老服务的人数为17.70万人，占总人口比例为5.89%。如果要扩大补贴服务对象的范围，则需要进一步拓宽资金来源渠道和增加资金总量。随着居家养老规模的日益扩大，供养对象的增多，支付养护员工资标准的提高以及培训费用、管理费用的增加，资金不足、来源渠道不稳定等问题也逐渐凸显。

（2）老年人自身支付能力低下

居家养老补贴所覆盖的仍然是少数人，大多数地区的居家养老服务还是以个人缴费为主。目前，由于老年人的自身财力问题，老年群体本身对于有偿服务的认可度和支付能力还处于较低层次。对于这部分老年人来说首先应提倡的仍然是落实老年人的社会保障。根据我国城镇60岁及以上老年人口按其主要生活来源划分的数据显示，依靠退休金生活的老年人有54.66%，依靠亲属供给的老年人有32.52%。仍有将近一半的老年人游离在社会保障体系之外。老年人的经济困难，在一定程度上制约了居家养老事业的发展。

2. 传统居家养老服务内容不能满足老年人需求

各地开展的居家养老服务，虽然承诺的服务内容和项目较多，但实际上真正提供给老年人的往往比较单一，这种单一的服务根本无法完全满足老年人的实际需求，没有达到供给和需求相匹配的程度（见表6-6）。

表 6-6 我国城市老年人居家养老服务需求（%）

居家养老服务需求		合计	男	女
日常生活服务	上门做家务需求	12.5	12.2	12.8
	老年服务热线需求	10.5	11.1	9.8
	老年饭桌或送饭需求	6.9	6.7	7.1
	帮助日常购物需求	9.2	9.2	9.3
	总计	39.1	—	—
医疗保健服务	上门护理需求	12.0	11.8	12.3
	上门看病需求	20.3	19.8	20.8
	陪同看病需求	10.9	10.4	11.5
	总计	60.9	—	—

从上表的数据可以看出，有社区上门看病需求的老年人占 20.3%，是七项中占比例最高的。整体而言，社区医疗保健服务需求要比生活照料需求高出很多。但是目前，我国的居家养老服务多偏重于日常生活护理和家政服务，医疗保健的专业人员和服务设施较少，对于老年人医疗保健的服务情况并不乐观。

另外，老年人由于单身或空巢容易引发心理不适现象，进而产生失落感、孤独感、过分自责与病态性，出现失眠等不良反应甚至患上抑郁症。然而，目前的居家养老服务对于老年群体精神层面的关怀尤为欠缺。

3. 居家养老相关政策法规不完善

我国是在经济不发达的条件下进入老龄化社会的。当前我国正处于经济体制转轨的过程中，由于物质基础比较薄弱，许多地方需要承担"扶贫"与"养老助老"双重任务，使传统的养老方式和养老观念、敬老助老的传统美德受到一定的冲击，老年人的合法权益在一些地方得不到保障；部分人道德水准较低，养老助老意识淡化，不尽瞻养义务，从而导致打骂、侮辱甚至虐待、遗弃、残害老年人的现象时有发生；加之我国已有的大量独生子女家庭的养老困难和健康上最脆弱的老年群体压力，对老年人的生活照料和精神慰藉还不尽如人意。这些问题急需大力发展居家养老服务，用法律来调整相关社会关系，把一些道德规范上升为法律规范。

4. 居家养老服务队伍专业化程度较低

居家养老服务队伍主要分为两个层次：一是管理人员，二是服务人员。

（1）缺乏专业管理人才

目前对居家养老管理人员教育培训一直采用非正规的"自我"教育培训的方法，缺乏一定的管理素质，特别是一部分人尚不具备利用现代技术手段来管理居家养老服务的能力。各类教育培训这方面专业人才的相关专业不多，与人数众多的居家养老需求相比存在很大的缺口。

（2）缺乏专业服务人才

由于居家养老服务人员没有明确的职业特征，被大多数人等同于普通的家政服务员，给予较低的社会地位和物质待遇。这种现状首先导致了专业的护理人员不愿到居家养老服务领域工作，很多服务人员都因为工资低而选择离开；其次，由于工资低导致了本地人不愿意从事养老服务工作，而外来务工人员又存在语言和生活习惯差异较大等问题，很大程度上影响了服务质量。另外，志愿者作为养老服务人员的重要补充力量也显现出严重不足的现状。由于尚没有健全的志愿者激励和培训机制，目前我国尤其缺乏专业性的志愿者参与到居家养老服务中来。

第三节　老年福祉用品的租赁与利用开发

21世纪人口老龄化问题将是人类社会共同面临的前所未有的重要问题，对任何国家都是一项重大挑战。同时，我们必须看到在老龄化带来的众多问题中，老年福祉用品问题渐渐浮出水面。面对老年群体的日益庞大和劳动力的相对不足，可以预见的是未来的老年服务将是人机协作服务的过程，这也将是今后各个国家养老服务产业的发展方向。未来的发展趋势主要表现在机械化（如运用机械臂协助工作人员抱起失能老人等）、智能化（如运用小型机器人与老人对话等）和信息化（如装备 GPS 电子追踪器预防老人走失、老年人信息联通软件的应用与开发等）。

一、常用老年福祉用品的种类及功能

为帮助居家服务对象自立及日常生活，养老机构可面向个人或社区出租老年福祉用品。常用的老年福祉用品主要包括：

（一）轮椅车

轮椅车（结构见图 6-4）对于行动困难的老年人来说，是重要的移动手段。主要针对的老年群体有步行功能减退或丧失者（如截肢者、下肢骨折者、截瘫者）、非运动系统本身疾病但步行对全身状态不利的患者（如严重心脏病者）、中枢神经疾患使独立步行有危险者（如痴呆、脑中风、帕金森病）、高龄老人。通过轮椅车的使用，老年人可以在平地、斜坡移动（自行使用或辅助者推动）、上下楼梯（需辅助者帮助），完成从轮椅到床、到便器、到浴室的移动，因此是老年人日常生活的重要辅助用具。

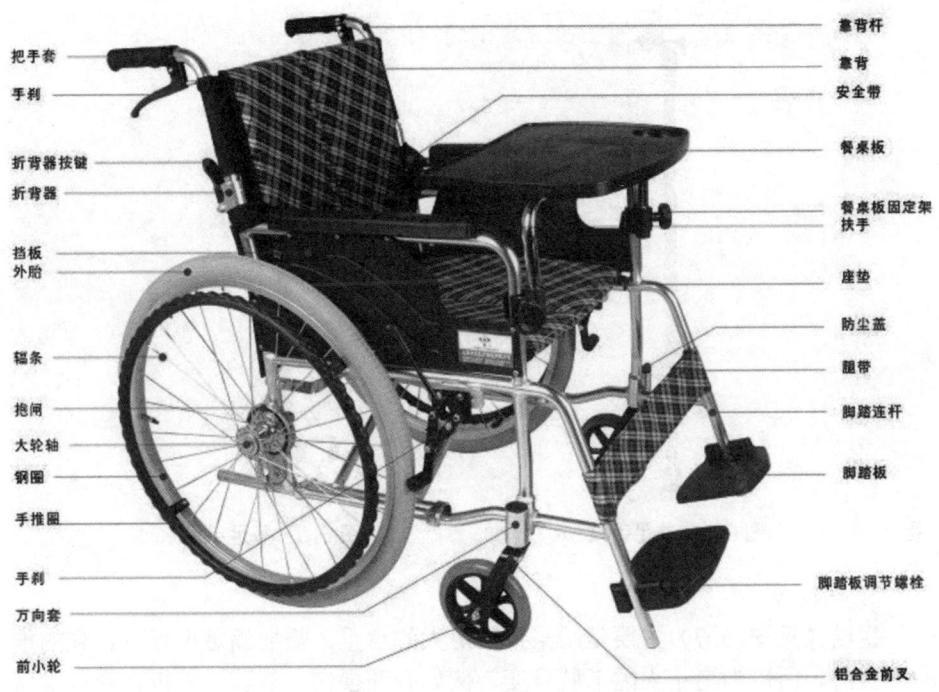

图 6-4 轮椅车的结构

（二）杖

杖类器具是辅助老年人行动的重要器具，老年人常用杖的种类可分为手杖和拐杖两种。

1. 手杖

手杖是步行辅助器具中最简易的一种。由于它非常简单，所以是步行辅助器具中最常见的，但它所能提供给老年人的稳定度及支撑力最差。手杖的功能在于增加步行时支撑的面，以减缓下肢或是身体骨骼结构所必须承担的负荷。一般以健侧手使用手杖时可以减少患侧下肢所承受的重量达 20%~25%。

老年人在手杖的使用中，最常用的主要有单足手杖（见图 6-5）、多足手杖（见图 6-6）。可以看出，多足手杖的稳定性明显要高于单足手杖，因此对于行动不便的老年人更为常用。

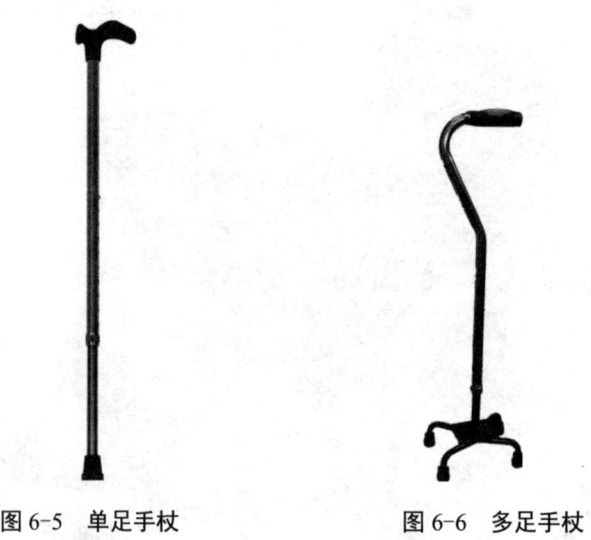

图 6-5　单足手杖　　　　　图 6-6　多足手杖

2. 拐杖

拐杖（见图 6-7）主要是用来接受更大的承重，需要满足步行时较强的推动力负荷。所以当老年人因下肢病变，例如脊髓损伤、截肢、骨折、骨科术后等需要支撑较多的体重时（>25%体重），就不适合使用手杖而需用拐杖了。拐杖可以在老年人行动时改善身体平衡，减缓关节的疼痛，对于衰弱的肌肉提供辅助功能，探知周边的环境，有利于某些疾病的康复（如下肢骨折后的康复、脑梗死导致偏瘫的康复等）。

需要注意的是，合适的杖类器具对于其使用效果及老年人身体安全存在至关重要的影响。首先，老年人杖类器具的底部必须附有稳定的橡皮垫，以免老年人滑倒或绊倒。其次，应选择可以调节长短的杖类器具。由于个人身体高度的不同，对于杖的长短存在不同的要求，过长或过短的杖类器具都会增加老年人行动的困难，甚至对老年人的身体造成负担和损伤。另外，目前有越来越多的有高科技含量的电子杖类器具（见图 6-8）逐渐研发出来并投入使用。这类器具具有强大的定位及报警功能，可预先设置报警电话或者报警内容，如家庭住址、电话、急救电话、身体状况等。当老年人遇到疾病、车祸等紧急情况不幸摔倒时，手杖即可自动播报求救电话，以便得到及时的救助。

第六章　养老机构服务的延伸与辐射　　• 237 •

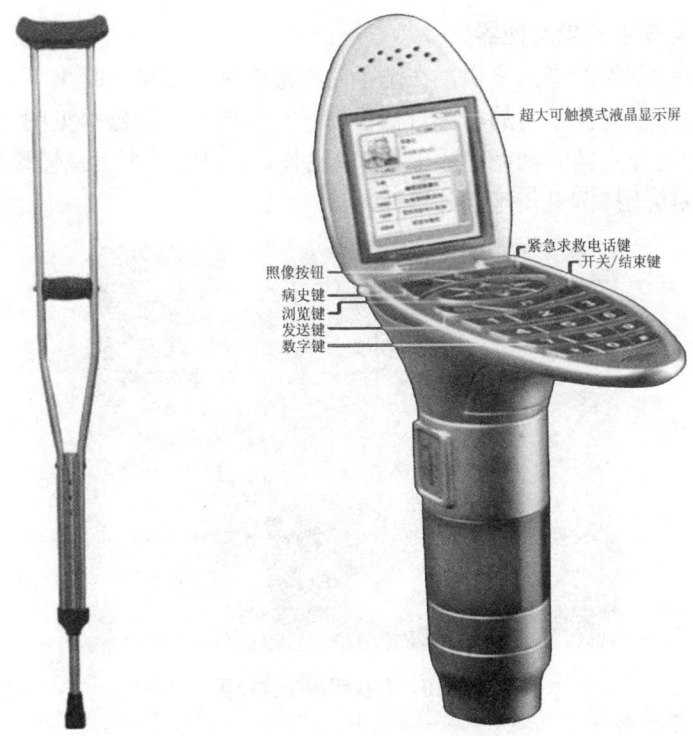

图 6-7　拐杖　　　　　　　图 6-8　电子手杖

（三）移动浴缸

移动浴缸（见图 6-9）可以在老年设施中广泛运用，主要用于给长期卧床不起的老年人洗澡。底部带有轮子，移动方便，可直接将老人推至浴缸上部。使用时，将老年人头部露在帘子外，护理员可以观察老人的脸色及反应。

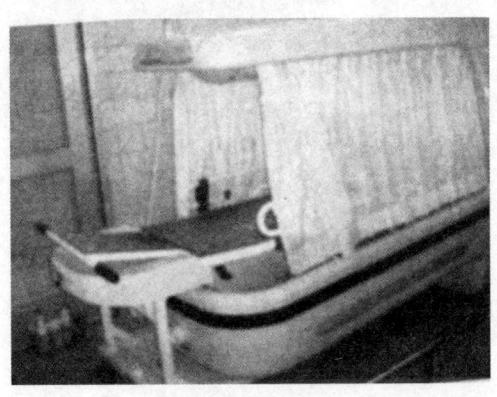

图 6-9　移动浴缸

（四）有扶手的坐式便器

对于行动不便的老人来说，在洗手间中最麻烦的事情就是坐下、起立的动作。设计有可以支撑手肘的、像带扶手椅子一样的坐式便器（见图 6-10），老人借助扶手支撑身体并辅助完成坐、起的动作，不但可以大大减轻腰腿的负担，而且还可以防止摔倒受伤等意外事件。

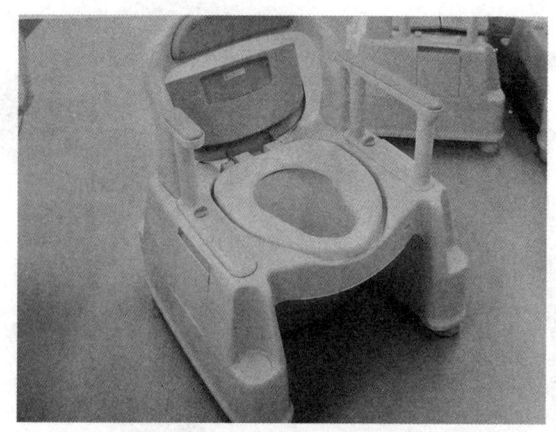

图 6-10　有扶手的坐式便器

（五）保护带

保护带（见图 6-11）主要针对肢体不能活动的、卧床不起的老年人。使用时，将带子从老人的腋下和腘窝处穿入，起到帮助老年人移动的作用。移动老人时应注意动作轻缓，防止老人摔倒。

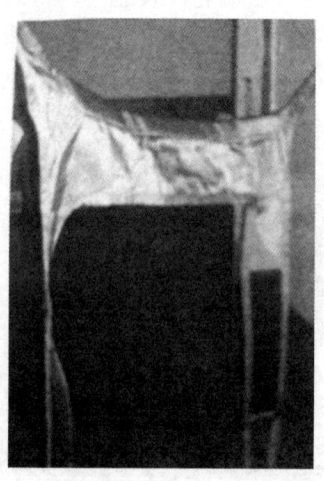

图 6-11　保护带

（六）餐具

老年人专用餐具主要适应于脑卒中后肢体功能障碍的老人，通过防滑手柄和弯曲勺头的设计，起到使其正常进餐的作用。使用时应根据老人的不同情况选择适宜的餐具。

（七）口腔清洁器

口腔清洁器（见图6-12）适用于吞咽功能差、昏迷老人，为其清洁口腔的同时，及时吸出老人口腔液体，防止老人呛咳。使用时应注意吸力的大小，避免损伤老人口腔黏膜。

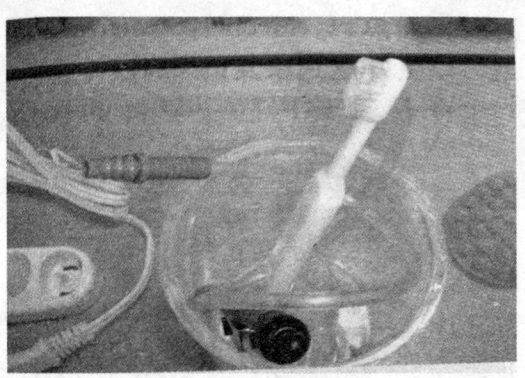

图6-12　口腔清洁器

（八）腕关节训练器

腕关节训练器（见图6-13）主要适用于手外伤、骨折、脑卒中患者等，通过器械可以锻炼腕关节背屈和掌屈的肌肉群力量，针对不同的患者，可以酌情增加阻力以更好达到康复的效果。

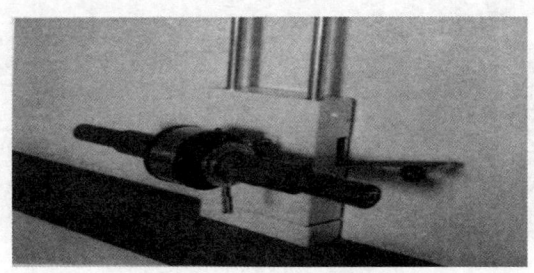

图6-13　腕关节训练器

（九）体疗床（PT床）

体疗床（见图6-14）主要适用于三瘫、骨折和长期卧床的老人，可以教会老人如何摆放最佳姿势，训练床上运动、卧坐转换，以及床椅转移等。使用时应注意使老人处于舒适体位，头部及双下肢不应超出床沿。尤其在老人进行床椅转移时，要防止其摔倒在地。

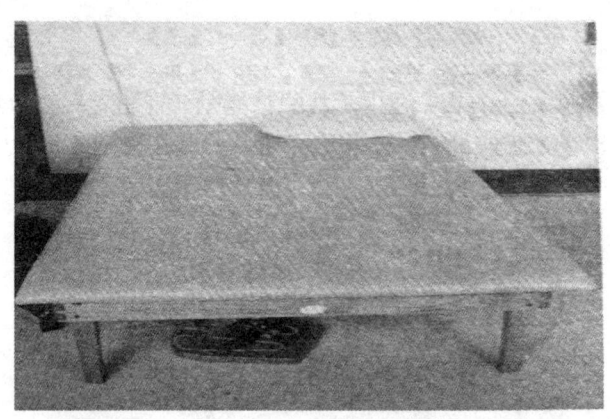

图6-14 体疗床

（十）牵引床

牵引床（见图6-15）适用于患有腰椎间盘突出、颈椎病等脊柱相关疾病的老人。主要功能为腰椎牵引和颈椎牵引，使用方法是患者仰卧，双膝屈曲，加热效果更好，应注意松紧带需固定扎实，防止挣脱后引起损伤。老人如在治疗时出现任何不适反应需立即停止牵引。

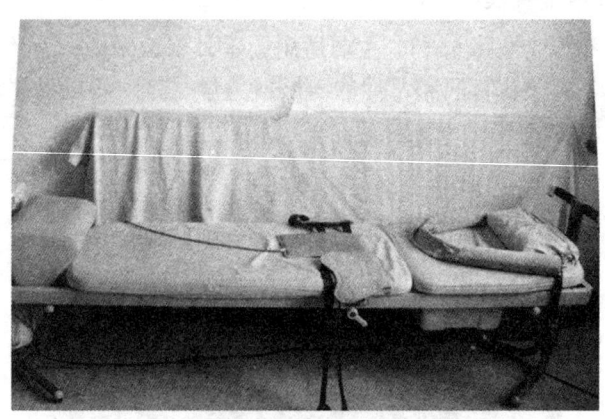

图6-15 牵引床

二、老年福祉用品与老年人健康

随着科技的进步、社会的发展，老年人在各国人口比例中占有着越来越大的比重，老年人已经成为一个不容忽视的人群。当人们步入老年的时候，生理上和心理上都会发生一系列的变化，所以更加需要人们的关注。老年福祉用具的使用和设计关乎老年人的身心健康，因此逐渐成为各个国家应对老龄社会的重要课题。

从身体状态上来说，老年人的身体状况主要有以下变化：一是视觉，多数人从中年起眼睛开始发生老花眼，年龄越大就越加严重。二是听觉，听力一般从中年起逐渐减退，到老年后很多人会发生老年性耳背（耳聋）。三是记忆力，记忆力衰退表现为已形成的记忆联结能力逐渐丧失。其特点或顺序与一般的遗忘规律不同，表现为近的印象先遗忘，其次是成年时代的印象，再其次则是青年时代的，最后才是童年时代的。四是肢体灵活度，随着年龄的递增，骨质逐渐变弱，关节周围的组织也逐渐失去弹性，加上身高缩短、体重减轻等现象的出现使身体尺度逐渐缩小，老年人在肢体的灵活度上也有了一定程度上的减弱。因此，对于老年福祉用具的设计较之其他年龄群体用品的设计存在更高的要求（见表6-7）。

表6-7 老年人健康状况与福祉用具

	感知特点	对用具的要求
视觉	近距离视觉下降 老花眼 暗适应能力差 散光，不易对焦 视野范围缩小 光适应调节能力降低 吸收更多的短波	提供适当大小的颜色字体、图案和符号 刺激要素尽量单一，重要信息应突出 尽量不使用强反光表面 文字内容尽量简洁 加大对比度，应用对比色 提供背光或充足的照明
听觉	声音敏锐度降低，甚至自己还不知道 高音频听力明显降低	多提供声音控制，尽量减少噪音干扰 对警示和紧急声音信息采用低频率 同时提供多种感知方式 尽量采用乐音或语音提示
记忆力	瞬时记忆同年轻人差不多 短时记忆下降严重 长时记忆保留较好 将短时记忆转变为长时记忆较差 机械识记减退明显	尽量简化操作程序 尽量使操作程序规律化、形象化 避免不必要的多余信息 提醒功能及警示功能 避免操作混淆 尽量把处理对象分类 多使用意义识记，少使用机械识记

续表

	感知特点	对用具的要求
肢体灵活度	触觉感受下降 骨骼活动范围缩小导致触摸范围缩小 对温度的感觉较不敏感	人性化设计，功能不要过于复杂 无障碍设计 防滑设计，避免表面过于光滑 表面凹凸尽量明显

三、我国老年用品的现状

目前，我国对于老年用品即所谓"银发用品"的研究与开发，与国外一些早已步入老龄化的发达国家相去甚远，存在着明显的差距，这是与当前我国人口老龄化的现状和未来发展趋势不相适应的。

首先，老年产品种类少。就我国目前的老年市场而言，老年人所需用品品类较缺乏，品种较单一，甚至在市场上根本找不到，是一项空白。比如市场上很难买到专门适合老年人的餐具、适合老年人的洗刷用具、适合老人体型的服装等；卫生间里没有配置适合老年人用的洗漱面盆和座便器等；老年医疗康复用品种类少，价格昂贵，使用率低下。而在一些发达国家，由于经济发达而且早于我国进入老龄化社会，属于先富后老的老龄化状态，老年产业体系健全，老年消费者的需求已经成为商家争夺市场的重要因素，对老年人需求的调研非常全面、细化，研究开发的商品更加细腻地关爱老年顾客。例如在发达国家，老年用品类别齐全，规模也很大，老年用品从研究和开发，到生产与运作，都已经形成了一系列比较成熟的系统的运作模式，各类老年用品网站应用广泛，养老机构的专业福祉用品能够得到充分的利用。

其次，老年用品不实用，和老年人实际需求不对接。我国的老年用品的制造企业很少针对老年人需求进行全面、科学和细致的调研，以至于产品的开发无法在市场上得到很好的响应，逐步陷入"生产的产品无需求"、"有需求的产品无人生产"的尴尬境地。例如，老年人由于身体的整体衰老，肌肉和骨骼都会出现不同程度的老化，在取物的过程中手指变得僵硬、不够灵活。有些老人因为一些关节、骨骼的慢性疾病的原因，肩膀与手臂的配合也不如以前协调，等等。这些衰老的迹象表明，老年人的一些生活细节应该是值得我们设计产品时注意的。了解老年人的生活方式，深入探究老年人生活细节上的显在需求和潜在需求，才能让老年人在一个充满关怀的环境中安度晚年。

四、针对我国老年用品问题的应对策略

（一）以社区为平台实现养老机构福祉用品的租赁与利用——资源整合

各个国家养老实践的经验证明，任何单一的养老模式都无法满足庞大的老年群体的养老需求，必须建立一种多元化养老模式互为补充的养老服务体系。目前，如何利用养老机构的优势延伸服务于社区，是积极应对老龄化的一个重要课题。

众所周知，养老机构是在现代社会保障制度建立和社会福利政策逐渐推行以后，伴随着老年人赡养观念转变、养老需求增加而产生的，作为弥补家庭养老功能缺失应需而生。养老机构有专门的护养人员、标准化的服务设施、良好的生活条件、固定的场所和稳定的居住环境等优点，现代社会中有部分老年人愿意接受这样的养老方式。

机构养老模式所拥有的主要优势资源有：连续性长期性的医疗护理、专业的照护人员和照料、良好的服务设施和生活环境、老年人间的熟悉关系和共鸣、政府支持的资金、社会捐赠的资金、相对综合性的服务、及时准确的需求回应等。这些优势资源也决定了养老机构独特的功能。应该看到，养老机构延伸服务到社区有诸多好处。一是能够节约资源，可大大减少土地占用和资金投入，有利于整合社会资源。二是符合我国文化传统。大多数老年人愿意居家养老，养老机构开展社区延伸服务，使老年人不离开自己的家和多年熟悉的社区，既减轻子女负担，又有安全感和归属感，有利于身心健康。三是有利于发挥机构专业优势，在提升居家养老服务规范化和专业化的同时，也可充分发挥养老机构的服务潜能，避免"一方面有机构无人住，另一方面有需求无人服务"的现象。因此，以社区为平台，整合养老机构的专业服务资源，实现机构资源和老年人需求的有效对接，是提高养老服务水平的必由之路。

目前，我国大部分老年人受传统消费观念及自身经济条件的限制，不愿意购买或无力购买昂贵的老年用具和设备，这就为养老机构老年福祉用品的租赁提供了广阔的应用空间。通过社区这个有效的服务平台，机构可以将老年用具（如轮椅车、康复设备等）投放到真正需要的老年群体中，使老年人在熟悉的生活环境中就能享受到专业的福祉用品。

（二）老年福祉用品市场的开发

1. 老年用品的研发

我国目前老年用品研发面临的首要问题是启动以需求为起点的产品设计程序。产品设计应从需求中来，所以需求是产生一切设计活动的起源。老年产品更是如此，应针对老年人特殊的生理及心理需求研发出真正适合老年人的产

品。比如我们都知道老年人骨骼密度下降，活动不灵便，容易摔跤，老年人的鞋和袜子就都应该加上防滑材料；对高龄老年人来说上厕所是件大事，应该开发适合老年人使用的带保护措施的便器。在一些发达国家，基于社会需求和科技进步的要求，老年产品设计已经较为成熟，其老年人用品市场的繁荣在社会经济发展中起着举足轻重的作用。比如，研发生产了一些专为老年人设计的特殊商品，像方便智能的多功能轮椅和护理床、老年人的助听器、专为老年痴呆患者设计的益智玩具，等等。科技的进步带动人们生活品质的提高，相应也出现了专为老年人设计的手机、老年人家居安全防盗系统、适合老年人的电脑游戏，等等。在日本，有一款便携式轮椅，折叠后就像一个手提箱，可以到商场，还可以上飞机，整个轮椅的重量只有几斤。诸如此类结合了高科技的老年用品亟需整个社会的投入和开发。我国应充分注重利用各大高校、研究所、企业、养老机构的研究成果，实现产、学、研相结合的研发路径。

2. 政府的政策性支持和宣传

政府应该积极转变观念，加大对于老年产业的支持力度。传统观念总是认为老年人不太舍得花钱，政府认为老年产业经济效益低，企业认为老年人的生意难做，而且利润空间很小。但随着经济的发展和生活水平的提高，我国当前老年消费者的消费观念和消费行为已经发生了较大的改变。第一，他们越来越注重满足自身的需求；第二，他们已经成为"理智型"的消费者，在购买时除了考虑价格因素外，更多考虑的是质量和性能，价格不再是影响其购买决策的主要因素；第三，他们有着较强的补偿型消费动机，在子女长大成人并且自己收入较稳定的情况下希望弥补年轻时消费受较大约束的遗憾。因此，我国政府应该大力发展老龄产业，加大宣传力度，鼓励和引导老年用品市场的发展，采取减免税收、信贷等优惠的政策性措施，多渠道筹资，充分利用社会资源。

3. 企业和老年机构真正投身老年用品市场

中国老年用品市场虽然尚属于一个年轻的产业，但是随着中国市场经济的快速发展，老年用品市场也开始逐步地走向理性时期，特别是大中型城市的老年消费者，他们对于退休生活质量提出了越来越高的要求。在消费者眼中，企业不仅是老年产品的生产者，更是面向顾客的生活服务的提供者。企业作为老年用品的制造者，首先在生产之前必须针对老年顾客进行调研，通过测评和分析，才能真正把握老年人的需求、了解老年顾客对产品的质量及其价值的感知和评价，才能确切地了解市场情况。其次，在产品投放市场过程中，除了要严格保证产品质量外，仍应注重了解老年顾客对产品使用的反馈。由于老年人的需求和期望不是一成不变的，是一种动态的过程，对老年群体有针对性及持续性地定期调研，才能保证老年产品的持续改进和创新，提高市场竞争力。

【本章小结】

我国社会养老压力巨大，在新形势下，老年人更需要社会化的养老服务支持。在养老模式的建构中，居家养老服务、社区养老服务和机构养老服务三位一体，互为补充。社区养老是以社区为依托，为整个社区的老年人提供社会化的养老服务，满足老年人多样性需求，以实现老年人保障目标的一种养老模式，其实质是居家养老与机构养老的衔接与结合。居家养老是老年人在家中居住，但养老服务却是由社会来提供的一种社会化养老模式，它是福利社会化的一种体现，其主要内容包括上门访问服务、短期入住服务和日托养老服务。另外，以社区为平台实现养老机构福祉用品的租赁与利用，充分发挥机构养老的专业化服务优势，实现机构养老和社区养老、居家养老的有效对接，能够使老年人不离开自己原来的生活环境依然能享受到全方位周到的服务。总之，立足资源共享，充分体现养老机构延伸服务的新效能，将逐渐成为积极应对老龄化的发展方向。

【复习思考题】

1. 试述我国社区养老服务的现状及发展趋势。
2. 试比较居家养老、家庭养老、机构养老的特点。
3. 简要分析居家养老服务的主要内容。
4. 试论述我国老年用品存在的问题及对策。

第七章 我国养老机构发展与探索

学习目标

1. 了解：养老机构的发展分析以及发展中的问题。
2. 熟悉：国办养老机构、农村敬老院以及民办养老机构的经营现状、优劣势分析及问题。
3. 掌握：我国养老机构的发展趋势；养老资源整合与模型建立。

随着我国老龄化程度的加深以及家庭功能和人口结构的变迁，传统的家庭养老模式已经不能完全满足老年人日益增长的多样化的养老服务需求，推动社会化养老已成为必然的选择。而养老机构作为社会化养老的重要载体之一，正发挥着不可或缺的重要作用。目前，我国的养老机构正处于快速发展阶段，需要不断进行经营变革与重新定位来获得持续发展，以满足我国不断增长的养老服务需求。

本章从我国养老服务需求出发，以养老机构的标准的管理与运营实务为基点，从养老机构的发展分析、转型与变革及未来发展探索三个方面探讨我国养老机构的发展的同时，指出我国养老机构模型及经营方向，提出了整合我国养老服务资源，并在此基础上，构建我国理想养老机构的模型和养老机构的经营模型，最后构建适合我国养老服务的三位一体的服务模型。

第一节 养老机构的现状与发展

在人口老龄化背景下，养老机构作为老年人养老的重要场所，在社会福利社会化的时代潮流下，已经发展成为我国社会化养老服务体系的重要组成部分。本节从养老机构的发展现状、发展中存在的问题及发展趋势这三个方面来分别进行阐述，从而为我国养老机构未来发展方向和调整发展策略提供理论依据。

一、养老机构发展现状

（一）人口老龄化、高龄化日益加剧

按照国际社会相关规定，一个社会在一定时期内60岁以上老年人口占总人口的比重超过10%或者65岁以上老年人口占总人口的比重超过7%，那么这个社会就可称为老龄化社会。根据国家统计局的数据，我国已于1999年10月进入老龄化社会行列，到2010年，我国60岁及以上老年人口已经达到1.67亿，占总人口的比例已达13.26%，其中65岁及以上人口1.18亿，占总人口的8.9%。其中有65岁及以上老年人的家庭2878.2万户，老年空巢家庭为1561.6万户。家中有80岁及以上高龄老人的家庭有261.6万户，高龄空巢老年家庭234.8万户，其中单身寡居家庭为146.4万户。预计到2025年，我国将进入重度老龄化阶段，老年人口将达4.37亿，约占总人口的30%。这表明我国的老龄化、高龄化问题日趋严峻。

（二）养老服务需求日益增长

一般来说，80岁及以上高龄老人的身体机能下降较快，正逐步进入半自理或不能自理期，而他们的日常生活照料、医疗康复以及精神慰藉，难以通过居家养老或是社区养老得到满足，因此其对于入住养老机构有着强烈的需求。同时，随着工业化和城市化进程的不断加快，特别是独生子女政策的实施，使得我国社会结构发生急剧变迁，家庭结构、规模日趋小型化，家庭养老功能逐渐弱化，老年人安全带发生危机、松弛和断裂，与家人和社会间的信息发生了断层，老年人对于不同形式的机构护理需求在不断地增加。另外，随着越来越多的家庭将出现4个老年人、1对夫妇、1个孩子的所谓"421"格局，家庭可以为老年人提供照料的资源越来越少，导致老年人和有老年人的家庭对社会化养老服务的需求日益强烈。

（三）养老机构发展瓶颈凸显

在"社会福利社会化"的推动下，我国的养老服务事业得到了较大的发展。然而，在养老服务社会化过程中也不可避免地出现了瓶颈期。作为监管机构的政府，对于养老服务的自身定位以及具体发展方向尚不明确，将养老服务社会化等同于民营化和市场化，并采取自由放任的管理模式，甚至部分地方将养老服务视为营利性产业来发展，使得养老机构对于自身的定位出现混乱，对于自

身是非营利性机构还是营利性机构尚无法界定清楚。政府对于养老机构监管的普遍"缺位",导致养老资源分配不均,部分养老机构为追求利润最大化随意抬高服务价格、降低服务质量,严重影响养老服务的健康发展。同时,养老机构自身在发展中也遇到管理与服务的非专业化和非标准化、经营管理水平低、服务面仅限于简单的生活需求等一系列问题。在转型的过程中又缺乏国家统一对于养老机构的专门法律基准及定位指导,因此在人口老龄化、高龄化的背景下养老机构的发展应突破发展瓶颈成为养老机构的当务之急。

二、养老机构发展中存在的问题

目前,养老机构已经发展成为社会化养老服务体系的重要组成部分之一。在快速发展的同时,也相应地进入持续发展的瓶颈期,出现了机构的经营模式尚未成熟、专业化与标准化程度低、管理水平较为低下、内在竞争力普遍不足等问题。其具体表现在以下几个方面:

(一)养老机构亏损经营,硬件建设需要政府加大投入

规模较大的养老机构,由于收费较高,入住率低。在入住率较低的情况下,亏损就成为必然。而规模较小的养老机构,收费受限且受设施、环境等因素影响,虽然入住率较高,却并不盈利。如此,吸引社会资金兴办养老机构的积极性受到一定的影响,还需要政府部门加大投入力度,扶持硬件建设。发达国家养老机构床位数约占老年人口的5%~7%,而我国才达到1.6%的水平。随着老龄化的进展,机构床位供需失衡普遍存在,政府应增加投入,改善投入方式。

(二)养老机构缺乏明确的功能定位,缺少特色经营

绝大多数国办养老机构不仅收养公费寄养的优抚老人和"三无"老人,同时也接受社会自费寄养老人,但这些老年人身体条件、经济状况相异,且支付费用的主体也不一样,对设施、护理的要求并不一致。规模小的养老机构,难以做到较细的专业分工,人员及其他配套设施难以满足老年人不同层次的需要,服务对象属性过度差异之间的矛盾不仅容易导致管理上的混乱,老年人也得不到相应的高质量的服务。由于缺乏专业的指导和帮助,痴呆老人的生活质量受到严重影响。

(三)养老机构收费差距较大,缺乏相应的收费规范

养老机构之间房费、护理费的收费差距非常大。护理费的收取上,缺少相应的服务标准和收费规范,缺乏具体的细则和行业管理规范。

(四)养老机构管理队伍建设需要加强

目前养老机构管理人员年龄较大、学历较低,护理专业人员较少,管理的方式以原始的情感式管理为主,缺少科学的专业管理思维,在护理质量管理、

护理风险管理、护理分级管理上缺乏一些客观评估工具的使用。在老年人生活护理上，可参考与借鉴先进国家的成熟经验，逐步提高养老机构负责人队伍的水平。利用外出交流学习的机会，引进科学的管理经验，联合护理专业研究机构，建几个示范性的养老机构，在实践中提升负责人的老年护理管理能力是当务之急。管理队伍需要引入竞争机制，吸引年轻的专业人员的参与。此外，随着养老服务社会化的推进，社会力量兴办的养老机构增多，有必要对管理者作适当的资格规定。

（五）缺乏老年人护理服务标准

各养老机构缺乏老年人分级护理服务的管理规范和服务规范，分级护理混乱，缺少科学的统一的管理，表现在：①分级护理标准不同，服务提供的内容不同，收费标准不同；②分级护理内涵不统一，同样是一级护理，有些是针对完全自理生活的老人，有些是针对完全不能自理生活的老人；③分级护理的级别、数量不统一，老年人护理级别、数量级别不等；④缺少统一的、科学的分级护理服务规范和评价标准，对各级别的老年人护理细则及护理服务要求缺乏明确而详细的规定。此外，分级护理主要依据老年人的生活自理情况和需要提供的服务内容，对老年人的心理方面的情况缺乏关注。

（六）缺乏统一的行业管理规范

长期以来，养老行业管理和行业指导缺位，在行业指导、行业监督和行业自律上存在缺陷。当前各地养老机构的管理逐步得到重视，民政管理部门也在积极探索。在对机构进行审批、监管的基础上，应逐步对老年人护理分级管理、护理质量管理、护理风险管理、护理员分级管理建立统一的行业管理规范。

（七）缺乏照护体系及护理级别评审、衔接体制

目前，老年病房、老年康复病房、老年护理院、养老机构、家庭病床、居家养老、日托服务中心、临终关怀等不同层次的老年人照护体系及相关的评估体系没有建立。随着老龄化的进展，高龄化渐趋严重，老年人对各种机构的床位需求日益增长，因此确保有限的老年人照护床位高效利用、老年人在照护体系的评估和衔接的体制的建立等问题亟待解决。

（八）服务人员专业化水平低、人员流动频繁、队伍不稳定

《养老护理院国家职业标准》于2005年颁布，将养老护理服务定义为一个专门的职业，把该职业从业人员分为四个等级：初级、中级、高级和技师，对各级人员的基本要求作了规定。但目前养老机构内养老护理员基本上没有按此标准执行，没有完全实行分级管理，没有相应的分级管理要求和规范。由于护理队伍的不稳定、人员的频繁流动，至今仍没能有效建立持证上岗的制度。

养老机构内老年人患病率较高，由于缺少专业的医务人员，给入住的老年

人的人身安全带来一定隐患。此外，养老机构老年人对病残的理疗和康复需求难以满足。这些因素对老年人的机构生活的质量构成了影响。因此，护理队伍的素质提升是当务之急。"有病难医，不治而终"的状态更需要改善。

三、养老机构的发展趋势

（一）社会化与普惠化

伴随着我国经济社会的迅速发展，老年人福利事业面临的形势发生了极大的变化。人口老龄化、家庭小型化、消费结构多元化的发展形成了对老年福利事业的巨大需求。但是，计划经济时期形成的国家、集体包办，投资渠道单一的旧养老福利供给体系已经不能适应我国的老龄化发展速度。经济成分、利益主体、社会组织和社会生活方式的多样化发展趋势，对增加养老福利设施、拓展服务领域、提高服务水平提出了新的要求，又为社会力量参与养老服务的供给提供了机遇。面对这一形势，推进社会福利社会化，广泛动员社会力量兴办养老事业势在必行。

（二）责任的共同承担

从20世纪80年代中期开始，为满足人们对社会福利不断增长的需求，克服国家举办社会福利的压力，促进我国社会福利事业的发展与转型，民政部门提出鼓励社会力量兴办社会福利的思路。2000年国务院办公厅转发了民政部等部门《关于加快实现社会福利社会化的意见》，确定了社会化与普惠化的发展方向。

社会福利的社会化与普惠化的具体内涵包括：投资主体多元化、服务对象公众化、服务方式多样化以及服务队伍专业化。其主要包括以下两个方面：

1. 从提供福利的主体来看，相对于以往单纯由福利部门举办福利，要动员社会各方面的资源建设社会福利设施，开展社会福利服务，满足人们对福利服务的需求。

2. 从服务对象来看，即服务对象公众化，不仅仅单纯服务于"三无"老人、孤残老人等民政对象，更多主张向适度普惠型转变的思路。随着我国社会转型的推进，社会福利体制也发生了重大的改革和转型，不再是政府或市场单一主体的责任，而成为一种由社会各个方面共同承担责任和共同参与的广泛的社会事业。社会福利社会化已经成为老年人社会福利制度的重要理念支撑和发展方向。

第二节 养老机构的转型与变革

养老机构经营关系到养老机构的生存和发展，养老机构的经营者不仅需要相关领域的专业知识,更需要具备适应未来养老服务的需求与发展及转型与变革的能力。

一、国办养老机构的转型与变革

(一)国办养老机构的经营类型

国办养老机构是指由国家投资兴建的社会福利机构,在过去相当长的时间内主要收养城市中的"三无"老人,即没有劳动能力、没有收入来源、无法定赡养或抚养人的老人。随着社会福利社会化的大力推进,我国养老机构的收养对象正在从过去的"三无"老人转变为面向全社会的所有老年群体。我国的国办养老机构兴起于 20 世纪 50 年代后期,所需经费几乎全部由国家财政提供,由于投入大且硬件设施较齐全,居住环境较好,收费不高,深受广大老人的青睐。整体上讲,目前我国的国办养老机构主要分为以下三种类型:

1. 救济型

救济型主要体现在政府对养老服务责任的承担上。首先体现在举办公办养老院上。碍于有限的财政资源,公办养老院建院初的定位为"救济性福利单位",承担鳏寡孤独残等各类无生活来源、无劳动能力以及无法定赡养人的"三无"老人,为他们提供物质帮助和生活照顾,因此也被称为"救济型福利"。 国办养老机构的保障对象通常为特殊的弱势群体,履行职责,为这个最弱势的群体提供无偿服务,彰显救济与公益原则。

2. 福祉型

福祉型是指为低保家庭、特困家庭的老年人提供低偿服务。入住福利院的老人有相当一部分属于"低保"家庭、特困家庭老年人。这些老年人身体状况和经济收入都不容乐观,国办养老机构势必应当担当起为这一老年群体服务的重担,为这一弱势群体提供低偿服务,即为最有需要的社会老人提供服务,最大限度地发挥社会福利社会化的作用。在发达国家,公建民营的养老机构主要在发挥着这一功能。

3. 市场型

市场型的养老机构是通过市场运作或经营活动来达到获取利润的目的。因此,营利性的养老机构一般属于这一类型。然而,目前我国还没有将营利性与非营利性完全加以区分。公办养老机构承担着救济之责,主要面向低收入、难以被市场接纳的困难群体,但国办养老机构也在"社会化"的浪潮中向市场开放,以市场价格收住普通老人。因其享有大量政府补贴,在市场竞争中占据着天然的优势,国办养老机构逐步演变成拥有特殊地位的市场主体,直接参与市场竞争。

（二）国办养老机构的经营分析

1. 经营优势

国办养老机构肩负着国家社会福利重任，因此在政策、资金等方面享有较大的优势，其主要表现在如下几个方面：

（1）资金优势

国办养老机构的各种优惠政策容易落到实处，可以得到政府的全额或差额拨款，可以无偿使用土地，可以获得银行贷款，更容易获得社会支持和慈善捐赠等，这些都是民办养老机构所难以企及的。

（2）声誉优势

一般来讲，国办养老机构在老年人及家属心目中，无论是服务还是声誉方面都有较高的信赖度，因此他们更愿意选择国办养老机构。

2. 存在的问题

（1）养老床位供不应求

由于国办养老机构收费低廉、服务相对到位的形象已经深入人心，除收养"三无"人员等，已经成为中低收入百姓心目中机构养老的最佳选择，从而形成入住率居高不下且已接近满员，已经无法接纳更多的养老人员入住，产生了"一床难求"的现象。

发达国家养老机构床位数约占老年人口的 5%~7%，而我国养老机构床位数占老年人口的比例约为 1.6%，远不能满足社会化养老需求，且在软硬件的配置方面与发达国家相距甚远。

【案例 7.1】排队 7 年终于"挤入"养老机构

经过 7 年苦苦的等待，张奶奶和老伴儿终于住进了北京最火的一家公立养老机构。"为住进来，我们托了不少关系，住进来也就踏实了。"

张奶奶一生没有子女，所以养老问题考虑得比较早，老两口商量好一起住进养老院颐养天年。退休后，他们在家里互相照顾，直到 70 多岁才开始联系养老机构。"谁知道这么难进。要是知道这样，我们一退休就开始登记排号。" 7 年前当养老机构的接待员告诉他们前面已经排了近千人时，老两口的心顿时凉了半截。但是他们还是坚持选择公立养老机构。"就是图个放心、踏实。以前听说不少民办养老机构的负面消息，所以考虑得比较多。"同时登记了几家大型公立养老机构后，老两口便开始了漫长的等待。起初还满心期待，有一些盼头。但是，一年、两年、三年都过去了，每次电话咨询都是"没有床位，接着等"的答复，这让一年老过一年的他们渐渐有了恐慌，于是，他们开始想找关系，层层托、层层找。"拉下老脸也得把自己的最后一程安排好"，张奶奶对这个想法十分坚定。今年年初，张奶奶和老伴儿终于如愿以偿，住进了一家配套设施以及护理服务均处于领先地位的养老机构。虽然住了进去，老两口并不习惯，但他们还是十分庆幸能"挤"进来。

（2）缺乏经营服务意识

国办养老机构由于长期以来一直由政府包办，在组织上、经费上对政府有着较强的依赖性，经营理念和服务理念水平滞后，适应市场经济能力较差，高投入低产出的问题普遍存在。

（3）行政化现象严重

公办养老机构"行政化"现象严重，即管理层人员较多，护理员则相对较少，养老机构的经营管理与服务缺乏专业的人才，从而导致养老机构普遍效能低下。

（4）功能定位"错位"

一些国办养老机构实行宾馆化经营，主要收住能够自理的老人或经济条件较好的老人，而非"三无"以及贫困老人，造成社会福利服务对象错位，导致了国办养老机构的经营发展难以与我国人口的快速老龄化步伐相适应，难以满足迅速增长的老年人的养老需求。

（三）国办养老机构的改革与创新

国办养老机构是国家"窗口"和"示范"，因此集优质资源和稀缺资源于一身，于是对入住的老人开始设定门槛，这样就逐渐地使入住国办养老机构成了一种"特权"。这样的公立养老机构，已经完全违背了"社会福利"的初衷，我们有必要对国办养老机构重新予以探索与定位。

1. 不忘"社会福利"的本职功能

作为国家事业单位性质的保障机构，无论从国办养老机构的历史初衷，还是从国办养老机构的功能定位考察，国办养老机构的功能定位都应为政府为弥补市场失灵而致力于公共养老服务，保护老人等社会弱势群体。

2. 市场型与福祉型分类经营

国办养老机构在立足"社会安全网"的角色之上，可以有原则性地参与养老服务市场公平竞争，以缓解老龄化浪潮，但两者分别为"非营利的救济性与福利性"、"营利性与市场化"两种不同的类别，财务账目要严格区分，以避免由于国办养老机构的市场化经营破坏市场与扰乱市场，从而导致民营养老机构的经营雪上加霜。

3. 加大发展"公办民营"、"公建民营"型养老机构

"公办民营"指的是各级政府和公有制单位已经办成的公有制性质的养老机构，需要按照市场经济发展的客观要求进行改制、改组和创新，更快地与行政部门脱钩，交由民间组织或社会力量去管理和运作，实现多种经济成分并存、

多种管理和服务运营模式并存、充满生机和活力的发展局面。

"公建民营"则是指在新建养老服务机构时,各级政府要摒弃过去那种包办包管、高耗低效的管理体制和运行机制,按照办管分离的发展思路,由政府出资,招标社会组织或服务团体去经办和管理运作,政府则按照法律法规和标准规范负起行政管理和监督的责任。

两者之间的联系体现在:首先,它们所涉及的都是同一事物,都是政府已经办起来的或想要建设的养老机构应该采取哪种方式举办与管理;其次,它们都与体制、机制的深化改革紧密联系在一起。

同时,"公办民营"和"公建民营"又是同一事物的两种不同形式,"公办民营"是在盘活存量,对已经办起来的公办养老机构进行体制改革,建立起全新的顺应市场经济要求的管理和运行机制;"公建民营"则是在发展增量,政府对新办养老服务机构投资时进行改革创新,转变投资方式,把体现政府公共服务职能所要投入的资金换一种方式投入,不再直接由政府部门建设和管理,而是遴选其他社会力量去建去管,由此打破公办养老机构高投入、低产出,高消耗、低效率的体制弊端,提高公共资源的利用效率。

4. 完善法律法规建设

目前,与我国养老机构发展相关的法律法规滞后,没有形成完善的法律体系。当前与养老机构发展有关的法律法规主要有:民政部发布的《社会福利机构管理暂行办法》和《老年人建筑设计规范》,2000 年民政部颁布的《老年人社会福利机构基本规范》以及与老年人直接相关的《老年人权益保障法》。

上述法律法规的内容很大程度上并没有随着社会福利的改革与发展而与时俱进,及时修订和制定新的法律法规,没有及时完善与整合形成法律体系以保证、倡导养老产业的法制化、制度化、规范化建设,促进政府的公共政策切实履行,起到对养老机构的扶持、监督与引导的作用,以切实改变政府对国办养老机构监督引导过程的"越位"与"缺位"现象。

5. 自我完善

国办养老机构也要促进自我经营管理与服务的完善。首先,要树立经营意识,转变经营理念。其次,注重养老机构的专业化、标准化与规范化经营管理与服务;再次,明确机构规划,合理定位机构功能;最后,强化机构经营能力,拓展养老机构服务的范围与深度,提高机构运营的可持续化水平。

二、农村敬老院的转型与变革

农村敬老院是以集体经济为依托,以"一乡一院"为目标兴建的农村社会福利机构,其主要服务对象是农村"三无"(无经济来源,无劳动能力,无赡养人、无子女)、"五保"(保吃、保住、保穿、保医、保葬)老年人。

长期以来在城乡二元体制的影响下,农村敬老院的发展远远落后于城市国办养老机构,其服务长期以来主要定位于老年人的简单生活照料,忽略了老年人的心理及社会需求。

随着我国城乡一体化进程的逐步推进,农村留守老人现象逐渐增多,养老需求强烈,这也为我国的农村敬老院带来了难得的发展机遇。

(一)农村敬老院的经营现状分析

1. 优势与机遇

(1) 刚性的养老需求

目前,就人口的绝对数量而言,我国农村老年人多于城市老年人,虽然经济能力相对较弱,但是其刚性的养老需求是不变的。

(2) 逐步实现城乡一体化

目前我国正在推动城乡一体化,这意味着农村老人经济能力的增强以及一定区域内的养老资源在很大程度上将进行均衡的分配,农村敬老院将得到与城市养老机构一样的养老资源,促进其发展转型与变革。

2. 问题与挑战

当前农村敬老院与城市养老机构相比较,形势不容乐观,还有许多乡镇至今没有敬老院,普遍存在着以下情况:

(1) 供养标准偏低,经费投入不足

农村敬老院的管理体制与农村经济发展不同步,集体经济自身难保,导致农村敬老院经费透支。特别是贫困地区乡镇、村组集体经济薄弱,乡镇财力有限,一些乡镇还出现了负债。在这种状况下,由于资金紧张,敬老院老人的生活基本上维持温饱。我国农村"五保"老人供养经费已纳入财政转移支付和城乡最低生活保障范畴,但是供养标准不高,普遍低于当地农村的平均生活水平。

(2) 入住率较低,难以实现规模效应

敬老院规模小,基础设施简陋。有关部门对敬老院建设缺乏责任感,有些甚至认为是种负担,领导过问少,群众关心少,敬老院成为被遗忘的角落。各乡镇虽有敬老院,但由于财政困难,资金投入少,设施落后,"五保"老人入院积极性不高,甚至不愿入住。另外,根深蒂固的传统观念意识落后也是影响入住的原因之一。虽然新型农村合作医疗保险已经开始试点,但很多老人都不愿意把自己的钱拿出来,甚至觉得不合算。

(3) 管理落后,缺乏专业管理人员

由于缺乏对敬老院财务和服务有效的监督,因此侵犯"五保"老人权益的事件时有发生。此外,农村敬老院制度不健全、服务不规范、卫生条件差、入住协议签署不规范等问题也十分突出。敬老院院长大多都是本乡镇的村民或村干部担任，管理人员年龄偏大，文化程度偏低，没有经过专门的培训学习，缺乏敬老院管理的专业知识。这也是敬老院管理不善的一个重要原因。

（4）管理人员工资福利待遇低

敬老院的工资及管理经费没有稳定来源，有时不同程度地存在着挤占"五保"老人供养经费的现象。工资低造成工作积极性不高。同时，由于经费来源有限，使得农村敬老院只能聘用少量工作人员，工作人员往往是身兼多职，难以保证入住老年人的人身安全。敬老院不愿接收过长时间患病卧床的"五保"老人入住，也难以满足有护理需要的老年人的需求。

（5）交通闭塞不便，医疗设备短缺

多数农村敬老院交通不便，一旦有急病难以得到及时救助。尽管政府已为"五保"老人购买了新型农村合作医疗保险，但是这种保险报销比例低，住院自费部分在许多农村敬老院尚无着落，导致部分农村"五保"老人不到万不得已的时候不会送进医院治疗，严重影响了老年人的生活质量。

（6）服务功能单一

由于资金有限，绝大多数敬老院设施比较简陋，服务内容单一。现有乡镇敬老院仅仅是发挥了解决一些"五保"老人基本吃、住问题的作用，医疗、健身、文化娱乐、社会活动等功能不能得到有效发挥，缺乏对老年人的心理慰藉，忽视老年人的心理及精神生活。

（二）农村敬老院的转型与变革

农村敬老院属于福利性社会服务机构，长期以来受到城乡二元体制及地域限制的影响，其经营与发展在一定程度上受到了限制，但是随着国家城乡一体化进程，农村敬老院的经营与发展存在着很大的发展空间。

1. 大力扶持农村养老机构的发展，促进经营多元化

农村敬老院虽属于集体办养老机构，与城市国办养老机构一起统称为公办养老机构，但由于长期以来的城乡二元体制的影响，农村敬老院的发展远远落后于城市国办养老机构。国家应重视农村敬老院建设，加大投入资金的力度，实现农村养老机构与城市国办养老机构的同步发展。同时逐步缩小城乡二元社会保险制度差距，努力实现社会养老的全覆盖，为老年人实现"老有所依"提供经济基础。农村养老服务事业的建设与发展也要面向社会开放，吸引民间资本投资兴建、改建、扩建，在经营模式上，也可导入公办民营、公建民营，加大实行公办民营和公建民营的步伐，进而缓解国家财政不足的困境，导入市场竞争，提高农村老年人机构养老的生活质量。

2. 正确定位农村养老机构的社会功能

农村敬老院作为国家社会福利机构，在未来的发展过程中应始终履行自身肩负的社会福利的责任，为农村"三无"、"五保"以及贫困老人提供机构养老服务，发挥社会养老保障网的基本功能，以弥补市场失灵。

3. 改变农村敬老院的经营策略

针对农村敬老院规模小、分散、经营成本高等问题，农村敬老院改造与建设可考虑整合资源，集约经营，降低成本，实现规模效益；同时将养老机构服务拓展至农村社区，实现在同一机构内的机构养老服务、社区养老服务与居家养老服务的整合。

4. 推动农村敬老院的自我完善

敬老院要配合国家相关监督机构对于其的财务监管，并不断加强自身财产的管理，防止资产流失；加强经营理念，促进养老机构的发展；注重养老机构的专业化、标准化与规范化经营管理与服务；加强培训，提高服务人员的素质，并改善工作人员待遇，提高工作人员的社会地位；拓展机构养老服务内容，将传统的生活照料扩展到心理服务及社会支持上来，让老年人有条件做些力所能及的体力劳动，这样不仅能丰富老人的生活，还能有效地缓解敬老院经费不足的问题。

三、民办养老机构的转型与改革

为了进一步完善社会福利社会化的体系，2001年，民政部发布了《老年人社会福利机构基本规范》，对老年人社会福利机构的管理、服务、护理、康复和设备等进行了规范；2005年，民政部出台了《关于支持社会力量兴办社会福利机构的意见》，2006年又颁布了《关于加快发展养老服务业的意见》，要求各级政府对依法兴办的非营利性福利机构给予政策和资金支持。在社会福利社会化理念和政策的推动下，尤其是民间资本的介入，我国的养老服务事业得到了较大的发展，民营养老机构已成为我国养老服务事业一支不可或缺的力量。

（一）民办养老机构的经营类型

目前，我国民办养老机构的主要经营类型有两种。

1. 小规模的租地经营

这类模式的养老机构多由家庭、个人合股投资经营，床位数不多，多租用闲置的场地经营。其特点是规模小，设施简陋，服务单一，收费低廉，主要面对中低收入层老人。投资人亲自管理，配备少量管理人员及为数不多的护理人员和厨师。由于硬件设施欠缺，只有在服务态度、成本节约上下功夫争取保持较高的入住率。

2. 较大规模的征地建设经营

这种类型的养老机构大多数由较大的民营企业或境外资本投资,其资金雄厚,善于经营,一般征地规模大、建设标准高、服务设施齐全。投资人一般不直接参与经营,多聘请有专业背景的管理者管理。这样的养老机构主要是面向中高收入层的老人,其特点是环境好但收费较高。

(二)民办养老机构的经营现状

1. 民办养老机构的发展机遇与优势

(1)弥补国家福利的局限与市场失灵

政府作为福利服务的主要提供者,面对老年人需求尤其是服务类型需求的多样化趋势,很难做出及时的回应与满足,而民办养老机构市场调节灵活,有助于弥补政府由于养老福利方面的资金和人力不足而不能满足社会养老需求所造成的失灵,填补养老需求的不足。

(2)实现"社会福利社会化"理念

社会福利社会化是以社会共同责任为理念基础,通过社会福利主体的多元化、筹资渠道的社会化和服务队伍的社会化,实现福利对象的公众化。应明确政府职能,积极鼓励和扶持第三部门的成长;加强对私营福利机构的服务监管与引导扶持,充分整合机构、社区和家庭资源,以形成社会福利社会化的主体合作机制;加大政府资助和社会筹募的比例,防止社会福利社会化滑向社会福利市场化;加快专业社会工作队伍建设,引导形成志愿福利服务的长效机制与社会风尚,建立专业化、高志愿性、高素质的社会化福利服务队伍。

(3)自身的发展优势

民办养老机构由于经营的灵活性等自身的性质,经营更加贴近老年人的生活,可更好地为老年人提供更灵活和更个性化的服务。其经营手段及价格制定等方面的束缚较小,自由度较高。

2. 问题与挑战

目前,民办养老机构已经发展成为我国社会化养老服务体系的重要组成部分之一。在快速发展的同时,由于民办养老机构在中国的发展历程较为短暂,作为养老机构在软硬件建设和职能上还需完善。由于缺少必要的医疗条件,专业护理员人数不足、大多护理人员素质低下,制约了其可持续发展能力,且整体管理水平和服务质量难以满足老人的养老服务需求。主要表现在以下几个方面:

(1)经营理念陈旧,管理制度落后

民办养老机构由于管理制度和经营理念的局限性使其不能发挥管理效能,束缚机构的长远发展。民办养老机构的管理和服务上还有待进一步完善和提高。

另外，部分民办养老机构观念陈旧，以为养老就是让老人吃饱、穿暖，这种陈旧的观念抑制了民办养老机构的发展进程。在管理上没有充分体现"以人为本"的服务思想，使老人不能找到"家"的感觉，对入住率产生影响。

（2）缺乏资金支持

民办养老机构大多数规模较小、资本实力有限，为租到一处稳定、合适的养老场所，往往不得不将总支出的50%以上用于支付房租。这些养老机构基本上依赖入住老人的入住费用进行运营，很难再拿出资金对养老机构的硬件设施配备做出改善。虽然国家对养老服务机构建设运营方面制定了一些资金"奖补"政策，但标准较低，且不能一次性到位。民办养老机构普遍面临资金紧张、资金周转困难的现状，除了自有资金外主要依赖于外部捐赠，不能自我维持和发展，不能有效发挥服务的最大效能。

（3）入住率低，经营效益差

一般而言，非营利性、营利性养老服务机构收费标准可根据实际成本适当高于福利性养老服务机构。条件较好的养老机构迫于经营，在价格上定位较高，老年人无能力入住，难以保障入住率，把价位定低，又不能保证养老机构的正常运转。尽管居住条件良好、养老设施完善、服务水准较高，但入住率偏低严重影响资本金的回收。尤其是较大规模征地建设经营的养老机构，大量空闲床位的存在，造成资金的积压和资源的浪费。

（4）没有行业服务的标准化参照

目前，由于我国养老机构服务起步较晚，养老服务行业没有全国统一的护理定级和服务标准，各地养老机构基本处于各自为政的状态。

（5）缺乏运营管理经验和专业的管理人才

养老机构管理及运营经验不足，缺乏专业管理人才，处于"摸着石头过河"状态。

（6）国家政策不完善，优惠政策难以享受

现行的养老服务政策及相关的优惠扶持政策过于强调福利性、公益性，政策支持力度不大；在养老机构和服务设施建设规划、用地、资源整合方面，缺乏更有力的支持及保障。这在一定程度上否定了民间投资的资本属性，也否定了社会养老服务业活动的产业属性，致使民间资本投资养老服务业热情受阻，而已经进入这一领域的民办养老服务机构也大多举步维艰。

（三）民办养老机构的发展对策

民办养老机构的发展方向和目标在于可持续发展和经营的连贯性。民办养老机构的可持续发展是指能适应社会环境的现状，挖掘未来变化中的潜力资源，增强自身资源禀赋，同时通过调整内部环境，提高自身创造绩效与福利的能力，增加竞争优势，以更好的服务满足老年人需求并回馈社会。具体的可持续发展策略主要包括如下几个方面：

1. 发挥政府在养老服务的宏观调控作用

作为公共服务主要提供者的政府发挥在养老服务提供中的角色和责任，在具有前瞻性的养老理念的指导下充分认识和发挥政府的养老作用，科学合理地设计和完善各种养老政策和法律体系，提高政策的执行能力和职能部门的行动能力，引导公众和社会养老思想的转变和革新，规范民办养老机构的登记与管理。

2. 促进投资主体多元化

投资主体的多元化强调从国情出发，采取国家、集体和个人等多种渠道投资方式，形成社会福利机构多种所有制形式共同发展的格局，政府"逐年增加对社会福利事业的投入，重点用在一些基础性、示范性社会福利机构的建设上，同时采取民办公助的办法，将一部分资金用于鼓励、支持和资助各种社会力量兴办社会福利机构"。投资主体多元化的动机和目标，意在"形成社会福利机构多种所有制形式共同发展的格局"，政府的投入主要发挥在基础性、示范性机构的建设上，大力发展"公助民营"、"公建民营"，制定并落实诸如资金、土地、税收、水电等优惠政策，鼓励、支持、资助各种社会力量兴办社会福利机构，为社会力量参与老龄事业的建设提供精神动力和物质条件。另外，政府对于有发展前途的优秀养老机构应重点起到宣传和媒介作用。

3. 建立完善的服务监督体系

养老服务监督体系的内容包括政策执行、服务内容、服务设施、服务费用、服务人员素质等方面，从监督评估对象来看，包括行业评估和机构评估，行业评估是对民办养老机构的发展现状、行业容量、问题及改进方向进行探索性的研究，以把握行业发展的动向，了解和解决行业发展中的问题；机构评估是对养老机构本身进行的监督评估。从监督评估的主体上看，由于业务主管部门与机构有着利益上的联系，因此引入由该行业资深的社会团体、学术机构和养老行业者第三方评估的主体参与是养老行业的发展趋势。同时，也要推动民办养老服务行业的规范化和行业标准的配套完善，发挥行业协会自律的作用。

4. 加强管理与重视规模经营

养老机构自身应强化民办养老机构的机构能力建设，加强内部管理，规范服务与经营的行为，降低成本，提高服务质量与社会经济效益。从战略的高度重视规模经营问题，从而提高人、财、物集中使用效率，降低经营成本，扩大服务内容，提高经营效益。通过媒体公关提高民营养老机构的社会知名度和社会地位，让消费者了解和认同机构的经营、管理与服务的理念与方式，打造经营品牌。

5. 提高养老机构服务水平

机构自身应该提高可持续发展能力和利用社会资源的能力，进行科学的组织功能的定位，推出差别化、有竞争力的养老服务，从专业化、职业化、规范化和个性化等方面入手，提升养老机构的服务水平，以满足老年人的养老需求，这是竞争的核心所在。

（1）促进服务队伍专业化。服务队伍专业化与否已经成为制约当前各种养老机构发展的重要因素之一，而工作人员的服务意识、能力及水平决定着服务的质量。当前，养老机构服务人员综合素质比较低下，服务意识淡薄且服务人员短缺，制约着养老机构向专业化和规模化发展。养老机构服务队伍的专业化发展，需要政府提供良好的政策环境，鼓励各类专业人才加入为老服务队伍，加强护理人员的培训，实行持证上岗、竞争上岗。这样才能够提高服务人员的综合素质及水平。

（2）服务对象的公众化。除确保国家供养的"三无"对象（无劳动能力、无生活来源、无子女）、孤儿等特困群体的需求外，还要面向社会老年人、残疾人拓展服务领域，扩大服务范围和覆盖面，并根据服务对象的不同情况，实行有偿、减免或无偿提供养老服务等多种服务模式。

（3）服务方式的多样化。除集中养老、助残外，应发挥多种服务功能，为家庭服务提供支持。在居家养老为基础、社区养老为依托、机构养老为补充的养老服务体系下，使居家养老、社区养老和机构养老成为一个有机体，三者功能之间可以相互弥补、相互促进。比如机构养老可以将专业化服务人员、服务产品延伸到家庭，弥补居家养老人员欠缺和专业化不足、服务资源欠缺的缺陷，充分发挥养老机构在养老服务体系中的骨干作用。

第三节 我国养老机构的发展与探索

一、理想养老机构与经营模型的构建

（一）理想化养老机构模型的构建

养老机构运营模型的构建是养老机构的经营理念和可持续发展不可或缺的，养老机构的基本模型是做好养老机构服务的基本条件（如图7-1）。

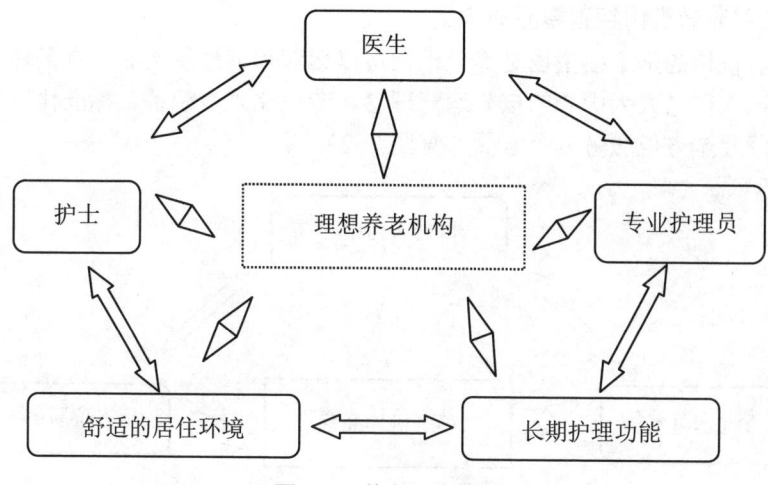

图 7-1　养老机构模型

1. 医疗条件的必备

老年人随着年龄的增加，发生心脑血管疾病的概率也会增加。保证老年人身体健康和安全是养老机构的魅力之一，也是老年人愿意入住养老机构的魅力所在。因此，条件具备的话，养老机构里应有医生和护士常驻，没有医疗条件的养老机构应与就近的大型医疗机构合作并签订合作合同，一旦有老年人需要急救时提供便利就医条件。

2. 专业服务团队

养老机构的服务质量如何，是由养老机构服务人员的素质决定的。养老机构应该由具有资格的人员提供专业化服务。生活在养老机构中的每一位老年人所接受的服务不是单一的，它是以老年人为中心，由医生、护士、营养师、专业护理人员等养老机构服务团队所提供的专业化服务。

3. 提供长期入住护理服务

老年护理是一个全人全程的护理过程。老年人从健康期到需要身体介护有一个过程。这个过程的长短因人而异，多数老年人当处于高龄期时需要照顾的概率增加。因此，养老机构应当具备长期护理的条件，尽量为有各种护理需求的老年人提供长期的护理服务。

4. 安心养老的休闲度假式的居住环境

养老机构的环境对老年人的机构生活产生很大影响，也是保持老年人日常生活尊严的必要条件。就像正常人的需求一样，老年人对身边的生活环境有同样的要求。生活在封闭性的养老机构里的老人们，他们对安心舒适环境的要求更为迫切。

(二)养老机构经营模型的构建

养老机构的基本模型也是养老机构得以运营和维持发展的基本条件。该模型包括以入住老人为中心的核心运营理念、专业化人员配备、标准化管理、发展式经营及全方位服务五个方面(见图7-2)。

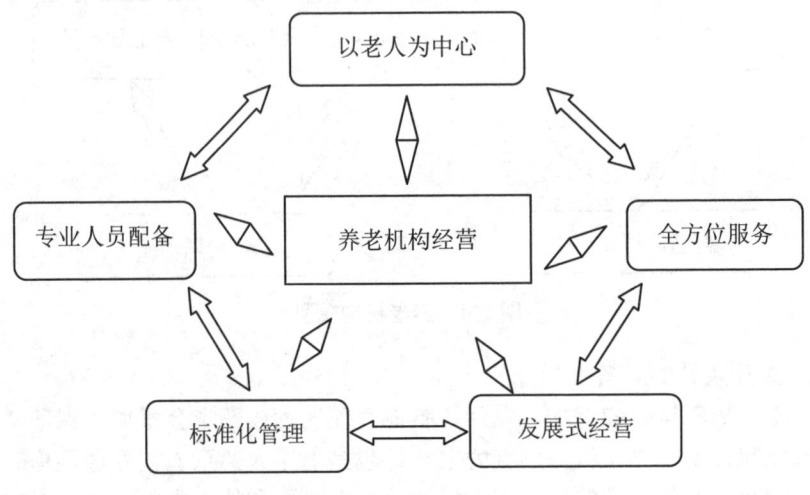

图7-2 养老机构经营模型

1. 以入住老年人为中心

以入住老年人为中心是指养老机构应根据老年人养老服务需求,综合国家相关法律法规以及行业协会的指导,结合自身情况,制定相应的经营、管理以及服务策略,尽可能地满足现实以及潜在入住老年人的生理、心理和社会的需求。同时注意为老年人提供专业服务,并不意味着剥夺其对于服务的选择权以及入住老人的自立原则,要让入住老年人的老年生活过得安心、放心。总结起来讲,主要包括如下几个方面。

(1) 服务的中立性原则

机构养老服务的中立性是指机构服务根据服务标准,对所有入住老年人进行无差别对待。这包括尊重入住老年人的个人隐私以及人格尊严、保障服务资源的公平分配等。

(2) 老年人的自立原则

养老机构的养老服务实际是通过鼓励、支持、引导、辅助、援助以及全面护理来进行的。在服务过程中,工作人员在老年人的能力和需求的基础上,不代替老年人做事,而是尽可能地为老年人创造自理生活的机会及提供相应的用具辅助,鼓励并协助老年人充分利用现有能力做自己力所能及的事情,同时也要注意时刻关注老年人的安全问题；最终以促进或维持现有能力，凸显老年人的自我存在感，激发对于生活的热情为行动宗旨。

（3）服务的个性化原则

个性化服务从养老服务的整体来讲，具体包括为老年人提供相对独立的单间或者双人间，维护入住老年人在不妨碍对其服务的基础上对自己房间的布置权利，以保护个人隐私及维护其自尊心；根据老年人的个体情况，制定出相应的服务计划，为提高其自立生活的能力而提供相应的人员及工具等辅助。

2. 专业化人员配备

专业化人员配备是指根据养老服务的服务需求，通过国家标准以及机构内各职能的分化与整合所形成的机构内区域化的养护服务功能，并根据相应的功能整体配备专业的工作人员。一般而言，养老机构的工作人员必须包括医生、护士、护理员、营养师及社会工作者。同时坚持"持证上岗"制度，积极与志愿者进行互动，形成服务的专业化与志愿行为的联合，共同促进养老服务质量的提升，以减少机构开销。

3. 标准化管理

根据具体的服务内容及要求，合理进行团队分工协作；根据员工所做服务的质与量进行综合评价与反馈；机构管理坚持制度化、现场管理数据化、可视化以及工作过程手册化；运用统一的服务用语与行动标准开展服务；实现机构内的信息共享，管理过程公开、公正、透明。

4. 发展式经营

养老机构在发展过程中，应摒弃传统的行政化（依赖政府财政，既不重视服务又不重视管理）、理想主义化（重视精神和服务而忽视机构管理）以及功利化（偏重机构管理，一切以效益为中心）的经营理念，进而转向以通过服务质量和管理水平的提高来增强机构的成本效绩的发展式经营（见图7-3）。

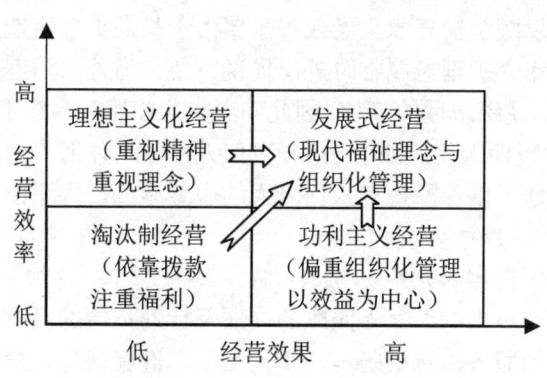

图7-3　发展式经营

整合社会资源，让政府、医院、家庭、社区、一般企业、养老咨询公司、NPO组织等多方主体以咨询、外包、投资、合作、入股、联合经营等多种方式共同参与机构养老；在保证运营主体不变的情况下，可实行股份制经营、非核心业务交与其他专门机构或公司"外包"，让入住老人及其家属参与到机构管理及运营中来；积极与发达国家（如日本、澳大利亚、新西兰、美国等）的养老机构进行沟通与交流，与国外养老机构合作，共同开发新的养老服务合作项目。

5. 全方位服务

养老机构的服务在满足入住老年人日常生活的基础上，应更趋向于心理需求、社会参与需求的满足，同时推动养老服务分别从时间、地域、类别向深层次发展，这包括建立长期护理机制、机构养老服务直接进入社区与家庭以及短期入住等。

（1）长期护理

养老机构很大程度上是入住老年人人生的最后归宿，因此养老机构提供的服务不仅要着眼于健康的老年人，对处于亚健康状态以及需要护理状态的老年人也要加以重视，这很大程度需要养老机构整合机构服务功能，依据入住老人的健康状况划分功能区；同时做好临终护理工作。

（2）机构养老服务与社区养老服务衔接

综合养老社区中"社区"的概念，不仅仅局限于养老机构内部，而是以服务对象——老年人为中心的，将老年人所在的社区及家庭作为服务地点，提供与其养老服务需求相对应的养老服务，也就是说"老年人在哪里，那么机构养老服务也就自然延伸到哪里"。这包括居家养老服务、社区养老服务以及日托服务等，为老年人提供就餐、休息、护理、医疗、康复、娱乐、学习"一站式"服务。

（3）短期入住服务的增设

短期入住可以缓解护理家里老人的家属由于长期护理所造成的身心疲劳，同时还可以为老年人护理家属临时外出提供方便。另外，随着人口的大规模流动，老年人也会出现跨地域的流动，因此养老机构在服务内容上同样要涉及"候鸟式老人"，推动短期入住，同时保持与老年人常年入住的养老机构以及医院的经常性联系与沟通，以保障短期入住老人的服务质量，规避由于信息交换的不畅而导致的服务风险。

（4）日间护理内容的充实

日间护理是为白天缺乏家人照顾的体弱及行动不便的老人提供护理、生活照顾及社群活动的服务，包括膳食、个人卫生、健康护理、护送看病等。服务的主要对象是在家中居住但其家属白天又无暇给予照顾的老年人，通常是指老人白天在养老机构接受全方位的照料，晚间则回到家里。他们既可以享受专业化的服务，又满足了其居家要求。这种模式不仅可以使老年人扩大社交范围，使精神生活得到充实、缓解孤独感，又能有效地减轻其家属的负担，解决老年人的后顾之忧。

（5）加强上门访问服务质量管理

为了保证上门访问服务的质量，养老机构作为服务提供者有义务强化其服务质量管理。养老机构须从确保服务质量入手，积极完善各项管理制度，加强服务管理，建立起自上而下的服务质量监督检查体系，形成严格的服务考核机制，以建立起服务质量保证体系。具体包括：第一，全面贯彻全程控制理念，建立服务管理保证体系；第二，全面树立"一切以老年人为中心"的服务理念；第三，在服务理念的指导下，养老机构要建立完善的上门访问服务标准；第四，建立健全客户服务反馈与投诉渠道，以保障服务质量。

二、加强养老服务体系建设，促进养老机构多元化发展

（一）养老服务要素构成

养老服务是指为老年人提供家政服务、疾病护理、精神慰藉等生活照顾性质的服务。养老安老是全社会健康与和谐的核心之一。目前，养老机构服务的根本任务在于突破发展瓶颈，实现可持续发展，而要实现可持续发展就必须树立相应的发展方向和行动模式。

现代养老服务体系主要由政府、养老机构、老年人和NPO组织四大要素组成（见图7-4）。老年服务的提供要在实现公平、公正、公开的前提下，通过市场机制运行，才能更好地发挥各自的作用。

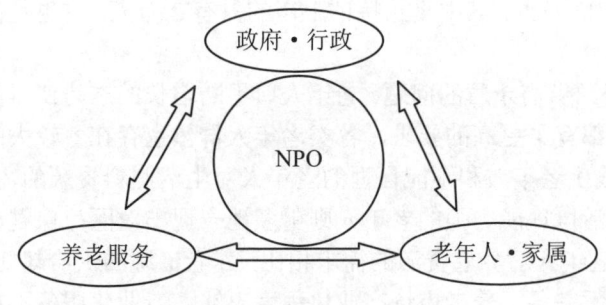

图7-4 养老服务要素构成

1. 发挥政府的主导作用

政府发挥着宏观调控的重要作用，一方面构建相对完善的社会保障体系，制定养老政策；另一方面，政府明晰自身在养老服务体系中的角色和责任，在

前瞻性养老理念的指导下，充分认识和发挥政府对养老服务体系中各组成要素的支持、监督与引导的作用。

2. 导入养老服务业的竞争机制

养老服务行业在做好内部自我管理的前提下，自觉接受政府的监督与管理，确保国家对养老事业投入体现在提高老年人生活质量上，形成养老机构为老年人提供公平对等服务的意识，促进养老服务业健康发展。

3. 老年人对服务的选择权

政府要将补贴直接与老年人挂钩，老年人在哪里接受服务，补贴就发放到哪里，以保障老年人能接受公正服务和享受养老服务权益，保障老年人对养老服务的自由选择权，促进养老服务行业的正当竞争，提高我国养老机构的服务管理水平。

4. 发挥行业协会作用，协调、整合、完善养老服务

要有一支由政府、养老机构同行业者、专家、律师等人员构成的行业协会组织，为我国还在蹒跚前行的养老服务业保驾护航，发挥其独特的社会作用。

（二）养老服务存在的问题

随着人口老龄化的到来，老年人的社会养老服务需求旺盛且增长迅速，服务需求呈多样化趋势。而目前我国社会服务的供给严重不足，不仅表现在量上，也表现在质上。一方面，根据《中国老年人供养体系》的调查，全国有98.1%的老年人依靠家庭提供生活照料和精神慰藉服务，只有1.9%的老年人由社会福利机构和社区组织养老。另一方面，2050年老年人口对社会养老机构床位数的需求量将达到1123万张，而目前我国仅有各类养老床位226万张，供需矛盾较为突出。有数据显示，我国养老最少需要1000万护理人员，但目前从事这一职业的人员只有22万人，其中真正持证上岗的只有2万人。这也是供需之间的一大严重缺口。

1. 养老资源供需矛盾的问题。老年人口不断增长的态势使得其对养老资源的数量和质量都有了更高的要求，各类老年人群体也存在着较大的需求差异，高龄老年人、残疾老年人和不能自理的老年人对生活照料资源的需求极为迫切，而收入高、生活自理能力强的老年人则更多地表现出对医疗保健、教育等方面的需求。但与老年人对养老资源的需求相比，养老资源的供给却处于短缺状态。社会福利政策不完备，养老市场产业化程度不够，专业化服务不足，依托社区开展的公办养老服务还未启动，而发展规模大、服务内容全的民办养老产业项目还较少。特别是针对老年人精神享受、文化娱乐等内容较少，老年旅游、老年保险、老年服务等相关领域开发不够，缺乏高科技、高品质、高层次的服务品牌出现。

2. 各类养老模式缺乏协同的问题。一般来讲，养老模式分为居家养老、机构养老和社区养老，这几种模式各具优势，但缺乏协同的缺点也是显而易见的。居家养老满足了老年人不愿离开原有居住地的心理需求，但缺乏社会化的服务；机构养老提高了社会化的服务水平，但又很难满足老年人的恋旧情怀；社区养老本意是既能满足老年人的心理需求，又能提高社会化的服务水平，但由于社区居委会等中介的介入，很难像专门机构那样为老年人提供高水平的社会化服务。

3. 养老资源效率供给不足的问题。政府作为养老资源供给的主体存在效率不足的问题，养老服务与资源在绝大部分领域是完全可以由市场完成资源配置以及个体选择的，但是模块化的资源配置方式使得养老资源分散和供给不足，缺乏整合与协调，效率较低。

4. 养老服务缺少创新以及激励不足的问题。政府在提供养老资源和养老服务中，缺乏资本的介入，应是养老服务缺乏创新以及激励不足的主要原因。长期以来，我国养老机构投资主体以民政部门为主，民办养老机构近年来虽有发展，但投资规模和投入力度远远不够。我国老龄人口增长迅猛，仅靠政府投入必将产生巨大的资金缺口，又由于民办养老服务产业投入资金大、回收周期长、行业风险较高等原因，使得民营资金投入乏力。再加上民办养老机构扶持政策多年未落实到位，使民营养老机构经营者资金出现瓶颈，逐渐丧失经营信心。

5. 养老服务队伍建设的问题。我国当前养老服务水平总体不高，很大程度上是队伍建设的滞后造成的。要建设三支队伍：一是管理者队伍，包括养老院、养老服务中心等各类养老服务机构的管理者，他们的管理理念、管理水平很大程度上决定了养老服务机构的发展方向和管理水平。现在大多数养老服务机构的管理者不是职业管理者，缺乏养老服务管理的基本理念、基本知识、基本经验，急需进行系统的培训。二是护理员队伍。养老护理是一门专业，是一门技术。现在大多数养老服务机构护理人员是城市中的"4050"人员和农村务工人员，文化基础较差，没有经过系统专业的培训，缺乏护理基本知识和基础技能，只能进行简单的生活照料。三是志愿者队伍。志愿者队伍是专业养老服务队伍的一种必要补充，特别是在社区志愿服务、低龄老人为高龄老人服务等方面，志愿者发挥着很重要的作用，成为一股不可替代的力量。

随着老龄化、高龄化程度的不断加深，老人及其家属的养老服务需求也相应地从宽度和深度不断地延伸与拓展，也就要求直接提供养老服务的养老产业不断地满足日益增长的养老服务需求。在此过程中构建现代养老服务体系并使其正常运转，是包括养老机构在内的整个养老产业满足现实及潜在的服务需求与实现可持续发展的基础。

（三）养老服务运行机制的建立

我国养老服务业起步较晚，1979年独生子女政策的厉行进一步使高龄化速度加快。我国的老年人是在没有足够的经济积累的前提下迎来了他们老年期，因此国家理应对他们的晚年承担责任。

我们将现代养老体系比作一辆正在运行的汽车，要使这辆汽车正常行驶，只有各个部位发挥正常作用，才能把养老服务做好（见图7-5）。

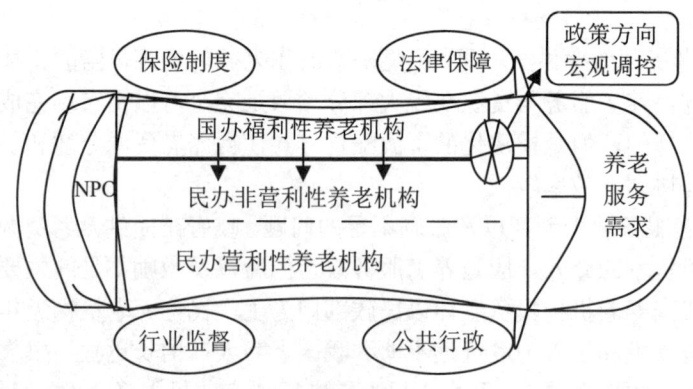

图7-5 养老服务运行机制

1. 政府的导向职能

国家要把握养老服务的方向，为现代养老服务体系"定位"。中国是在未富先老的前提下迎来了老龄化。政府应制定适合我国国情的相对成熟的政策，毕竟老龄化形势十分严峻，我们已然没有更多的"实验"的时间。政府应会把关、把好关，掌握与控制全局。在现代养老服务体系中，作为公共服务重要提供者的政府主要发挥"定向"这一宏观调控的职能，这其中必须同时具备两个前提，即行动意愿与行动能力。这也就要求政府推动自身职能的改革，从传统的"公共管理"型政府转变为"公共服务"型政府，注重社会公共服务需求，强化政府对于养老服务的责任意识。

2. 养老服务业的"四大支柱"

（1）法律制度保障

在现代养老服务体系中，法律支持体系是其存在和发展的重要依据。政府在该体系中发挥着制度的设计者、规划者和相关法律的制定者的角色，应加强相应的法律法规的制定与完善，规范与强化政府部门政策执行的意志力和行动力。

在现代养老服务中，相关的法律是根据为老年人服务的特殊性以及养老产业所提供产品的特殊性来制定的，以此确立养老事业的标准化与规范化运营，公开、公平、公正地维护养老服务事业的正常运行与发展。同时，整合、改革现有的相关行政法规，形成综合的适合我国国情的养老机构相关法律，以较为前瞻性的法律体系来促进养老业的发展。相关的法律应涵盖以下内容：

①对养老机构按照营利性及其功能的基本分类、建筑设计、基本的服务规范等进行明确的界定；

②确立社会为养老事业的运营主体的地位、政府的公共服务与行政监督职能、养老机构以及相关责任方的责任与义务、第三方评估制度以及养老事业的"准入准出"机制；

③对伤害事故、基本类型等进行明确定义，制定赔偿办法、基准、范围，建立公开、公正、公平的伤害事故定性与处理的法定程序；

④明确界定社会保险在养老机构的使用界限、方式、内容以及对养老机构补贴的范围、内容以及相应的监督问题；

⑤确立养老机构的独立法人经营地位、国外资本进入我国养老事业的机制及公平待遇等问题；

⑥设置监护人制度。对于失去行动意志力、丧失判断能力的高龄老人，如患有老年痴呆症并到中晚期的老人、进入植物人状态的老人、情况危急的老年人，建立监护人制度，必须由监护人代替老人处理如财产等一切事务，保证老年人利益不受到侵害。

（2）公共行政

在现代养老服务体系中，政府在相关法律的框架下行使公共行政职能，是保障养老服务顺利发展的重要驱动力，其内容主要包括行政资源支持、行政导向以及行政监督三个方面。

①行政资源支持

这里的行政资源支持是指根据相关法律规定，政府系统运用现有的一切行政资源对养老服务事业进行公共服务的过程。其主要表现为国家财政支持，对于非营利性养老机构进行前期的建设投资，同时通过政府购买养老服务的方式实现养老机构的日常运营，即中央政府、省政府、市政府分别按照各自的比例出资，由民政部门统一管理，通过公开、公正的竞标机制，将运营权交与获得竞标的非营利机构对养老机构进行非营利性经营；政府在银行设立专门的账户，以保证补贴的专款专用。同时要更多关注高龄老年人及失能老年人的补贴政策。

②行政导向

在现在的养老服务体系中，老年福利理念对养老事业的发展有着重要的影响，养老事业的发展有赖于在社会中居于主导地位的社会福利理念、观念的转变和重建。从养老服务发展的需求看，社会福利思想的转变和重构包括体现社会福利制度安排的社会福利理念和社会公众认同的养老观念两个方面。随着老龄化、高龄化的不断进展，传统意义上依赖于子女的"家庭养老"以及与之相对应的孝文化"子孝"已缺乏现实基础；同时，在"未富先老"的国情下，政府也难以独力承载养老服务供给输送的负荷。理论和实践都要求继续推进养老服务的社会化，广泛利用社会资源服务于养老行业，推动体现着社会福利制度安排的社会福利理念和社会公众认同的养老观念的转变、重建，以推进社会化养老服务的实践工作。

因此，应树立"国孝"这一前瞻性的养老理念，即强调公共责任的所在，以推进社会化养老服务。所谓"国孝"即为国家之孝，是指在全社会范围内的社会化的亲子关系基础上，子女一代对其父母一代（乃至祖父母一代），在社会生活的各个方面进行全面的辅助、支援、赡养的思想及行为，其实质是社会化的代际交换，是传统孝文化"子孝"社会化的产物。同时使其作为我国的老年社会福利核心观念，推动相应的社会福利制度安排，决定社会福利服务的提供者、参与者和各种细致入微的要求，从而引导公众养老思想以及相应行为的转变，促进社会的可持续发展。与此同时，在正确理念的指导下，根据我国的现实情况，政府还要加大、加快行政手段，尽快制定养老政策，建立与完善适合我国老年事业发展的制度与法规。

③行政监督

政府在养老服务发展过程中的价值和作用还体现在作为整个行业的规划者、机构运行发展的监督者。政府行使的行政监督主要由依据相关法律，通过养老服务机构"准入准出"机制、扶持社会组织所建立的第三方评估机制、发挥行业协会的自律作用的方式来实施的。具体来讲，就是政府通过行业协会力量制定出全国统一的行业硬件及服务标准，实现行业的自我约束；对于社会非营利性养老机构及半营利性养老机构均由民政部门专门管辖，对于营利性养老机构则由工商部门负责管理；通过政府购买服务的方式引入非营利性社会组织，运用系统而又具体的评估指标，对养老机构的运营及服务进程进行评估，相应的民政及工商部门根据相应的评估结果，确认其是否具有继续经营的资格，并指出经营法人在经营过程中的问题，敦促其在限期内做出相应的改善。

（3）保险制度

保险作为现代社会的"安全网"，在现代养老服务体系中不仅能保障老年人能享受到与之服务需求相对应的养老服务及其选择权，同时也为养老机构提供相应的经济来源并规避风险。可将其作为养老机构评估标准。养老机构在实际运营与管理过程中建议参加以下保险项目：

①护理保险：当前在"未富先老"大前提下，由国家全部负担势必造成财

政困难，但是随着高龄化的推进、护理需求的迅速增加，实施护理保险势在必行。因此，可考虑从现行的医疗保险中专门规划一定比例的资金作为社会护理保险，促进适合我国国情的护理保险的建立和发展。

②商业保险：政府积极鼓励、支持中高收入的家庭为老人购买不同等级的商业护理保险，以充分利用社会资本。养老机构必须为入住老人购买意外伤害保险，促进养老机构对于经营风险的规避。

③基金保险：基金可以通过财政、福利彩票公益金、社会募捐、慈善捐款等形式进行支付，用于养老机构人身伤害事故的责任赔付，进一步降低养老服务产业的运营风险。

同时，为促进我国养老服务发展，方便老年人对养老地点及养老模式的选择，促进我国老年服务行业的发展，可逐步实现：

①统一养老保险：为每一位到了相应年龄阶段的老人发放养老保险金，以保障基本的养老服务需求。随着我国老龄化、高龄化的持续推进，必然要求提高预交养老保险在工资中的比例以及退休年龄；实行全国流动与转移的养老保险体制，以方便异地养老、旅游养老的推进。

②统一医疗保险：建立"预防为主，治病为辅"的医疗保健体制，减轻医疗保险的负担，解决老年人因异地养老及投靠子女而就近就医带来的社会问题。

3. NPO 组织的参与及协调功能

NPO 组织在现代养老服务体系中主要分为非营利性社会组织、非营利性养老机构以及行业协会三个部分。其中，非营利性社会组织通过政府购买养老服务以"法人经营"的形式参与到养老服务体系中；同时由政府、养老机构同行业者、专家、律师等人员构成的行业协会组织，在养老服务体系中发挥其独特的社会作用，着重表现为如下五个方面。

（1）制定行业标准：确立养老机构核心运营及服务理念；制定、修正和完善养老机构的建设、经营、管理及服务的标准与实施流程，并形成系统的服务指南；形成行业章程；与政府合作推动行业标准的法制化进程。

（2）推动行业自律：行业协会代表着养老机构的共同利益以及要求和愿望，可以加强行业的内部协作关系，加强机构与老年团体、家庭以及社会相关组织和企业的联系；能有效地约束协会各个成员的行为，创造行业友好、协商的氛围，争取公共资源，避免恶性竞争；同时，由行业协会制定颁布的行业规章更容易被协会的入会成员所接受，更好地监督和约束养老机构的经营管理。

（3）开展行业评估：政府通过购买社会服务的方式，让行业资深的社会团体、学术机构和个体作为第三方评估主体，运用定量和定性结合的评估指标体系，对养老机构的设施条件、场地、建筑、配套设施等硬件水平和人员配备、服务质量等"软件"水平以及绩效、项目、运营管理等综合能力进行全过程评估。其评估过程既包括机构申办时的准入评估，也包括机构运行过程中的各种常态检查和评估。

（4）开展人员培训：定期给养老机构工作人员开展培训工作；坚持机构工作人员的持证上岗制度；推动、鼓励与监督机构的自我培训进行，以加强养老服务队伍的专业化；鼓励、支持志愿者参与养老服务中，并给予相应的培训。

（5）规避风险：推动并监督养老机构严格执行国家关于养老机构的建设、管理、运营和服务标准；推动养老机构与家属的沟通和建立良好的信赖关系；协调养老机构与老人及家属间矛盾。

4. 经营类别的细分化

目前，我国养老机构的性质从营利性角度大致有两种，即营利性和非营利性。

国办的养老机构、福利院，国家投入了土地、资金等大量的人力物力，不是为了营利，而是为了扶危济困、稳定社会，讲求的是公平与公正。而营利性养老机构从事的是经营活动，提供的是商品，追求的是利润和效益，是随着人口老龄化而出现的新兴产业，是为老年人提供特殊商品、设施和服务，满足老年人特殊需求的行业和企业经济活动。

我国由于养老服务起步较晚，对非营利及营利的划分还存在模糊定位，因此在政策制定及补贴发放等方面的基准原则性不强。我们可参考先进国家的做法，尽量少走弯路。（见表7-1）

表7-1 日本养老机构类型

机构性质		服务对象	前期建设	经营过程
非营利	养护型养老机构	贫困老人 低收入老年人	政府全额投资	法人经营，员工工资分别由国家、都道府县、市各出资1/3
	特别养护型养老机构	低收入老年人 一般老年人	法人1/4 政府投资3/4	法人经营，员工工资从老人支付的照料费中支出
营利	营利型养老机构	高收入老年人	自筹自建 自负盈亏	由投资方投资经营，员工工资从老人支付的照料费中支出

日本的养老机构，按照设置与运营主体的性质大致可分为两种类型。第一种是非营利性养老护理机构，由社会福祉法人、医疗法人、公益法人等设置与运营；第二种是营利性养老护理机构，名称前冠有"有料"（"有偿"的意思），由财团法人等设置与运营。对非营利性养老机构，国家对前期建设和后期经营按照标准有大量资金投入，而对营利性养老机构没有资金投入。各种类型养老

机构的设置、运营与管理都有相应的法律依据。

（四）养老服务资源的整合与衔接

为开展好我国城市的居家养老服务工作，应在以下几个方面采取措施，以提高和完善居家养老服务的质量。

1. 丰富社区养老服务资金来源

为保证社区养老服务的顺利开展，需要丰富资金来源，多渠道筹集资金。需要政府提供相应的政策保障，使个人、家庭、社区、政府、企业等都成为资金来源。

（1）要加强政府资金投入力度。社区养老的推广，直接动力应来源于政府启动的临时性补贴养老服务的社会政策，发挥政府财政补贴的主导作用。因此，社区养老经费来源不能单纯依靠个人支出和社会募集，而应加强政府的财政投入。为此，政府需要通过对社区养老服务的整体规划，建立养老服务的整体预算制度，从而保证养老服务的持续投入。还要在现有的投入基数上增加一定比例，在初步确定社区养老发展的需要后，做到逐年有所增长，使有需要而未得到帮助的老年人都得到帮助，使政府购买养老服务的措施成为一种制度性安排，并逐步扩大购买服务对象的范围，使居家养老服务由"救济型"向"普惠型"发展。

（2）资金来源的多元化。社区养老服务应多方参与，建立多层次服务形式：政府购买服务、邻里互助服务和有偿服务。社区养老服务应实行产业化经营，运用市场机制，充分发挥市场在配置福利资源中的主导作用。可根据老年人的实际承受能力，实行有偿服务，合理收费。这样既实现了政府购买服务，又满足了社区不同层次老年人的服务需求，有利于养老服务产业实现良性循环。

（3）建立老年护理保险制度。实施老年护理保险的目的是依靠全社会的力量来解决老年人的护理问题。以日本为代表的社会性护理保险制度对我国具有重要的借鉴意义。由国家全部负担势必造成财政困难，但是随着高龄化的推进、护理需求的迅速增加，实施护理保险也势在必行。日本的护理保险就是在实际运作中借助民间私人企业，运用竞争机制为老年人提供服务。

2. 丰富社区养老服务的内容和形式

我国的社区养老服务尚处于探索阶段，需要提升的空间很大。社区养老服务涉及生活护理、身体护理、家政服务、医疗保健、精神慰藉等诸多方面，社区养老服务应根据老年人不同的利益诉求和不断发展的服务需求，创新出满足老年人多层次、全方位需求的社区养老服务项目。

每一位老年人的需求都是由多方面构成的（见图7-6）。例如针对空巢老人和孤寡老人，建立完善的巡视员制度，采用入户探望与电话问询相结合的方式，尤其要建立紧急呼叫系统来应对老年人突发的身体状况。要针对不同的老年人需求，提供全方位的服务。

目前，我国社区老年服务的内容单一，服务质量较差，服务水平较低，社区服务还没有形成完整的体系，社区养老服务所需要的人才处于青黄不接的状态。因此，要加强我国社区老年服务，还需要政府的大力支持与宣传。

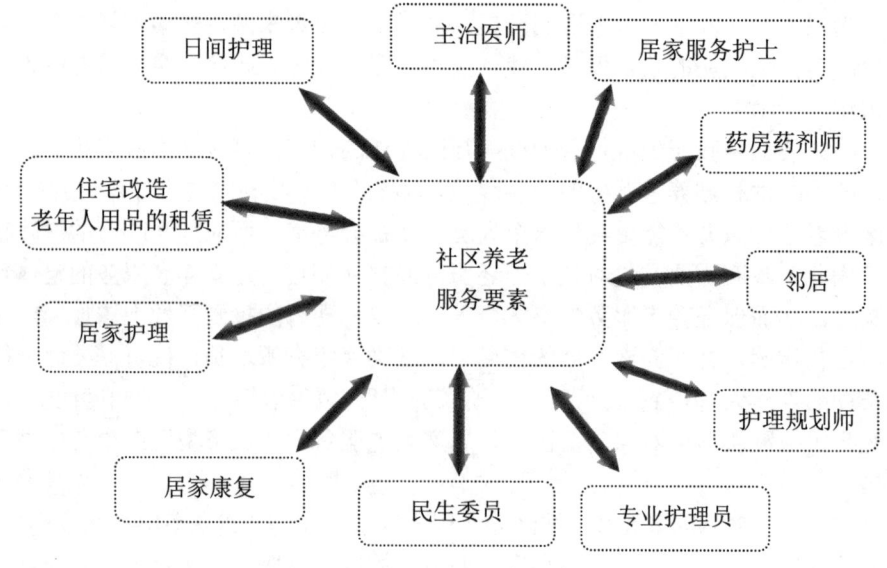

图 7-6　社区养老服务

3. 完善社区服务和基础设施的建设

目前由于社区建设的滞后，养老服务的基础设施差，硬件上难以满足老年人的需要。应该将社区内的企业、学校、机关的相关资源利用起来，积极利用社区内的闲置场地，配备比较完善且实用的医疗、康复、家政、娱乐等设备设施，同时组织好设备的保管和维护，延长使用寿命。在此基础上，增加社区服务项目，并提高现有服务的可靠度，降低服务收费价格，合理化、多元化地提供养老服务。

4. 加强社区养老服务的人力资源建设

专业工作人员缺乏，志愿者队伍不足，成为社区养老服务的又一瓶颈。目前活跃在养老助老服务中的大部分人通常仅凭人道主义和经验工作。他们普遍文化层次低，缺乏专业化、正规化的训练，工作凭感觉和经验，理论知识、专业技术和方法缺乏，工作视野狭窄，不仅影响了养老服务的质量，而且也制约了养老事业的发展。因此，要建立一支相对稳定的专职服务队伍，积极鼓励高等院校和职业教育机构开设养老服务管理专业，为居家养老服务储备充足和优秀的专业人才。另外，要建立养老服务人员的定期培训制度，确保养老服务人员掌握基本的保健、护理、康复知识和技能。同时，大力倡导志愿者服务，建立养老服务志愿者的激励制度，诱导和培育、促进志愿服务的发展。

（五）养老机构·社区服务·居家养老——构建三位一体的养老服务模式

目前，从我国的国情出发，采取国家、社会、家庭和老年人共同负担的原则，建立完善的现代养老体系，使机构养老、社区养老、居家养老形成一个有机的循环体，真正让老年人做到老有所养（见图7-7）。

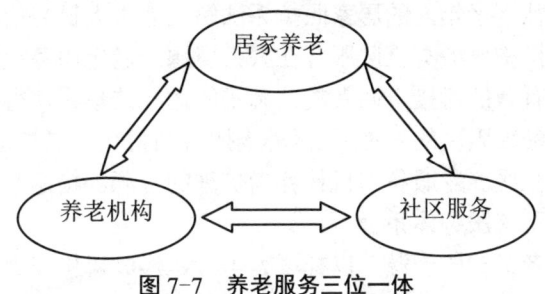

图7-7 养老服务三位一体

我国社区养老服务包括正式照护和非正式照护。正式照护主要是由国家正式资金和制度提供支持，由专业人员提供服务的照护模式；非正式照护是指没有政府干预和各项资金支持，主要由老人的配偶、子女、亲属、朋友、邻居、志愿者等非专业人员提供服务的照护模式。非正式照护是基于伦理道德和人际关系的维系，正式照护是基于法律和制度的保障。

社区养老是现代养老方式与传统养老文化结合，是一种不离开家、不离开熟悉的环境、不离开亲人的养老模式，是一种比较适合我国国情的养老方式。在鼓励社区养老发展的过程中，也不排斥其他养老方式的发展，也需要各种养老方式的协调发展。

要以社区养老为契机，继续弘扬传统养老文化。养老功能在家庭和社会之间的转移、替代和扩展是一个历史的必然，社会化养老方式是社会发展的必然。在家庭规模日益缩小、年轻一代受西方文化影响加深的情况下，大力弘扬家庭养老文化成为当务之急。因此，在鼓励社区养老的同时，要大力宣扬传统的养老文化，采取措施鼓励子女与老年人一同生活，使老人得到足够的精神安慰。

要增强家庭、社区、机构之间的互动。这体现的是家庭、社区、机构之间互动的趋势。这种互动的实质就是在调动各方面力量的同时，巩固和发展家庭、机构和社区在养老中的作用，实现专业服务、传统家庭和社会网络的融合。社区作为联结家庭和机构的平台，可以有效整合各种养老资源，最终实现养老服务的多元化发展。

养老机构、社区、家庭养老三者的有机结合能更好地整合与利用养老资源，使我国老年人的老年生活得到最大的满足。三者应实现信息共享。养老机构具有专业老年护理人员和专业管理人员，能预期了解和掌握社区老年人的信息与需求，以提高机构入住率，同时通过日间护理、短期入住、上门访问、理疗康复等多种经营项目的开展，获取经营效益。社区可通过与养老机构的沟通联系，利用养老机构的人力资源，更好地为区域内的老年人提供服务。老年人即使生活在家里也可通过机构及社区提供的服务，尽量保持自理自立的老后生活。

目前，我国社区老年人的居家照护无法解决老年人日益增长的社区养老护理需求。同时，机构服务与社区服务在人力资源、老年服务设备和老年用品方面不共享，缺乏有效的对接，两者的信息不能达到共享，使得养老机构的专业化优势无法得到最大限度的发挥。社区养老服务与机构养老护理缺乏有效衔接。因此，亟待整合社区养老服务与机构养老护理的资源，构建一定的工作平台，建立社区养老的正式服务体系。

有效整合养老机构的资源，以社区为平台，形成机构养老、居家养老、社区养老相互补充的养老服务体系，是一条较好的解决问题的出路。

【本章小结】

随着我国人口老龄化、高龄化日益加剧，养老服务需求日益增长，同时养老机构发展瓶颈凸显。其发展问题主要表现为养老机构亏损经营，硬件建设需要政府加大投入；养老机构缺乏明确的功能定位，缺少特色经营；养老机构收费差距较大，缺乏相应的收费规范；养老机构管理队伍建设需要加强；缺乏老年人护理服务的规范；养老护理人员配备少、工资低、人员流失大、队伍不稳定；缺乏入住养老机构的资格评审制度，缺乏不同层次的老年人照护体系及老年人在期间的正常流动和相互衔接体制。养老机构的发展方向是责任的共同担当、社会化与普惠化。

对于国办养老机构而言，应回归"社会福利"的本职功能，实现市场型与福祉型分类经营和法人化经营，并不断寻求法制的保障及自我完善；对于民办养老机构，建议发挥政府在养老服务的宏观调控作用，促进投资主体多元化，建立完善的服务监督体系，加强管理，重视规模经营及提升机构养老服务。

养老机构在突破发展瓶颈的同时更要着眼于未来的发展，首先要构建由政府、养老机构、老年人和NPO组织四大要素组成的现代养老服务体系，并整体性地发挥宏观调控的"导向"职能、养老机构的宏观布局、养老服务的"四大支柱"、NPO组织的参与及协调功能，才能保障现代养老服务体系正常运转。应坚持以入住老人为中心、专业化人员配备、标准化管理、发展式经营及全方位服务,建立全面发展的综合养老社区。

要增强家庭、社区、机构之间的互动。这体现的是家庭、社区、机构之间互动的趋势。这种互动的实质就是在调动各方面力量的同时,巩固和发展家庭、机构和社区在养老中的作用,实现专业服务、传统家庭和社会网络的融合。社区作为联结家庭和机构的平台,可以有效整合各种养老资源,最终实现养老服务的多元化发展。

有效整合养老机构的资源,以社区为平台,形成机构养老、居家养老、社区养老相互补充的养老服务体系,是一条较好的解决问题的出路。

【复习思考题】

1. 阐述我国养老机构的发展趋势。
2. 简述国办养老机构及民办养老机构的改革策略。
3. 简述现代养老服务体系的运行机制。
4. 简述现代养老机构的运行模式。
5. 简述如何实现我国养老服务的三位一体。

附录：相关政策法规

中华人民共和国老年人权益保障法

1996年8月29日第八届全国人民代表大会常务委员会第二十一次会议通过
1996年8月29日中华人民共和国主席令第七十三号公布
自1996年10月1日起施行

第一章 总 则

第一条 为保障老年人合法权益，发展老年事业，弘扬中华民族敬老、养老的美德，根据宪法，制定本法。

第二条 本法所称老年人是指六十周岁以上的公民。

第三条 国家和社会应当采取措施，健全对老年人的社会保障制度，逐步改善保障老年人生活、健康以及参与社会发展的条件，实现老有所养、老有所医、老有所为、老有所学、老有所乐。

第四条 国家保护老年人依法享有的权益。

老年人有从国家和社会获得物质帮助的权利，有享受社会发展成果的权利。

禁止歧视、侮辱、虐待或者遗弃老年人。

第五条 各级人民政府应当将老年事业纳入国民经济和社会发展计划，逐步增加对老年事业的投入，并鼓励社会各方面投入，使老年事业与经济、社会协调发展。

国务院和省、自治区、直辖市人民政府采取组织措施，协调有关部门做好老年人权益保障工作，具体机构由国务院和省、自治区、直辖市人民政府规定。

第六条 保障老年人合法权益是全社会的共同责任。

国家机关、社会团体、企业事业组织应当按照各自职责，做好老年人权益保障工作。

居民委员会、村民委员会和依法设立的老年人组织应当反映老年人的要求，维护老年人合法权益，为老年人服务。

第七条 全社会应当广泛开展敬老、养老宣传教育活动，树立尊重、关心、帮助老年人的社会风尚。

青少年组织、学校和幼儿园应当对青少年和儿童进行敬老、养老的道德教育和维护老年人合法权益的法制教育。

提倡义务为老年人服务。

第八条 各级人民政府对维护老年人合法权益和敬老、养老成绩显著的组织、家庭或者个人给予表扬或者奖励。

第九条 老年人应当遵纪守法，履行法律规定的义务。

第二章 家庭赡养与扶养

第十条 老年人养老主要依靠家庭，家庭成员应当关心和照料老年人。

第十一条 赡养人应当履行对老年人经济上供养、生活上照料和精神上慰藉的义务，照顾老年人的特殊需要。

赡养人是指老年人的子女以及其他依法负有赡养义务的人。

赡养人的配偶应当协助赡养人履行赡养义务。

第十二条 赡养人对患病的老年人应当提供医疗费用和护理。

第十三条 赡养人应当妥善安排老年人的住房，不得强迫老年人迁居条件低劣的房屋。

老年人自有的或者承租的住房，子女或者其他亲属不得侵占，不得擅自改变产权关系或者租赁关系。

老年人自有的住房，赡养人有维修的义务。

第十四条 赡养人有义务耕种老年人承包的田地，照管老年人的林木和牲畜等，收益归老年人所有。

第十五条 赡养人不得以放弃继承权或者其他理由，拒绝履行赡养义务。

赡养人不履行赡养义务，老年人有要求赡养人付给赡养费的权利。

赡养人不得要求老年人承担力不能及的劳动。

第十六条 老年人与配偶有相互扶养的义务。

由兄、姊扶养的弟、妹成年后，有负担能力的，对年老无赡养人的兄、姊有扶养的义务。

第十七条　赡养人之间可以就履行赡养义务签订协议，并征得老年人同意。居民委员会、村民委员会或者赡养人所在组织监督协议的履行。

第十八条　老年人的婚姻自由受法律保护。子女或者其他亲属不得干涉老年人离婚、再婚及婚后的生活。

赡养人的赡养义务不因老年人的婚姻关系变化而消除。

第十九条　老年人有权依法处分个人的财产，子女或者其他亲属不得干涉，不得强行索取老年人的财物。

老年人有依法继承父母、配偶、子女或者其他亲属遗产的权利，有接受赠予的权利。

第三章　社会保障

第二十条　国家建立养老保险制度，保障老年人的基本生活。

第二十一条　老年人依法享有的养老金和其他待遇应当得到保障。有关组织必须按时足额支付养老金，不得无故拖欠，不得挪用。

国家根据经济发展、人民生活水平提高和职工工资增长的情况增加养老金。

第二十二条　农村除根据情况建立养老保险制度外，有条件的还可以将未承包的集体所有的部分土地、山林、水面、滩涂等作为养老基地，收益供老年人养老。

第二十三条　城市的老年人，无劳动能力、无生活来源、无赡养人和扶养人的，或者其赡养人和扶养人确无赡养能力或者扶养能力的，由当地人民政府给予救济。

农村的老年人，无劳动能力、无生活来源、无赡养人和扶养人的，或者其赡养人和扶养人确无赡养能力或者扶养能力的，由农村集体经济组织负担保吃、保穿、保住、保医、保葬的五保供养，乡、民族乡、镇人民政府负责组织实施。

第二十四条　鼓励公民或者组织与老年人签订扶养协议或者其他扶助协议。

第二十五条　国家建立多种形式的医疗保险制度，保障老年人的基本医疗需要。

有关部门制定医疗保险办法，应当对老年人给予照顾。

老年人依法享有的医疗待遇必须得到保障。

第二十六条　老年人患病，本人和赡养人确实无力支付医疗费用的，当地人民政府根据情况可以给予适当帮助，并可以提倡社会救助。

第二十七条　医疗机构应当为老年人就医提供方便，对七十周岁以上的老年人就医，予以优先。有条件的地方，可以为老年病人设立家庭病床，开展巡回医疗等服务。

提倡为老年人义诊。

第二十八条　国家采取措施，加强老年医学的研究和人才的培养，提高老年病的预防、治疗、科研水平。

开展各种形式的健康教育，普及老年保健知识，增强老年人自我保健意识。

第二十九条　老年人所在组织分配、调整或者出售住房，应当根据实际情况和有关标准照顾老年人的需要。

第三十条　新建或者改造城镇公共设施、居民区和住宅，应当考虑老年人的特殊需要，建设适合老年人生活和活动的配套设施。

第三十一条　老年人有继续受教育的权利。

国家发展老年教育，鼓励社会办好各类老年学校。

各级人民政府对老年教育应当加强领导，统一规划。

第三十二条　国家和社会采取措施，开展适合老年人的群众性文化、体育、娱乐活动，丰富老年人的精神文化生活。

第三十三条　国家鼓励、扶持社会组织或者个人兴办老年福利院、敬老院、老年公寓、老年医疗康复中心和老年文化体育活动场所等设施。

地方各级人民政府应当根据当地经济发展水平，逐步增加对老年福利事业的投入，兴办老年福利设施。

第三十四条　各级人民政府应当引导企业开发、生产、经营老年生活用品，适应老年人的需要。

第三十五条　发展社区服务，逐步建立适应老年人需要的生活服务、文化体育活动、疾病护理与康复等服务设施和网点。

发扬邻里互助的传统，提倡邻里间关心、帮助有困难的老年人。

鼓励和支持社会志愿者为老年人服务。

第三十六条　地方各级人民政府根据当地条件，可以在参观、游览、乘坐公共交通工具等方面，对老年人给予优待和照顾。

第三十七条　农村老年人不承担义务工和劳动积累工。

第三十八条　广播、电影、电视、报刊等应当反映老年人的生活，开展维护老年人合法权益的宣传，为老年人服务。

第三十九条　老年人因其合法权益受侵害提起诉讼交纳诉讼费确有困难的，可以缓交、减交或者免交；需要获得律师帮助，但无力支付律师费用的，可以获得法律援助。

第四章 参与社会发展

第四十条 国家和社会应当重视、珍惜老年人的知识、技能和革命、建设经验，尊重他们的优良品德，发挥老年人的专长和作用。

第四十一条 国家应当为老年人参与社会主义物质文明和精神文明建设创造条件。根据社会需要和可能，鼓励老年人在自愿和量力的情况下，从事下列活动：

（一）对青少年和儿童进行社会主义、爱国主义、集体主义教育和艰苦奋斗等优良传统教育；

（二）传授文化和科技知识；

（三）提供咨询服务；

（四）依法参与科技开发和应用；

（五）依法从事经营和生产活动；

（六）兴办社会公益事业；

（七）参与维护社会治安、协助调解民间纠纷；

（八）参加其他社会活动。

第四十二条 老年人参加劳动的合法收入受法律保护。

第五章 法律责任

第四十三条 老年人合法权益受到侵害的，被侵害人或者其代理人有权要求有关部门处理，或者依法向人民法院提起诉讼。

人民法院和有关部门，对侵犯老年人合法权益的申诉、控告和检举，应当依法及时受理，不得推诿、拖延。

第四十四条 不履行保护老年人合法权益职责的部门或者组织，其上级主管部门应当给予批评教育，责令改正。

国家工作人员违法失职，致使老年人合法权益受到损害的，由其所在组织或者上级机关责令改正，或者给予行政处分；构成犯罪的，依法追究刑事责任。

第四十五条 老年人与家庭成员因赡养、扶养或者住房、财产发生纠纷，可以要求家庭成员所在组织或者居民委员会、村民委员会调解，也可以直接向人民法院提起诉讼。

调解前款纠纷时，对有过错的家庭成员，应当给予批评教育，责令改正。

人民法院对老年人追索赡养费或者扶养费的申请，可以依法裁定先予执行。

第四十六条 以暴力或者其他方法公然侮辱老年人、捏造事实诽谤老年人或者虐待老年人,情节较轻的,依照治安管理处罚条例的有关规定处罚;构成犯罪的,依法追究刑事责任。

第四十七条　暴力干涉老年人婚姻自由或者对老年人负有赡养义务、扶养义务而拒绝赡养、扶养,情节严重构成犯罪的,依法追究刑事责任。

第四十八条　家庭成员有盗窃、诈骗、抢夺、勒索、故意毁坏老年人财物,情节较轻的,依照治安管理处罚条例的有关规定处罚;构成犯罪的,依法追究刑事责任。

第六章　附　则

第四十九条　民族自治地方的人民代表大会,可以根据本法的原则,结合当地民族风俗习惯的具体情况,依照法定程序制定变通的或者补充的规定。

养老机构设立许可办法

民政部令第 48 号

《养老机构设立许可办法》已经 2013 年 6 月 27 日民政部部务会议通过,现予公布,自 2013 年 7 月 1 日起施行。

第一章　总则

第一条　为了规范养老机构设立许可,促进养老机构健康发展,根据《中华人民共和国老年人权益保障法》和有关法律、行政法规,制定本办法。

第二条　养老机构设立许可的申请、受理、审查、决定和监督检查,适用本办法。

第三条　本办法所称养老机构,是指为老年人提供集中居住和照料服务的机构。

第四条　国务院民政部门负责全国养老机构设立许可工作。县级以上地方人民政府民政部门负责本行政区域内养老机构设立许可工作。

第五条　实施养老机构设立许可,应当遵循公开、公平、公正原则。

第二章　条件和程序

第六条　设立养老机构,应当符合下列条件:

（一）有名称、住所、机构章程和管理制度；
（二）有符合养老机构相关规范和技术标准，符合国家环境保护、消防安全、卫生防疫等要求的基本生活用房、设施设备和活动场地；
（三）有与开展服务相适应的管理人员、专业技术人员和服务人员；
（四）有与服务内容和规模相适应的资金；
（五）床位数在10张以上；
（六）法律、法规规定的其他条件。

第七条 依法成立的组织或者具有完全民事行为能力的自然人可以向养老机构住所地县级以上人民政府民政部门申请设立养老机构。

第八条 县、不设区的市、直辖市的区人民政府民政部门实施本行政区域内养老机构的设立许可。设区的市人民政府民政部门实施住所在市辖区的养老机构的设立许可。设区的市人民政府民政部门可以委托市辖区人民政府民政部门实施许可。

第九条 省级以上人民政府投资兴办的发挥实训、示范功能的养老机构，可以到同级人民政府民政部门申请设立许可。前款规定的许可事项，可以委托下一级人民政府民政部门实施许可。

第十条 外国的组织、个人独资或者与中国的组织、个人合资、合作设立养老机构的，香港、澳门、台湾地区的组织、个人以及华侨独资或者与内地（大陆）的组织、个人合资、合作设立养老机构的，由住所地省级人民政府民政部门或者其委托的设区的市级人民政府（行政公署）民政部门实施许可。法律、法规对投资者另有规定的，从其规定。

第十一条 许可机关根据申请人筹建养老机构的需要和条件，在设立条件、提交材料等方面提供指导和支持。

第十二条 申请设立养老机构，应当向许可机关提交下列文件、资料：
（一）设立申请书；
（二）申请人、拟任法定代表人或者主要负责人的资格证明文件；
（三）符合登记规定的机构名称、章程和管理制度；
（四）建设单位的竣工验收合格证明，卫生防疫、环境保护部门的验收报告或者审查意见，以及公安消防部门出具的建设工程消防设计审核、消防验收合格意见，或者消防备案凭证；
（五）服务场所的自有产权证明或者房屋租赁合同；
（六）管理人员、专业技术人员、服务人员的名单、身份证明文件和健康状况证明；
（七）资金来源证明文件、验资证明和资产评估报告；

（八）依照法律、法规、规章规定，需要提供的其他材料。

第十三条　许可机关应当自受理设立申请之日起 20 个工作日内，对申请人提交的文件、材料进行书面审查并实地查验。符合条件的，颁发养老机构设立许可证（以下简称设立许可证）；不符合条件的，应当书面通知申请人并说明理由。

第十四条　养老机构应当取得许可并依法登记。未获得许可和依法登记前，养老机构不得以任何名义收取费用、收住老年人。

第三章　许可管理

第十五条　设立许可证应当载明机构名称、住所、法定代表人或者主要负责人、服务范围、有效期限等事项。设立许可证分为正本和副本，正本和副本具有同等法律效力。设立许可证的式样由国务院民政部门统一规定。

第十六条　设立许可证有效期 5 年。设立许可证有效期届满 30 日前，养老机构应当持设立许可证、登记证书副本、养老服务提供情况报告到原许可机关申请换发许可证。许可机关应当在有效期限届满前按照设立条件作出是否准予延续的决定，逾期未做决定的，视为准予延续。

第十七条　养老机构设立分支机构，应当依照本办法第八条、第九条和第十条的规定，到分支机构住所地的县级以上人民政府民政部门办理申请设立许可手续。相关法律、行政法规对分支机构另有规定的，从其规定。

第十八条　养老机构变更名称、法定代表人或者主要负责人、服务范围的，应当到原许可机关办理变更手续。养老机构变更住所的，应重新办理申请设立许可手续。

第十九条　养老机构自行解散，或者无法继续提供服务的，应当终止，并将设立许可证交回原许可机关，办理注销手续。终止服务的养老机构应当按照有关规定进行清算。

第二十条　养老机构因分立、合并、改建、扩建等原因暂停服务的，或者因解散等原因终止服务的，应当向原许可机关提出申请，并提交老年人安置方案，经批准后实施。未经批准，不得擅自暂停或者终止服务。

第二十一条　许可机关应当建立健全养老机构设立许可信息管理制度，及时公布养老机构设立许可相关信息。

第四章　监督检查

第二十二条　许可机关依法对养老机构的名称、住所、法定代表人或者主要负责人、服务范围等设立许可证载明事项的变化情况进行监督检查，养老机构应当接受和配合监督检查。

许可机关实施养老机构设立许可和对有关事项进行监督检查，不得收取任何费用。

第二十三条 有下列情形之一的，许可机关或者其上级机关，根据利害关系人的请求或者依据职权，可以撤销许可：

（一）许可机关工作人员滥用职权、玩忽职守作出准予许可决定的；

（二）超越法定职权作出准予许可决定的；

（三）违反法定程序作出准予许可决定的；

（四）对不符合法定条件的养老机构准予许可的；

（五）依法可以撤销许可的其他情形。许可机关发现养老机构以欺骗、贿赂等不正当手段取得许可的，应当予以撤销。许可机关依法撤销许可后，应当告知相关登记管理机关。

第二十四条 养老机构有下列情形之一的，许可机关应当注销许可，并予以公告：

（一）设立许可证有效期届满未延续的；

（二）养老机构依法终止的；

（三）许可被依法撤销、撤回的；

（四）被登记管理机关依法吊销登记证书的；

（五）因不可抗力导致许可事项无法实施的；

（六）法律、法规规定的应当注销许可的其他情形。许可机关依法注销许可后，应当告知相关登记管理机关。

第二十五条 任何单位和个人对违反本办法的行为，有权向许可机关举报，许可机关应当及时核实、处理。

第五章 法律责任

第二十六条 养老机构有下列情形之一的，许可机关应当依法给予警告，并处以3万元以下罚款；构成犯罪的，依法追究刑事责任：

（一）未依法履行变更、终止手续的；

（二）涂改、倒卖、出租、出借、转让设立许可证的。

第二十七条 未经许可设立养老机构的，由许可机关责令改正；造成人身、财产损害的，依法承担民事责任；违反治安管理规定的，由公安机关依照《中华人民共和国治安管理处罚法》的有关规定予以处罚；构成犯罪的，依法追究刑事责任。

第二十八条 许可机关及其工作人员在养老机构设立许可申请、受理、审查、决定和监督检查中滥用职权、玩忽职守、徇私舞弊的，由上级机关责令改正；造成严重后果的，对直接负责的主管人员和其他直接责任人员依法给予处分；构成犯罪的，依法追究刑事责任。

第六章 附则

第二十九条 本办法实施前设立的养老机构，符合本办法规定条件的，应当按照本办法的规定办理有关手续。

本办法实施前设立的养老机构，不符合设立条件的，应当在本办法实施后1年内完成整改，其中农村五保供养服务机构应当在实施后2年内完成整改。

第三十条 城乡社区日间照料和互助型养老场所等不适用本办法。

第三十一条 本办法自2013年7月1日起施行。

养老机构管理办法

民政部令第49号

《养老机构管理办法》已经2013年6月27日民政部部务会议通过，现予公布，自2013年7月1日起施行。

第一章 总则

第一条 为了规范对养老机构的管理，促进养老事业健康发展，根据《中华人民共和国老年人权益保障法》和有关法律、行政法规，制定本办法。

第二条 本办法所称养老机构是指依照《养老机构设立许可办法》设立并依法办理登记的为老年人提供集中居住和照料服务的机构。

第三条 国务院民政部门负责全国养老机构的指导、监督和管理，县级以上地方人民政府民政部门负责本行政区域内养老机构的指导、监督和管理。其他有关部门依照职责分工对养老机构实施监督。

第四条 养老机构应当依法保障收住老年人的合法权益。入住养老机构的老年人应当遵守养老机构的规章制度。

第五条 县级以上地方人民政府民政部门应当根据本级人民政府经济社会发展规划和相关规划，会同有关部门编制养老机构建设规划，并组织实施。

第六条 政府投资兴办的养老机构，应当优先保障孤老优抚对象和经济困难的孤寡、失能、高龄等老年人的服务需求。

第七条 民政部门应当会同有关部门采取措施，鼓励、支持企业事业单位、社会组织或者个人兴办、运营养老机构。鼓励公民、法人或者其他组织为养老机构提供捐赠和志愿服务。

第八条 民政部门对在养老机构服务和管理工作中做出显著成绩的单位和个人，依照国家有关规定给予表彰和奖励。

第二章 服务内容

第九条 养老机构按照服务协议为收住的老年人提供生活照料、康复护理、精神慰藉、文化娱乐等服务。

第十条 养老机构提供的服务应当符合养老机构基本规范等有关国家标准或者行业标准和规范。

第十一条 养老机构为老年人提供服务，应当与接受服务的老年人或者其代理人签订服务协议。

服务协议应当载明下列事项：

（一）养老机构的名称、住所、法定代表人或者主要负责人、联系方式；

（二）老年人及其代理人和老年人指定的经常联系人的姓名、住址、身份证明、联系方式；

（三）服务内容和服务方式；

（四）收费标准以及费用支付方式；

（五）服务期限和地点；

（六）当事人的权利和义务；

（七）协议变更、解除与终止的条件；

（八）违约责任；

（九）意外伤害责任认定和争议解决方式；

（十）当事人协商一致的其他内容。服务协议示范文本由国务院民政部门另行制定。

第十二条 养老机构应当提供满足老年人日常生活需求的吃饭、穿衣、如厕、洗澡、室内外活动等服务。

养老机构应当提供符合老年人居住条件的住房，并配备适合老年人安全保护要求的设施、设备及用具，定期对老年人活动场所和物品进行消毒和清洗。

养老机构提供的饮食应当符合卫生要求、有利于老年人营养平衡、符合民族风俗习惯。

第十三条 养老机构应当建立入院评估制度，做好老年人健康状况评估，并根据服务协议和老年人的生活自理能力，实施分级分类服务。

养老机构应当为老年人建立健康档案，组织定期体检，做好疾病预防工作。

养老机构可以通过设立医疗机构或者采取与周边医疗机构合作的方式，为老年人提供医疗服务。养老机构设立医疗机构的，应当依法取得医疗机构执业许可证，按照医疗机构管理相关法律法规进行管理。

第十四条　养老机构在老年人突发危重疾病时，应当及时通知代理人或者经常联系人并转送医疗机构救治；发现老年人为疑似传染病病人或者精神障碍患者时，应当依照传染病防治、精神卫生等相关法律法规的规定处理。

第十五条　养老机构应当根据需要为老年人提供情绪疏导、心理咨询、危机干预等精神慰藉服务。

第十六条　养老机构应当开展适合老年人的文化、体育、娱乐活动，丰富老年人的精神文化生活。

养老机构开展文化、体育、娱乐活动时，应当为老年人提供必要的安全防护措施。

第三章　内部管理

第十七条　养老机构应当按照国家有关规定建立健全安全、消防、卫生、财务、档案管理等规章制度，制定服务标准和工作流程，并予以公开。

第十八条　养老机构应当配备与服务和运营相适应的工作人员，并依法与其签订聘用合同或者劳动合同。

养老机构中从事医疗、康复、社会工作等服务的专业技术人员，应当持有关部门颁发的专业技术等级证书上岗；养老护理人员应当接受专业技能培训，经考核合格后持证上岗。

养老机构应当定期组织工作人员进行职业道德教育和业务培训。

第十九条　养老机构应当依照其登记类型、经营性质、设施设备条件、管理水平、服务质量、护理等级等因素确定服务项目的收费标准。

养老机构应当在醒目位置公示各类服务项目收费标准和收费依据，并遵守国家和地方政府价格管理有关规定。

第二十条　养老机构应当按照国家有关规定接受、使用捐赠物资，接受志愿服务。

第二十一条　养老机构应当实行 24 小时值班，做好老年人安全保障工作。

第二十二条　养老机构应当依法履行消防安全职责，健全消防安全管理制度，实行消防工作责任制，配置、维护消防设施、器材，开展日常防火检查，定期组织灭火和应急疏散消防安全培训。

第二十三条　养老机构应当制定突发事件应急预案。突发事件发生后，养老机构应当立即启动应急处理程序，根据突发事件应对管理职责分工向有关部门报告，并将应急处理结果报实施许可的民政部门和住所地民政部门。

第二十四条　鼓励养老机构投保责任保险，降低机构运营风险。

第二十五条　养老机构应当建立老年人信息档案，妥善保存相关原始资料。养老机构应当保护老年人的个人信息。

第二十六条　养老机构应当经常听取老年人的意见和建议，发挥老年人对养老机构服务和管理的监督促进作用。

第二十七条　养老机构因变更或者终止等原因暂停、终止服务的，应当于暂停或者终止服务 60 日前，向实施许可的民政部门提交老年人安置方案，方案中应当明确收住老年人的数量、安置计划及实施日期等事项，经批准后方可实施。

民政部门应当自接到安置方案之日起 20 日内完成审核工作。

民政部门应当督促养老机构实施安置方案，并及时为其妥善安置老年人提供帮助。

第四章　监督检查

第二十八条　民政部门应当按照实施许可权限，通过书面检查或者实地查验等方式对养老机构进行监督检查，并向社会公布检查结果。上级民政部门可以委托下级民政部门进行监督检查。

养老机构应当于每年 3 月 31 日之前向实施许可的民政部门提交上一年度的工作报告。年度工作报告内容包括服务范围、服务质量、运营管理等情况。

第二十九条　民政部门应当建立养老机构评估制度，定期对养老机构的人员、设施、服务、管理、信誉等情况进行综合评价。

养老机构评估工作可以委托第三方实施，评估结果应当向社会公布。

第三十条　民政部门应当定期开展养老服务行业统计工作，养老机构应当及时准确报送相关信息。

第三十一条　民政部门应当建立对养老机构管理的举报和投诉制度。民政部门接到举报、投诉后，应当及时核实、处理。

第三十二条　上级民政部门应当加强对下级民政部门的指导和监督，及时纠正养老机构管理中的违规违法行为。

第五章　法律责任

第三十三条　养老机构有下列行为之一的，由实施许可的民政部门责令改正；情节严重的，处以3万元以下的罚款；构成犯罪的，依法追究刑事责任：

（一）未与老年人或者其代理人签订服务协议，或者协议不符合规定的；

（二）未按照国家有关标准和规定开展服务的；

（三）配备人员的资格不符合规定的；

（四）向负责监督检查的民政部门隐瞒有关情况、提供虚假材料或者拒绝提供反映其活动情况真实材料的；

（五）利用养老机构的房屋、场地、设施开展与养老服务宗旨无关的活动的；

（六）歧视、侮辱、虐待或遗弃老年人以及其他侵犯老年人合法权益行为的；

（七）擅自暂停或者终止服务的；

（八）法律、法规、规章规定的其他违法行为。

第三十四条 民政部门及其工作人员违反本办法有关规定，由上级行政机关责令改正；情节严重的，对直接负责的主管人员和其他责任人员依法给予行政处分；构成犯罪的，依法追究刑事责任。

第六章 附则

第三十五条 国家对光荣院、农村五保供养服务机构等养老机构的管理有特别规定的，依照其规定办理。

第三十六条 本办法自2013年7月1日起施行。

老年人建筑设计规范

建标[1999]131号 编号 JGJ122-99，自1999年10月1日起施行。

1 总则

1.0.1 为适应我国社会人口结构老龄化，使建筑设计符合老年人体能心态特征对建筑物的安全、卫生、适用等基本要求，制定本规范。

1.0.2 本规范适用于城镇新建、扩建和改建的专供老年人使用的居住建筑及公共建筑设计。

1.0.3 专供老年人使用的居住建筑和公共建筑，应为老年人使用提供方便设施和服务。具备方便残疾人使用的无障碍设施，可兼为老年人使用。

1.0.4 老年人建筑设计除应符合本规范外，尚应符合国家现行有关强制性标准的规定。

2 术语

2.0.1 老龄阶段 The Aged Phase
60 周岁及以上人口年龄段。

2.0.2 自理老人 Self-helping Aged People
生活行为完全自理，不依赖他人帮助的老年人。

2.0.3 介助老人 Device-helping Aged People
生活行为依赖扶手、拐杖、轮椅和升降设施等帮助的老年人。

2.0.4 介护老人 Under Nursing Aged People
生活行为依赖他人护理的老年人。

2.0.5 老年住宅 House for the Aged
专供老年人居住，符合老年体能心态特征的住宅。

2.0.6 老年公寓 Apartment for the Aged
专供老年人集中居住，符合老年体能心态特征的公寓式老年住宅，具备餐饮、清洁卫生、文化娱乐、医疗保健服务体系，是综合管理的住宅类型。

2.0.7 老人院（养老院）Home for the Aged
专为接待老年人安度晚年而设置的社会养老服务机构，设有起居生活、文化娱乐、医疗保健等多项服务设施。

2.0.8 托老所 Nursery for the Aged
为短期接待老年人托管服务的社区养老服务场所，设有起居生活、文化娱乐、医疗保健等多项服务设施，可分日托和全托两种。

2.0.9 走道净宽 Net Width of Corridor
通行走道两侧墙面凸出物内缘之间的水平宽度，当墙面设置扶手时，为双侧扶手内缘之间的水平距离。

2.0.10 楼梯段净宽 Net Width of Stairway
楼梯段墙面凸出物与楼梯扶手内缘之间，或楼梯段双面扶手内缘之间的水平距离。

2.0.11 门口净宽 Net Width of Door way
门扇开启后，门框内缘与开启门扇内侧边缘之间的水平距离。

3 基地环境设计

3.0.1 老年人建筑基地环境设计，应符合城市规划要求。

3.0.2 老年人居住建筑宜设于居住区，与社区医疗急救、体育健身、文化娱乐、供应服务、管理设施组成健全的生活保障网络系统。

3.0.3 专为老年人服务的公共建筑，如老年文化休闲活动中心、老年大学、老年疗养院、干休所、老年医疗急救康复中心等，宜选择临近居住区，交通进出方便，安静、卫生、无污染的周边环境。

3.0.4 老年人建筑基地应阳光充足，通风良好，视野开阔，与庭院结合绿化、造园，宜组合成若干个户外活动中心，备设座椅和活动设施。

4 建筑设计

4.1 一般规定

4.1.1 老年人居住建筑应按老龄阶段从自理、介助到介护变化全程的不同需要进行设计。

4.1.2 老年人公共建筑应按老龄阶段介助老人的体能心态特征进行设计。

4.1.3 老年人公共建筑，其出入口、老年所经由的水平通道和垂直交通设施，以及卫生间和休息室等部位，应为老年人提供方便设施和服务条件。

4.1.4 老年人建筑层数宜为三层及三层以下；四层及四层以上应设电梯。

4.2 出入口

4.2.1 老年人居住建筑出入口，宜采取阳面开门。出入口内外应留有不小于 1.50m×1.50m 的轮椅回旋面积。

4.2.2 老年人居住建筑出入口造型设计，应标志鲜明，易于辨认。

4.2.3 老年人建筑出入口门前平台与室外地面高差不宜大于 0.40m，并应采用缓坡台阶和坡道过渡。

4.2.4 缓坡台阶踏步踢面高不宜大于 120mm，踏面宽不宜小于 380mm，坡道坡度不宜大于 1/12。台阶与坡道两侧应设栏杆扶手。

4.2.5 当室内外高差较大设坡道有困难时，出入口前可设升降平台。

4.2.6 出入口顶部应设雨篷；出入口平台、台阶踏步和坡道应选用坚固、耐磨、防滑的材料。

4.3 过厅和走道

4.3.1 老年人居住建筑过厅应具备轮椅、担架回旋条件，并应符合下列要求：

1. 户室内门厅部位应具备设置更衣、换鞋用橱柜和椅凳的空间。

2. 户室内面对走道的门与门、门与邻墙之间的距离，不应小于 0.50m，应保证轮椅回旋和门扇开启空间。

3. 户室内通过式走道净宽不应小于 1.20m。

4.3.2 老年人公共建筑，通过式走道净宽不宜小于1.80m。

4.3.3 老年人出入经由的过厅、走道、房间不得设门坎，地面不宜有高差。

4.3.4 通过式走道两侧墙面0.90m和0.65m高处宜设φ40～50mm的圆杆横向扶手，扶手离墙表面间距40mm；走道两侧墙面下部应设0.35m高的护墙板。

4.4 楼梯、坡道和电梯

4.4.1 老年人居住建筑和老年人公共建筑，应设符合老年体能心态特征的缓坡楼梯。

4.4.2 老年人使用的楼梯间，其楼梯段净宽不得小于1.20m，不得采用扇形踏步，不得在平台区内设踏步。

4.4.3 缓坡楼梯踏步踏面宽度，居住建筑不应小于300mm，公共建筑不应小于320mm；踏面高度，居住建筑不应大于150mm，公共建筑不应大于130mm。踏面前缘宜设高度不大于3mm的异色防滑警示条，踏面前缘前凸不宜大于10mm。

4.4.4 不设电梯的三层及三层以下老年人建筑宜兼设坡道，坡道净宽不宜小于1.50m，坡道长度不宜大于12.00m，坡度不宜大于1/12。坡道设计应符合现行行业标准《方便残疾人使用的城市道路和建筑物设计规范》JCJ50的有关规定。并应符合下列要求：

1. 坡道转弯时应设休息平台，休息平台净深度不得小于1.50m。
2. 在坡道的起点及终点，应留有深度不小于1.50m的轮椅缓冲地带。
3. 坡道侧面凌空时，在栏杆下端宜设高度不小于50mm的安全档台。

4.4.5 楼梯与坡道两侧离地高0.90m和0.65m处应设连续的栏杆与扶手，沿墙一侧扶手应水平延伸。扶手设计应符合本规范第4.3.4条的规定。扶手宜选用优质木料或手感较好的其他材料制作。

4.4.6 设电梯的老年人建筑，电梯厅及轿厢尺度必须保证轮椅和急救担架进出方便，轿厢沿周边离地0.90m和0.65m高处设介助安全扶手。电梯速度宜选用慢速度，梯门宜采用慢关闭，并内装电视监控系统。

4.5 居室

4.5.1 老年人居住建筑的起居室、卧室，老年人公共建筑中的疗养室、病房，应有良好朝向、天然采光和自然通风，室外宜有开阔视野和优美环境。

4.5.2 老年住宅、老年公寓、家庭型老人院的起居室使用面积不宜小于14平方米，卧室使用面积不宜小于10平方米。矩形居室的短边净尺寸不宜小于3.00m。老年人基础设施参数应符合附录A的规定。

4.5.3 老人院、老人疗养室、老人病房等合居型居室，每室不宜超过3人，每人使用面积不应小于6平方米。矩形居室短边净尺寸不宜小于3.30m。

4.6 厨房

4.6.1 老年住宅应设独用厨房；老年公寓除设公共餐厅外，还应设各户独用厨房；老人院除设公共餐厅外，宜设少量公用厨房。

4.6.2 供老年人自行操作和轮椅进出的独用厨房，使用面积不宜小于6.00平方米，其最小短边净尺寸不应小于2.10m。

4.6.3 老人院公用小厨房应分层或分组设置，每间使用面积宜为6.00~8.00平方米。

4.6.4 厨房操作台面高不宜小于0.75~0.80m，台面宽度不应小于0.50m，台下净空高度不应小于0.60m，台下净空前后进深不应小于0.25m。

4.6.5 厨房宜设吊柜，柜底离地高度宜为1.40~1.50m；轮椅操作厨房，柜底离地高度宜为1.20m。吊柜深度比案台应退进0.25m。

4.7 卫生间

4.7.1 老年住宅、老年公寓、老人院应设紧邻卧室的独用卫生间，配置三件卫生洁具，其面积不宜小于5.00平方米。

4.7.2 老人院、托老所应分别设公用卫生间、公用浴室和公用洗衣间。托老所备有全托时，全托者卧室宜设紧邻的卫生间。

4.7.3 老人疗养室、老人病房，宜设独用卫生间。

4.7.4 老年人公共建筑的卫生间，宜临近休息厅，并应设便于轮椅回旋的前室，男女各设一具轮椅进出的厕位小间，男卫生间应设一具立式小便器。

4.7.5 独用卫生间应设坐便器、洗面盆和浴盆淋浴器。坐便器高度不应大于0.40m，浴盆及淋浴座椅高度不应大于0.40m，浴盆一端应设不小于0.30m宽度坐台。

4.7.6 公用卫生间厕位间平面尺寸不宜小于1.20×2.00m，内设0.40m高的坐便器。

4.7.7 卫生间内与坐便器相邻墙面应设水平高0.70m的"L"形安全扶手或"‖"形落地式安全扶手。贴墙浴盆的墙面应设水平高度0.60m的"L"形安全扶手，入盆一侧贴墙设安全扶手。

4.7.8 卫生间宜选用白色卫生洁具，平底防滑式浅浴盆。冷、热水混合式龙头宜选用杠杆式或掀压式开头。

4.7.9 卫生间、厕位间室设平开门，门扇向外开启，留有观察窗口，安装双向开启的插销。

4.8 阳台

4.8.1 老年人居住建筑的起居室或卧室应设阳台，阳台净深度不宜小于1.50m。

4.8.2 老人疗养室、老人病房宜设净深度不小于 1.50m 的阳台。

4.8.3 阳台栏杆扶手高度不应小于 1.10m，寒冷和严寒地区宜设封闭式阳台。顶层阳台应设雨篷。阳台板底或侧壁，应设可升降的晾晒衣物设施。

4.8.4 供老人活动的屋顶平台或屋顶花园，其屋顶女儿墙护栏高度不应小于 1.10m；出平台的屋顶突出物，其高度不应小于 0.60m。

4.9 门窗

4.9.1 老年人建筑公用外门净宽不得小于 1.10m。

4.9.2 老年人住宅户门和内门（含厨房门、卫生间门、阳台门）通行净宽不得小于 0.80m。

4.9.3 起居室、卧室、疗养室、病房等门扇应采用可观察的门。

4.9.4 窗扇宜镶用无色透明玻璃。开启窗口应设防蚊蝇纱窗。

4.10 室内装修

4.10.1 老年人建筑内部墙体阳角部位，宜做成圆角或切角，且在 1.80m 高度以下做与墙体粉刷齐平的护角。

4.10.2 老年人居室不应采用易燃、易碎、化纤及散发有害有毒气味的装修材料。

4.10.3 老年人出入和通行的厅室、走道地面，应选用平整、防滑材料，并应符合下列要求：

1. 老年人通行的楼梯踏步面应平整防滑无障碍，界限鲜明，不宜采用黑色、显深色面料。

2. 老年人居室地面宜用硬质木料或富弹性的塑胶材料，寒冷地区不宜采用陶瓷材料。

4.10.4 老年人居室不宜设吊柜，应设贴壁式贮藏壁橱。每人应有 1.00 立方米以上的贮藏空间。

5 建筑设备与室内设施

5.0.1 严寒和寒冷地区老年人居住建筑应供应热水和采暖。

5.0.2 炎热地区老年人居住建筑宜设空调降温设备。

5.0.3 老年人居住建筑居室之间应有良好隔声处理和噪声控制。允许噪声级不应大于 45dB，空气隔声不应小于 50dB，撞击声不应大于 75dB。

5.0.4 建筑物出入口雨篷板底或门口侧墙应设灯光照明。阳台应设灯光照明。

5.0.5 老年人居室夜间通向卫生间的走道、上下楼梯平台与踏步联结部位，在其临墙离地高 0.40m 处宜设灯光照明。

5.0.6 起居室、卧室应设多用安全电源插座，每室宜设两组，插孔离地高度宜为 0.60~0.80m；厨房、卫生间宜各设三组，插孔离地高度宜为 0.80~1.00m。

5.0.7 起居室、卧室应设闭路电视插孔。

5.0.8 老年人专用厨房应设燃气泄漏报警装置；老年公寓、老人院等老年人专用厨房的燃气设备宜设总调控阀门。

5.0.9 电源开关应选用宽板防漏电式按键开关，高度离地宜为 1.00~1.20m。

5.0.10 老年人居住建筑每户应设电话，居室及卫生间厕位旁应设紧急呼救按钮。

5.0.11 老人院床头应设呼叫对讲系统、床头照明灯和安全电源插座。

老年人社会福利机构基本规范

（中华人民共和国民政部 2001 年 2 月 6 日发布，2001 年 3 月 1 日实施）

为了加强老年人社会福利机构的规范化管理，维护老年人权益，促进老年人社会福利事业健康发展，根据民政部人教科字〔2000〕第 24 号文的要求，特制定本规范。

本规范的主要技术内容是：总则、术语、服务、管理、设施设备。

本规范由民政部人事教育司归口管理，授权主要起草单位负责解释。

本规范主要起草单位：民政部社会福利和社会事务司。

本规范参加起草单位：北京市民政局。

本规范主要起草人：常宗虎、李建平、贾晓九、蔡安财、孟志强、郭幼生、彭嘉琳。

1 总则

1.1 为加强老年人社会福利机构规范化管理，维护老年人权益，促进老年人社会福利事业健康发展，制定本规范。

1.2 本规范适用于各类、各种所有制形式的为老年人提供养护、康复、托管等服务的社会福利服务机构。

1.3 老年人社会福利机构的宗旨是：以科学的知识和技能维护老年人基本权益，帮助老年人适应社会，促进老年人自身发展。

1.4 本规范所列各种条款均为最低要求。

1.5 老年人社会福利机构除应符合本规范外，尚应符合国家现行相关强制性标准的规定。

2 术语

2.1 老年人 The Elderly

60 周岁及以上的人口。

2.2 自理老人 The Self-care Elderly

日常生活行为完全自理，不依赖他人护理的老年人。

2.3 介助老人 The Device-aided Elderly

日常生活行为依赖扶手、拐杖、轮椅和升降等设施帮助的老年人。

2.4 介护老人 The Nursing-cared Elderly

日常生活行为依赖他人护理的老年人。

2.5 老年社会福利院 Social Welfare Institution for the Aged

由国家出资举办、管理的综合接待"三无"老人、自理老人、介助老人、介护老人安度晚年而设置的社会养老服务机构，设有生活起居、文化娱乐、康复训练、医疗保健等多项服务设施。

2.6 养老院或老人院 Homes for the Aged

专为接待自理老人或综合接待自理老人、介助老人、介护老人安度晚年而设置的社会养老服务机构，设有生活起居、文化娱乐、康复训练、医疗保健等多项服务设施。

2.7 老年公寓 Hostels for the Elderly

专供老年人集中居住，符合老年体能心态特征的公寓式老年住宅，具备餐饮、清洁卫生、文化娱乐、医疗保健等多项服务设施。

2.8 护老院 Homes for the Device-aided Elderly

专为接待介助老人安度晚年而设置的社会养老服务机构，设有生活起居、文化娱乐、康复训练、医疗保健等多项服务设施。

2.9 护养院 Nursing Homes

专为接待介护老人安度晚年而设置的社会养老服务机构，设有起居生活、文化娱乐、康复训练、医疗保健等多项服务设施。

2.10 敬老院 Homes for the Elderly in the Rural Areas

在农村乡（镇）、村设置的供养"三无"（无法定扶养义务人，或者虽有法定抚养义务人，但是抚养义务人无扶养能力的；无劳动能力的；无生活来源的）"五保"（吃、穿、住、医、葬）老人和接待社会上的老年人安度晚年的社会养老服务机构，设有生活起居、文化娱乐、康复训练、医疗保健等多项服务设施。

2.11 托老所 Nursery for the Elderly

为短期接待老年人托管服务的社区养老服务场所，设有生活起居、文化娱乐、康复训练、医疗保健等多项服务设施，分为日托、全托、临时托等。

2.12 老年人服务中心 Center of Service for the Elderly

为老年人提供各种综合性服务的社区服务场所，设有文化娱乐、康复训练、医疗保健等多项或单项服务设施和上门服务项目。

3 服务

3.1 膳食

3.1.1 有主管部门颁发了卫生许可证的专门为老人服务的食堂，配备厨师和炊事员。

3.1.2 厨师和炊事员持证上岗，严格执行食品卫生法规，严防食物中毒。

3.1.3 注意营养、合理配餐，每周有食谱，根据老人的需要或医嘱制作普食、软食、流食及其他特殊饮食。

3.1.4 为有需要的自理老人、介助老人和所有介护老人送饭到居室，根据需要喂水喂饭。清洗消毒餐具。

3.1.5 每月召开 1 次膳食管理委员会，征求智力正常老人及其他老人家属的意见，满意率达到 80%以上。

3.1.6 照顾不同老年人的饮食习惯，尊重少数民族的饮食习俗。

3.2 护理

3.2.1 自理老人

3.2.1.1 每天清扫房间 1 次，室内应无蝇、无蚊、无鼠、无蟑螂、无臭虫。

3.2.1.2 提供干净、得体的服装并定期换洗，冬、春、秋季每周 1 次，夏季经常换洗。保持室内空气新鲜，无异味。

3.2.1.3 协助老人整理床铺。

3.2.1.4 每周换洗一次被罩、床单、枕巾（必要时随时换洗）。

3.2.1.5 夏季每周洗澡 2 次，其他季节每周 1 次。

3.2.1.6 督促老人洗头、理发、修剪指甲。

3.2.1.7 服务人员 24 小时值班，实行程序化个案护理。视情况调整护理方案。

3.2.2 介助老人

3.2.2.1 每天清扫房间 1 次，室内应无蝇、无蚊、无鼠、无蟑螂、无臭虫。保持室内空气新鲜，无异味。

3.2.2.2 提供干净、得体的服装并定期换洗，冬、春、秋季每周 1 次，夏季经常换洗。

3.2.2.3 协助老人整理床铺。

3.2.2.4 每周换洗 1 次被罩、床单、枕巾（必要时随时换洗）。

3.2.2.5 夏季每周洗澡 2 次，其他季节每周 1 次。

3.2.2.6 协助老人洗头、修剪指甲。

3.2.2.7 定期上门理发，保持老人仪表端正。

3.2.2.8 毛巾、洗脸盆应经常清洗，便器每周消毒 1 次。

3.2.2.9 搀扶老人上厕所排便。

3.2.2.10 I°压疮发生率低于 5%，II°压疮发生率为零，入院前发生严重低蛋白血症，全身高度浮肿、癌症晚期、恶液质等患者除外。对因病情不能翻身而患压疮的情况应有详细记录，并尽可能提供防护措施。

3.2.2.11 服务人员 24 小时值班，实行程序化个案护理。视情况调整护理方案。

3.2.3 介护老人

3.2.3.1 每天清扫房间 1 次，室内应无蝇、无蚊、无老鼠、无蟑螂、无臭虫。保持室内空气新鲜，无异味。

3.2.3.2 提供干净、得体的服装并定期换洗，冬、春、秋季每周 1 次，夏季经常换洗。

3.2.3.3 整理床铺。

3.2.3.4 每周换洗 1 次被罩、床单、枕巾（必要时随时换洗）。

3.2.3.5 帮助老人起床穿衣、睡前脱衣。

3.2.3.6 全身洗澡，每周 2 次。

3.2.3.7 定期修剪指甲、洗头。

3.2.3.8 口腔护理清洁无异味。

3.2.3.9 定期上门理发，保持老人仪表端正。

3.2.3.10 毛巾、洗脸盆应经常清洗，便器每周消毒 1 次。

3.2.3.11 送饭到居室，喂水喂饭。

3.2.3.12 帮助老人排便。

3.2.3.13 为行走不便的老人配备临时使用的拐杖、轮椅车和其他辅助器具。

3.2.3.14 I°压疮发生率低于 5%，II°压疮发生率为零，入院前发生严重低蛋白血症，全身高度浮肿、癌症晚期、恶液质等患者除外。对因病情不能翻身而患压疮的情况应有详细记录，并尽可能提供防护措施。

3.2.3.15 早晨起床后帮助老人洗漱，晚上帮助老人洗脚。

3.2.3.16 视天气情况，每天带老人到户外活动1小时。

3.2.3.17 服务人员24小时值班，实行程序化个案护理。视情况调整护理方案。

3.2.4 帮助老人办理到异地的车船票。

3.2.5 特别保护女性智残和患有精神病的老人的人身权益不受侵犯。

3.2.6 对患有传染病的老人要及时采取特殊保护措施，并对其隔离、治疗，以既不影响他人又尊重病患老人为原则。

3.3 康复

3.3.1 卫生保健人员定期查房巡诊，每天1次。

3.3.2 为老人定期检查身体，每年1次。

3.3.3 医护人员定期、定时护理。

3.3.4 组织智力健全和部分健全的老人每月进行1次健康教育和自我保健、自我护理知识的学习，常见病、多发病的自我防治以及老年营养学的学习。

3.3.5 医护人员确保各项治疗措施的落实，确保每周开展两种以上康复活动。

3.3.6 定期或不定期地做好休养区和院内公共场所的消毒灭菌工作。

3.3.7 制定年度康复计划，每周组织老年人开展3次康复活动。

3.4 心理

3.4.1 为有劳动能力的老人自愿参加公益活动提供中介服务或给予劳动的机会。组织健康老人每季度参加1次公益活动。

3.4.2 每周根据老人身体健康情况、兴趣爱好、文化程度，开展1次有益于身心健康的各种文娱、体育活动，丰富老年人的文化生活。

3.4.3 与老人每天交谈15分钟以上，并作好谈话周记。及时掌握每个老人的情绪变化，对普遍性问题和极端的个人问题集体研究解决，保持老人的自信状态。

3.4.4 经常组织老人进行必要的情感交流和社会交往。不定期开展为老人送温暖、送欢乐活动，消除老人的心理障碍。帮助老人建立新的社会联系，努力营造和睦的大家庭色彩，基本满足老人情感交流和社会交往的需要。根据老年人的特长、身体健康状况、社会参与意愿，不定时地组织老年人参与社会活动，为社会发展贡献余热。

3.4.5 制定有针对性的"入住适应计划"，帮助新入住老人顺利度过入住初期。

4 管理

4.1 机构证书和名称

4.1.1 提供《社会福利机构设置批准证书》和法人资格证书，并悬挂在醒目的地方。

4.1.2 老年人社会福利机构的名称，必须根据收养对象的健康状况和机构的业务性质，标明养老院、老年公寓、护老院、护养院、敬老院、托老所或老年人服务中心等。由国家和集体举办的，应冠以所在地省（自治区、直辖市）、市（地、州）、县（县级市、市辖区）、乡（镇）行政区划名称，但不再另起字号；由社会组织和个人兴办的应执行《民办非企业单位名称管理暂行规定》。

4.2 人力资源配置

4.2.1 城镇地区和有条件的农村地区，老年人社会福利机构主要领导应具备相关专业大专以上学历，模范遵守国家的法律法规，熟练掌握所从事工作的基本知识和专业技能。

4.2.2 城镇地区和有条件的农村地区，老年人社会福利机构应有1名大专学历以上、社会工作类专业毕业的专职的社会工作人员和专职康复人员。为介护老人服务的机构有1名医生和相应数量的护士。护理人员及其他人员的数量以能满足服务对象需要并能提供本规范所规定的服务项目为原则。

4.2.3 主要领导应接受社会工作类专业知识的培训。各专业工作人员应具有相关部门颁发的职业资格证书或国家承认的相关专业大专以上学历。无专业技术职务的护理人员应接受岗前培训，经省级以上主管机关培训考核后持证上岗。

4.3 制度建设

4.3.1 有按照有关规定和要求制定的适合实际工作需要的规章制度。

4.3.2 有与入院老年人或其亲属、单位签订的具有法律效力的入院协议书。

4.3.3 有简单介绍本机构最新情况的书面图文资料。其中须说明服务宗旨、目标、对象、项目、收费及服务使用者申请加入和退出服务的办法与发表意见的途径、本机构处理所提意见和投诉的承诺等。这类资料应满足服务对象使用。

4.3.4 有可供相关人员查阅和向有关部门汇报的长中短期工作计划、定期统计资料、年度总结和评估报告。

4.3.5 建立入院老人档案，包括入院协议书、申请书、健康检查资料、身份证、户口簿复印件、老人照片及记录后事处理联系人等与老人有关的资料并长期保存。

4.3.6 有全部工作人员、管理机构和决策机构的职责说明、工作流程及组织结构图。

4.3.7 有工作人员工作细则和选聘、培训、考核、任免、奖惩等的相关管理制度。

4.3.8 严格执行有关外事、财务、人事、捐赠等方面规定。

4.3.9 各部门、各层级应签订预防事故的责任书,确保安全,做到全年无重大责任事故。

4.3.10 护理人员确保各项治疗、护理、康复措施的落实,严禁发生事故。

4.3.11 服务项目的收费按照当地物价部门和民政部门的规定执行,收费项目既要逐项分计,又要适当合计。收费标准应当公开和便于查阅。

4.3.12 有工作人员和入院老人花名册。入院老人的个人资料除供有需要知情的人员查阅外应予以保密。

4.3.13 严防智残和患有精神病的老人走失。为智残和患有精神病的老人佩戴写有姓名和联系方式的卡片,或采取其他有效措施,以便老人走失后的查找工作。

4.3.14 对患有精神病且病情不稳定的老人有约束保护措施和处理突发事件的措施。

4.3.15 有老人参与机构管理的管理委员会。

4.3.16 长期住院的"三无"老人的个人财产应予以登记,并办理有关代保管服务的手续。

4.3.17 工作人员在工作时间内须佩证上岗。

5 设施设备

5.1 老人居室

5.1.1 老人居室的单人间使用面积不小于 10 平方米;双人间使用面积不小于 14 平方米;三人间使用面积不小于 18 平方米;合居型居室每张床位的使用面积不小于 5 平方米。

5.1.2 根据老人实际需要,居室应配设单人床、床头柜、桌椅、衣柜、衣架、毛巾架、毯子、褥子、被子、床单、被罩、枕芯、枕套、枕巾、时钟、梳妆镜、洗脸盆、暖水瓶、痰盂、废纸桶、床头牌等,介助、介护老人的床头应安装呼叫铃。

5.1.3 室内家具、各种设备应无尖角凸出部分。

5.2 饭厅应配设餐桌、坐椅、时钟、公告栏、废纸桶、窗帘、消毒柜、洗漱池、防蝇设备等。

5.3 洗手间及浴室应配备安装在墙上的尿池、坐便器、卫生纸、卫生纸专用夹、废纸桶、淋浴器、坐浴盆或浴池、防滑的浴池垫和淋浴垫、浴室温度计、抽气扇等。

5.4 有必备的洗衣设备,应有洗衣机、熨斗等。

5.5 建有老人活动室。有供其阅读、写字、绘画、娱乐的场所。该场所应提供图书、报刊、电视机和棋牌。

5.6 有配置了适合老人使用的健身、康复器械和设备的康复室和健身场所。

5.7 有接待来访的场所。接待室配备桌椅、纸笔及相关介绍材料。

5.8 室外活动场所不得少于150平方米,绿化面积达到60%。

5.9 公共区域应设有明显标志,方便识别。

5.10 有一部可供老人使用的电话。

5.11 根据老人健康情况,必须准备足够的医疗设备和物资,应有急救药箱和轮椅车等。不设医务室的老年人社会福利机构应与专业医院签订合同。合同医院必须具备处理老年人社会福利机构内各种突发性疾病和其他紧急情况的能力,并能够承担老年人常见病、多发病的日常诊疗任务。

5.12 及时解决消防、照明、报警、取暖、通讯、降温、排污等设施和生活设备出现的问题,严格执行相关规定,保证其随时处于正常状态。

5.13 保证水、电供应,冬季室温不低于16℃,夏季不超过28℃。

5.14 生活环境安静、清洁、优美,居室物品放置有序,顶棚、墙面、地面、桌面、镜面、窗户、窗台洁净。

财政部 国家税务总局
关于对老年服务机构有关税收政策问题的通知

财税【2000】97号

为贯彻中共中央、国务院《关于加强老龄工作的决定》(中发[2000]13号)精神,现对政府部门和社会力量兴办的老年服务机构有关税收政策问题通知如下:

一、对政府部门和企事业单位、社会团体以及个人等社会力量投资兴办的福利性、非营利性的老年服务机构,暂免征收企业所得税,以及老年服务机构自用房产、土地、车船的房产税、城镇土地使用税、车船使用税。

二、对企事业单位、社会团体和个人等社会力量,通过非营利性的社会团体和政府部门向福利性、非营利性的老年服务机构的捐赠,在缴纳企业所得税和个人所得税前准予全额扣除。

三、本通知所称老年服务机构,是指专门为老年人提供生活照料、文化、护理、健身等多方面服务的福利性、非营利性的机构,主要包括:老年社会福利院、敬老院(养老院)、老年服务中心、老年公寓(含老年护理院、康复中心、托老所)等。

本通知自 2000 年 10 月 1 日起执行。

财政部、国家税务总局
二〇〇〇年十一月二十四日

养老护理员国家职业标准

中华人民共和国民政部社会福利和社会事务司 2007 年颁布

1. 职业概况

1.1 职业名称
养老护理员。

1.2 职业定义
对老年人生活进行照料、护理的服务人员。

1.3 职业等级
本职业共设四个等级,分别为:初级(国家职业资格五级)、中级(国家职业资格四级)、高级(国家职业资格三级)、技师(国家职业资格二级)。

1.4 职业环境
室内,常温。

1.5 职业能力特征
手指、手臂灵活,动作协调;表达能力与形体知觉较强;有空间感与色觉能力;有一定的学习能力。

1.6 基本文化程度
初中毕业。

1.7 培训要求

1.7.1 培训期限

全日制职业学校教育，根据其培养目标和教学计划确定。晋级培训期限：初级不少于180标准学时；中级不少于150标准学时；高级不少于120标准学时；技师不少于90标准学时。

1.7.2 培训教师

应具有本职业或相关专业较丰富的知识、实际操作经验和教学经验。培训初级养老护理员的教师应具有本职业高级职业资格证书；培训中级养老护理员的教师应具有本职业技师职业资格证书或相关专业中级以上专业技术职务任职资格；培训高级养老护理员和技师的教师应具有本职业技师职业资格证书3年以上或相关专业高级专业技术职务任职资格。

1.7.3 培训场地设备

培训机构应具备标准教室及有必要的教学教具设备的实习场所。培训场地卫生、光线和通风条件符合国家有关规定。

1.8 鉴定要求

1.8.1 适用对象

从事或准备从事本职业的人员。

1.8.2 申报条件

——初级（具备以下条件之一者）

（1）经本职业初级正规培训达规定标准学时数，并取得毕（结）业证书。

（2）在本职业连续见习工作2年以上。

——中级（具备以下条件之一者）

（1）取得本职业初级职业资格证书后，连续从事本职业工作3年以上，经本职业中级正规培训达规定标准学时数，并取得毕（结）业证书。

（2）取得本职业初级职业资格证书后，连续从事本职业工作5年以上。

（3）取得经劳动保障行政部门审核认定的、以中级技能为培养目标的中等以上职业学校本职业（专业）毕业证书。

——高级（具备以下条件之一者）

（1）取得本职业中级职业资格证书后，连续从事本职业工作4年以上，经本职业高级正规培训达规定标准学时数，并取得毕（结）业证书。

（2）取得本职业中级职业资格证书后，连续从事本职业工作6年以上。

（3）取得高级技工学校或经劳动保障行政部门审核认定的、以高级技能为培养目标的高等职业学校本职业（专业）毕业证书。

——技师（具备以下条件之一者）

（1）取得本职业高级职业资格证书后，连续从事本职业工作5年以上，经本职业技师正规培训达规定标准学时数，并取得毕（结）业证书。

（2）取得本职业高级职业资格证书后，连续从事本职业工作 8 年以上。

（3）取得本职业高级职业资格证书的高级技工学校本职业（专业）毕业生，连续从事本职业工作 2 年以上。

1.8.3 鉴定方式

分为理论知识考试和技能操作考核。理论知识考试采用闭卷笔试方式，技能操作考核采用现场实际操作方式。理论知识考试和技能操作考核均实行百分制，成绩皆达 60 分以上者为合格。技师还须进行综合评审。

1.8.4 考评人员与考生配比

理论知识考试考评人员与考生配比为 1：20，每个标准教室不少于 2 名考评人员；技能操作考核考评员与考生配比为 1：10，且不少于 3 名考评员。

1.8.5 鉴定时间

理论知识考试时间为 90min；技能操作考核时间为 90～120 min。

1.8.6 鉴定场所设备

理论知识考试在标准教室进行，技能操作考核在有教学教具设备的实习场所进行。

2. 基本要求

2.1 职业道德

2.1.1 职业道德基本知识

2.1.2 职业守则

（1）尊老敬老，以人为本。

（2）服务第一，爱岗敬业。

（3）遵章守法，自律奉献。

2.2 基础知识

2.2.1 老年护理基础知识

（1）老年人生理、心理特点。

（2）老年人的护理特点。

（3）老年人的常见疾病。

（4）老年人的营养需求。

（5）养老护理员职业工作须知。

2.2.2 相关法律、法规知识

（1）老年人权益保障法的相关知识。

（2）劳动法的相关知识。

（3）其他相关法律、法规。

3. 工作要求

本标准对初级、中级、高级和技师的技能要求依次递进,高级别包括低级别的要求。

3.1 初级

职业功能	工作内容	技能要求	相关知识
一、生活照料	(一)清洁卫生	1. 能完成老人的晨、晚间照料 2. 能帮助老人清洁口腔 3. 能帮助老人修剪指(趾)甲 4. 能为老人洗头、洗澡,以及进行床上浴和整理仪表仪容 5. 能为老人更衣,更换床单,清洁轮椅,以及整理老人衣物、被服和鞋等个人物品 6. 能预防压疮	1. 更换卧床老人床单的方法 2. 口腔卫生及假牙的一般养护方法 3. 洗头方法 4. 床上浴方法 5. 女性老人会阴部位的清洗方法 6. 压疮预防方法
	(二)睡眠照料	1. 能帮助老人正常睡眠 2. 能分析造成非正常睡眠的一般原因并予以解决	1. 老年人生理节奏的相关知识 2. 更换卧位的方法
	(三)饮食照料	1. 能协助老人完成正常进膳 2. 能协助老人完成正常饮水 3. 能为吞咽困难的老人进食、给水	1. 饮食种类的相关知识 2. 喂食方法
	(四)排泄照料	1. 能协助老人正常如厕 2. 能采集老人的二便常规标本 3. 能对呕吐老人进行护理照料 4. 能配合护士照料二便异常的老人	1. 胃肠及排尿活动的相关知识 2. 二便标本采集方法 3. 留置导尿集尿袋和肠瘘粪袋的更换方法 4. 便器与纸尿裤使用的相关知识 5. 缓泻剂的使用及灌肠方法
	(五)安全保护	1. 能协助老人正确使用轮椅、拐杖等助行器 2. 能对老人进行扶抱搬移 3. 能正确使用老人其他保护器具 4. 能预防老人走失、摔伤、烫伤、互伤、噎食、触电及火灾等意外事故	1. 轮椅、拐杖等助行器使用操作知识 2. 扶抱搬移方法 3. 相关保护器具应用操作知识 4. 预防意外事故的相关知识
二、技术护理	(一)给药	1. 能配合医护人员协助完成老人的口服给药 2. 能配合医护人员协助保管老人的口服药	1. 药物疗法的相关知识 2. 口服给药方法
	(二)观察	1. 能测量老人的液体出入量 2. 能观察老人的皮肤、头发和指(趾)甲的变化 3. 能对不舒适老人进行观察	1. 液体出入量记录方法 2. 常用体征观察方法
	(三)消毒	1. 能用常规消毒方法对便器等常用物品进行消毒 2. 能进行天然消毒和简单隔离	消毒灭菌的相关知识
	(四)冷热应用	会使用热水袋、冰袋	热水袋、冰袋的使用方法
	(五)护理记录	1. 能读懂一般的护理文件 2. 能进行简单的护理记录	护理文件的相关知识
	(六)临终护理	1. 能协助解决老人临终的身体需求 2. 能完成尸体料理及终末消毒	临终关怀护理的相关知识

3.2 中级

职业功能	工作内容	技能要求	相关知识
一、生活照料	（一）清洁卫生	1. 能为特殊老人清洁口腔 2. 能为老人灭头虱、头蚴 3. 能照料有压疮的老人	1. 特殊老人口腔护理方法 2. 灭头虱、头蚴的方法 3. 压疮护理的相关知识
	（二）睡眠照料	1. 能照料有睡眠障碍的老人 2. 能分析造成非正常睡眠的特殊原因并予以解决	1. 老年人睡眠障碍的相关知识 2. 疼痛护理方法和松弛肌肉方法
	（三）饮食照料	1. 能协助医护人员完成高蛋白等治疗饮食的喂食 2. 能协助医护人员完成导管喂食	1. 治疗饮食的相关知识 2. 鼻饲方法
二、技术护理	（一）给药	1. 能配合医护人员为压疮老人换药 2. 能配合医护人员完成吸入法给药	1. 压疮换药方法 2. 吸入法给药注意事项
	（二）观察	1. 能测量老人的体温、脉搏、血压、呼吸 2. 能对老人呕吐物进行观察 3. 能协助医护人员完成各种给药后的观察 4. 能观察濒临死亡老人的体征	1. 体温、脉搏、血压、呼吸的测量方法 2. 药物过敏的相关知识
	（三）消毒	1. 能用常用物理消毒方法进行消毒 2. 能用常用化学消毒方法进行消毒 3. 能进行传染病的隔离	1. 消毒隔离的操作方法 2. 无菌技术的基本操作规程
	（四）冷热应用	能给老人进行温水擦浴和湿热敷	温水擦浴和湿热敷的方法
	（五）护理记录	1. 能正确书写老人护理记录 2. 能对特殊老人护理进行记录 3. 能对护理文件进行保管	护理文件记录与保管的相关知识
	（六）急救	能对外伤出血、烫伤、噎食、摔伤等意外及时报告并做出初步的应急处理	1. 氧气吸入方法 2. 吸痰方法
	（七）常见病护理	能配合医护人员完成对老年人高血压病、冠心病、中风、帕金森病、糖尿病、退行性关节炎、痛风、便秘、老年性痴呆症等常见病的护理	老年人常见病的相关知识
三、康复护理	（一）肢体康复	1. 能配合医护人员帮助特殊老人进行肢体被动运动 2. 能配合医护人员开展常用作业疗法 3. 能指导老人使用各类健身器材	1. 肢体康复的相关知识 2. 健身器材使用常识
	（二）闲暇活动	能组织老人开展小型闲暇活动	常用娱乐方法
四、心理护理	沟通与协调	1. 能对老人的情绪变化进行观察，能与老人进行心理沟通 2. 能对老人人际交往中存在的不和谐现象与矛盾进行分析指导 3. 能协助解决临终老人的心理与社会需求	1. 与老人进行心理沟通的技巧 2. 老人心理咨询的相关知识 3. 临终关怀的相关知识

3.3 高级

职业功能	工作内容	技能要求	相关知识
一、技术护理	（一）急救	1. 能进行心脏按摩和人工呼吸 2. 发生意外后，能进行止血、包扎、固定和搬运	1. 胸外心脏按压术与人工呼吸法 2. 止血、包扎与固定的简单操作方法
	（二）危重病护理	1. 能协助医护人员观察与护理危重病老人 2. 能协助医护人员护理昏迷老人	老年人危重病护理的相关知识
	（三）健康教育	1. 能对老年人常见病、多发病和传染病进行咨询与预防指导 2. 能对老年人的生活习惯进行健康指导	老年人常见病、多发病和传染病相关知识
二、康复护理	（一）康复训练	1. 能对老人的一般康复效果进行测评 2. 能完成群体康复计划的实施 3. 能完成个体康复计划的实施	老人康复训练的相关知识
	（二）闲暇活动	1. 能组织老人开展各类兴趣活动 2. 能参与组织较大型文体娱乐活动	兴趣活动与大型文体娱乐活动的组织方法
三、心理护理	（一）心理保健	能向老人宣讲心理保健知识	老人心理保健的相关知识
	（二）情绪疏通	1. 能对老人忧虑、恐惧、焦虑等不良情绪进行疏导 2. 能与老人进行情感交流并予以心理支持	老人情绪疏导与情感交流的相关知识
四、培训与指导	（一）护理培训	能对初级养老护理员进行基础培训	
	（二）操作指导	能对初级养老护理员的实践操作给予指导	培训与指导的基本方法

3.4 技师

职业功能	工作内容	技能要求	相关知识
一、技术护理	（一）环境设计	1. 能对老人护理环境进行设计 2. 能制订改善老人护理环境的方案	环境与老人健康的相关知识
	（二）护理计划	1. 能制订老人护理计划 2. 能检查老人护理计划的实施	护理计划的相关知识
	（三）技术创新	1. 能在养老护理技术方面进行创新 2. 能选择、论证、申报养老护理科研课题 3. 能参与养老护理科研成果的鉴定与推广	研究养老护理的相关知识
二、培训与指导	（一）护理培训	能制订养老护理员的培训计划	1. 培训计划的编制要求 2. 教学法的基本知识 3. 指导操作中各类疑难问题的相关知识
	（二）操作指导	能对养老护理操作中的各类疑难问题进行示范、指导	
三、护理管理	（一）组织管理	1. 能制订养老护理员岗位职责和工作程序 2. 能对养老护理管理方案予以实施与控制	养老护理管理相关知识
	（二）质量管理	1. 能制订养老组织护理质量控制方案 2. 能对养老组织护理技术操作规程的实施进行管理 3. 能对养老组织护理质量的实施进行管理 4. 能运用现代办公设备进行管理 5. 能撰写养老护理与管理的论文	1. 养老组织护理质量管理相关知识 2. 现代办公设备相关知识 3. 论文撰写常识

4. 比重表

项目			初级（%）	中级（%）	高级（%）	技师（%）
基本要求		职业道德	5	5	5	5
		基础知识	20	15	10	5
相关知识	生活照料	清洁卫生	15	5	—	—
		睡眠照料	5	5	—	—
		饮食照料	5	5	—	—
		排泄照料	10	—	—	—
		安全保护	10	—	—	—
	技术护理	给药	5	5	—	—
		观察	5	5	—	—
		消毒	5	10	—	—
		冷热应用	2	2	—	—
		护理记录	3	5	—	—
		临终护理	10	—	—	—
		急救	—	15	15	—
		常见病护理	—	10	—	—
		环境设计	—	—	—	8
		危重病护理	—	—	15	—
		健康教育	—	—	10	—
		护理计划	—	—	—	20
		技术创新	—	—	—	10
	康复护理	肢体康复	—	5	—	—
		闲暇活动	—	3	10	—
		康复训练	—	—	15	—
	心理护理	沟通协调	—	5	—	—
		心理保健	—	—	5	—
		情绪疏通	—	—	10	—
	培训与指导	护理培训				

参考文献

[1] 陈卓硕. 实用养老机构管理［M］. 天津：天津大学出版社，2009 年

[2] 杨中新. 老年社会工作［M］. 上海：复旦大学出版社，2006 年

[3] 王树新. 人口社会学［M］. 北京：中国劳动社会保障出版社，2005 年

[4] 仝利民. 老年社会工作［M］. 上海：华东理工大学出版社，2006 年

[5] 曲江川. 老年社会学［M］. 北京：科学出版社，2007 年

[6] 吴敏. 基于需求与供给视角的机构养老服务发展现状研究［M］. 北京：经济科学出版社，2011 年

[7] 陈雪萍. 以社区为基础的老年人长期照护体系构建［M］. 杭州：浙江大学出版社，2011 年

[8] 习米纳. 养老院的故事［M］. 北京：中国社会出版社，2010 年

[9] 邬沧萍. 老年学概论［M］. 北京：中国人民大学出版社，2006 年

[10] 范子文. 以房养老：住房反向抵押贷款的国际经验与我国的现实选择［M］. 北京：中国金融出版社，2006 年

[11] 赵晓征. 养老设施及老年居住建筑——国内外老年居住建筑导论［M］. 北京：中国建筑工业出版社，2010 年

[12] 中国建筑设计研究院. 老年人居住建筑设计标准（GB/T 50340－2003）. 北京：中国建筑工业出版社，2003 年

[13]（美）珀金斯等著，李菁译. 老年居住建筑［M］. 北京：中国建筑工业出版社，2008 年

[14]（德）艾克哈德·费德森，（德）伊萨·吕德克，周博，范悦，陆伟著. 孙海霞译. 全球老年住宅建筑设计手册［M］. 北京：中信出版社，2011 年

[15]（日）财团法人，高龄者住宅财团编著. 老年住宅设计手册［M］. 北京：中国建筑工业出版社，2011 年

[16] 刘美霞等著. 老年住宅开发和经营模式［M］. 北京：中国建筑工业出版社，2008 年

[17] 中华人民共和国民政部主编. 老年养护院建设标准建标

2010[M]. 北京：中国计划出版社，2011 年

[18] 蔡林海编著. 老化预防、老年康复与居家养老——日本社会养老服务体系的成功经验与启示[M]. 上海：上海科技教育出版社，2012 年

[19] 宋世斌著. 中国老龄化的世纪之困[M]. 北京：经济管理出版社，2010 年

[20] 高利平著. 健康老龄化研究[M]. 济南：山东人民出版社，2011 年

[21] 张恺梯，郭平主编. 中国人口老龄化与老年人状况蓝皮书[M]. 北京：中国社会出版社，2010 年

[22] 杨中新等. 中国人口老龄化与区域产业结构调整研究［M］. 北京：社会科学文献出版社，2009 年

[23] 孟令君，刘利君. 养老服务机构管理人员能力培训辅导教程[M]. 北京：中国社会出版社. 2012 年

[24] 孙唐水. 养老机构中的人力资源建设问题与对策探讨[J]. 南京邮电大学学报（社会科学版）. 2009.11（3）

[25] 温萍. 企业经营效益的评价指标——现金流量[J]. 九江职业技术学院学报. 2001.4

[26] 刘利君. 养老服务专业人才队伍建设策略研究[J]. 社会福利. 2012.4

[27] 吴阳. 浦东新区养老机构建设运营管理分析[J]. 江南论坛. 2007.5

[28] 徐永祥. 社区社会工作［M］. 北京：高等教育出版社，2004 年

[29] 唐忠新. 中国城市社区建设概论［M］. 天津：天津人民出版社，2000 年

[30] 张暄. 日本社区［M］. 北京：中国社会出版社，2007 年

[31] 谢芳. 美国社区［M］. 北京：中国社会出版社，2004 年

[32]（美）亚伯拉罕·马斯洛著. 许金声等译. 动机与人格［M］. 北京：中国人民大学出版社，2007 年

[33] 高飞. 和谐社会发展中社区服务的提供领域与需求趋势分析［M］. 北京：中国劳动社会保障出版社，2006 年

[34] 江立华等. 中国城市社区福利［M］. 北京：社会科学文献出版社，2008 年

[35] 许义平等. 现代社区制度实证研究［M］. 北京：中国社会出版社，2008 年

[36] 熊仿杰等. 老年介护教程［M］. 上海：复旦大学出版社，2006 年

[37] 项丽萍. 我国社区养老服务方式探析[J]. 青海社会科学. 2007.9

[38] 仝利民. 社区老年服务：日本的经验与启示[J]. 城市管理. 2004.6

[39] 童欣. 日本家庭经济制度变迁与养老方式选择的思考[J]. 现代日本经济. 2005. 1

[40] 解韬. 英国应对人口老龄化的经验及对中国的启示[J]. 战略决策研究. 2012. 1

[41] 谢芳. 美国的退休社区与"居家援助式"养老模式[J]. 社会. 2004. 12

[42] 丁润萍. 论家庭养老方式的转变[J]. 山西青年管理干部学院学报. 2001. 1

[43] 梅红光. 德国养老护理制度的启示[J]. 人口与计划生育. 2007. 11

[44] 梁新颖. 家庭养老社会化问题探路[J]. 社会科学辑刊. 2000. 4

[45] 贾素平. 人口老龄化与赡养问题的医学社会学分析[J]. 辽宁医学院学报（社会科学版）. 2008. 4

[46] 岸本和博. 有料老人ホームの理論と実務[M]. 東京：明石書店，1999年

[47] 社会福祉施設・事業者ための規定集（2011年版　運営編）[M]. 東京：社会福祉法人　東京都社会福祉協議会，2011年

[48] 福祉職員研修テキスト（基礎編）[M]. 東京：全国社会福祉協議会，2010年改定版

[49] 福祉職員研修テキスト（指導編）[M]. 東京：全国社会福祉協議会，2010年改定版

[50] 福祉職員研修テキスト（管理編）[M]. 東京：全国社会福祉協議会，2010年改定版

[51] 介護白書. 社団法人　全国老人保健施設協会[M]. 東京：TAC出版社，2009年

[52] 中村　俊二，等. 福祉職場における業務標準化のためのマニュアルモデル[M]. 東京：社会福祉法人　東京都社会福祉協議会，2005高齢者施設版

[53] 社会福祉施設・事業者ための運営ハンドブック[M]. 東京：社会福祉法人　東京都社会福祉協議会，2011年

[54] 武居　敏中村　俊二，等. 社会福祉施設経営管理編[M]. 東京：社会福祉法人　全国社会福祉協議会，2011年

[55] 高齢者社会白書（2011年版）[M]. 東京：内閣府，2011年

[56] 高齢者に対する支援制度と介護保険制度（高齢者福祉論）[M]. 東京：中央法規，2011年